U0814701

新电商精英系列教程

网店美工

阿里巴巴商学院　编著

電子工業出版社
Publishing House of Electronics Industry
北京•BEIJING

内 容 简 介

《电商精英系列教程》自从2011年问世以来，深受广大读者的欢迎与好评，伴随电子商务大潮在国内的兴起，成为全国范围内最具影响力的电子商务系列教程。

《新电商精英系列教程》是由阿里巴巴商学院集合淘系优秀电商讲师编写，吸取了旧版《电商精英系列教程》的经验，对于主流电子商务知识进行更加细致合理的规划设计，更加符合移动电商时代读者的知识需求。该系列教程首批更新的五本书包括《网店客服》、《网店美工》、《网店推广》、《数据化营销》和《电商运营》。

《网店美工》面向网店店主、网店设计师人群，介绍了主流电子商务环境下的网店美工设计及网店视觉营销。《网店美工》内容涵盖装修基础、页面设计、图片设计、无线店铺视觉呈现、视觉优化等内容。

本书可作为各类院校电子商务及相关专业的教材，更是网络创业者和电子商务从业人员的必备参考用书。

图书在版编目（CIP）数据

网店美工 / 阿里巴巴商学院编著 . —北京：电子工业出版社，2016.8
新电商精英系列教程
ISBN 978-7-121-29146-3

Ⅰ . ①网… Ⅱ . ①阿… Ⅲ . ①电子商务－网站－设计－教材 Ⅳ . ① F713.36 ② TP393.092

中国版本图书馆 CIP 数据核字 (2016) 第 140335 号

责任编辑：葛　娜
印　　刷：天津千鹤文化传播有限公司
装　　订：天津千鹤文化传播有限公司
出版发行：电子工业出版社
　　　　　北京市海淀区万寿路 173 信箱　邮编：100036
开　　本：787×980　1/16　印张：19.5　字数：429 千字　彩插：1
版　　次：2016 年 8 月第 1 版
印　　次：2018 年 3 月第 10 次印刷
印　　数：37001~40000 册　定价：79.00 元

凡所购买电子工业出版社图书有缺损问题，请向购买书店调换。若书店售缺，请与本社发行部联系，联系及邮购电话：（010）88254888，88258888。

质量投诉请发邮件至 zlts@phei.com.cn，盗版侵权举报请发邮件至 dbqq@phei.com.cn。

本书咨询联系方式：010-51260888-819，faq@phei.com.cn。

《新电商精英系列教程》编写委员会

序

1984年，美国未来学家阿尔文·托夫勒发表了他最具影响力的巨著——《第三次浪潮》。这本书以极其伟大的远见和预言揭示了继第一次浪潮（农业时代）、第二次浪潮（工业时代）之后，人类将迎来第三次浪潮——信息时代。其后三十多年天翻地覆的发展特别是互联网的发展堪称完美地印证了并将继续印证托夫勒的伟大远见和预言。我是托夫勒的信徒。毫不夸张地说，正是托夫勒和《第三次浪潮》启蒙了整整一代中国人对未来和信息时代的认识、想象和视野，支撑了整整一代中国人对信息时代及互联网的追求、努力和坚持，持续推动了中国互联网及电子商务走向世界前列。

时至今日，在以互联网为核心的信息技术的推动下，信息生产力正在崛起，信息生产关系正在催生，我国正在从工业社会向信息社会加速转型，一个以新基础设施（云网端）、新生产要素（数据）和新经济结构（大规模协同）为动力和标志的信息经济正在形成。转型所及涵盖经济的各个领域、各个行业和各个业态，网络零售、企业间电子商务、跨境电子商务、网络支付、互联网金融、电子商务服务业等新经济形态，正如雨后春笋般拔地而起，势不可当。如果说互联网发展的前15年的主线是涌现，即从0到1涌现出工业时代闻所未闻的以阿里巴巴、腾讯等为代表的互联网企业、商业模式和经济形态，那么互联网发展的未来15年的主线将是扩展，即基于云网端、数据和大规模协同，将互联网的巨大作用渐次扩展至经济之全部，通过增量崛起、存量变革和全面转型这三个战略性阶段，全面席卷、影响和推动传统经济向信息经济的转型。

随着以电子商务为核心的新经济的快速发展，以工业时代理念、模式、机制和体制培养人才的一整套传统的教育体系，也越来越不能适应信息时代对人才的巨大且崭新的需求，供需失衡日益突出，人才问题已经成为制约电子商务发展的最大瓶颈。据不完全统计，我国各类电子商务人才缺口达数百万之多。

电子商务人才供需失衡既表现在数量上，更表现在结构上。从需求端看，县域电子商务、跨境电子商务、传统企业电子商务转型等，都面临着电子商务人才严重匮乏的窘境。以乡村淘宝为例，有不少人的电子商务观念还停留在“会上网就能开网店”的非常初级的阶段，对于电子商务经营环节中必然面临的产品策划、质量标准制定、品牌包装和宣传推广，以及销售、物流、售后等各个环节普遍缺乏较为清晰的认识。而专业度要求更高的传统企业电子商务、跨境电子商务等领域，对电子商务人才的需求更为迫切。从供给端看，电子商务发展日新月异，电子商务的格局、模式和规则早已与几年前大不相同，既有教材和培训已经远远不能适应新一代电子商务专业的学生以及从业人员的实际需要。在校电子商务专业的学生虽然掌握一定的电子商务理论知识，但在实际操作和应用层面并无足够的学习平台。而从业人员在实践当中积累的知识往往过于零散化和片段化，缺乏必要的体系和提升。以上种种，导致的结果是电子商务行业的综合性人才供给严重不足，在岗人员的稳定性差，流动性高。

失衡是挑战，也是机会。

多年来，阿里巴巴商学院和淘宝大学立足于不断变化和升级的电子商务需求，在电子商务人才的教育、培训和教材方面做了大量卓有成效的工作，为企业和社会各界输送了成千上万的优质电子商务人才。此次阿里巴巴商学院和淘宝大学集合国内一流专家，面向创业者、就业者和在校大学生群体编写这套教材，是一次非常有意义的电子商务人才培育探索，相信一定会对促进电子商务行业发展发挥积极作用。

是为序。

梁春晓

阿里研究院高级顾问、学术委员会主任

2016 年 7 月 6 日于北京

前言

近年来，电子商务应用不断深入，从对服务的改造渗透到传统制造企业的升级，从发达城市的电商普及下沉到各地县域的电商开发。然而，电商人才问题仍然是各地区、各行业面临的重大瓶颈，如何打造一批能适应新技术和新模式快速涌现的实操性人才，是电商龙头企业和相关高等院校的共同课题。

阿里巴巴商学院和淘宝大学联合发起，召集了二十余位淘宝大学的资深讲师、数十位电子商务领域的专家学者，历经近八个月的时间，共同开发了此套升级版《电商精英》系列教材，本轮修订体现了以下几个新的特点：

一是在知识选取方面更加聚焦。在多方专家讨论的基础上，升级版教材重点在网店推广、网店运营、网店美工、网店客服、数据化营销五个方面组织了撰写团队，为电商从业人员提供了较为系统化的基础知识。

二是在创作团队方面更加多元。除了在实操层面有丰富经验的淘宝大学讲师队伍之外，还有多名教育部电子商务专业专家指导委员会的教授、高校电子商务专业教师参与共创，提出的相关建议也融合到了书稿内容中，既保证内容接地气，也使内容的逻辑框架更完整。

三是在应用方面更加延伸。编写团队在创作初期便充分考虑如何将升级版教材更广泛地应用到高等院校中电商相关专业的全日制大学生群体，在内容上除了为广大新手卖家量身定做的“实用大全”外，也结合高校学生培养的特点做了相关设计，如在各章都安排有重点总结及练习题等。

《网店美工》是本轮升级版教材的重要组成部分，全书共分 5 章，具体分工如下：

第 1 章由李楠编写，主要内容是在拍摄商品前要对单反数码相机有所了解，首先要掌握如何来设置相机的光圈、快门、ISO 值等参数以得到有效的成像效果；其次要掌握常用的 5 种布光方法，以及有效展现商品卖点的拍摄角度构图。另外，在进行图片常规处理时，可以采用 7 分拍摄 3 分修改的原则，尽可能在拍摄时多花费一些时间来布光及构图，而后面简单地处理图片就可以使用软件强大的“批处理”功能来快速完成；在上传图片及代码时，要掌握好裁切图片的方法，以及如何简单地修改代码上传的技巧。

第 2 章由方立斌、张勤共同编写，主要内容是在不同的状态下店铺首页的设计思路，以及首页的布局、首页每个模块的解读和执行。另外，还讲解了商品的卖点提炼方法、详情页的内容解读。最后利用爱德马法则对详情页的逻辑顺序进行了梳理和排序，从而打造出更符合买家心理、高转化率的宝贝详情页。

第 3 章由江慕白编写，从图片的基本设计方法、制作步骤以及网店常用的图片案例，展开讲解了图片设计的各个要点和制作技巧，并且一直强调图片制作思路的重要性，有了清晰的制作方向和思路，才能更好地通过制图技巧来呈现最终作品。对于制作图片必备的色彩、构图、字体以及标准，设计思路和呈现技巧都各有不同，最终是要用在淘宝站内的营销中，应该了解和遵守最新规则，以避免信息不对称造成不当操作。

第 4 章由王小建编写，从无线时代来临后电商的无线呈现角度分析了无线的重要性，以及无线店铺的首页、分类页、详情页呈现的注意点和方法。相对于 PC 端，无线首页的重要性凸显出来，重点分析了无线首页的重要性、模块、注意点。

第 5 章由张勤编写，重点讲解了图片高点击率的技巧，提高点击率才能提升流量。在不同的需求下，根据画面中文案与图片的结合方式，设计出吸引眼球且视觉冲击力较强的图片。店铺装修后对首页布局进行再次优化，根据相关数据来调试局部内容。特别是对详情页优化给出了数据分析技巧，从而判断出页面的好坏，并且通过 6 种方法来优化页面，对不合理的页面进行改进。

本书凝聚了诸多优秀淘宝商家的智慧与心血，编写工作得到了政产学各界领导、专家、学者的关心和支持，部分素材、数据来源于行业内权威的研究机构及相关网站信息，在此一并表示感谢！

由于电商行业的发展日新月异，编写组水平也有限，书中难免有不当之处，敬请广大读者指正。

目录

第1章 装修基础篇 1
1.1 拍摄事项 2
1.1.1 拍摄基本知识 2
1.1.2 拍摄脚本与流程 26
1.1.3 视频应用 38
1.2 收集素材 39
1.2.1 确定图片要求 39
1.2.2 搜索方法 39
1.2.3 归类存储 40
1.3 图片处理 43
1.4 发布上传 50
1.4.1 图片切片流程 50
1.4.2 图片空间的使用 59
本章总结 67
本章练习题 67

第2章 页面设计篇 68
2.1 首页设计 69
2.1.1 首页的作用 69
2.1.2 首页的设计思路 72
2.1.3 首页的设计执行 78
2.1.4 特别注意事项 106

2.2 详情页设计......107
2.2.1 详情页的重要性......107
2.2.2 详情页的设计思路......109
2.2.3 详情页的设计执行......112
2.2.4 特别注意事项......142
2.2.5 附录......142
2.3 专题页设计......143
2.3.1 专题页的作用......143
2.3.2 专题页的设计思路......146
2.3.3 专题页的设计执行......153
2.3.4 特别注意事项......158
本章总结......159
本章练习题......159
第3章 图片设计篇......160
3.1 图片设计的基本方法......161
3.1.1 色彩篇......161
3.1.2 字体篇......169
3.1.3 构图篇......174
3.2 广告图片的设计标准和制作步骤......179
3.2.1 广告图片的设计标准......179
3.2.2 广告图片的制作步骤......187
3.3 网店常用图片设计......200
3.3.1 主图设计......200
3.3.2 颜色图设计......209
3.3.3 店内海报图设计......213
3.3.4 直通车图设计......219
3.3.5 活动图片设计......225
3.3.6 钻展图片设计......230
本章总结......241
本章练习题......241

第4章 无线店铺视觉呈现......242
4.1 无线店铺视觉呈现的重要性......243
4.1.1 无线店铺装修趋势......243
4.1.2 消费者在无线端的行为习惯分析......246
4.1.3 无线店铺装修的重要价值......250
4.2 无线店铺首页装修......252
4.2.1 无线店铺首页特征分析......252
4.2.2 无线店铺首页功能模块......253
4.2.3 无线店铺首页装修注意事项......259
4.3 无线店铺活动页装修......260
4.3.1 无线店铺活动页的主要功能......260
4.3.2 无线店铺活动页的主要类型......260
4.3.3 无线店铺活动页装修流程......261
4.4 无线店铺详情页装修......262
4.4.1 无线店铺详情页的重要性......262
4.4.2 无线店铺详情页的特征......262
4.4.3 无线店铺详情页案例分析......263
本章总结......269
本章练习题......269

第5章 视觉优化篇......270
5.1 图片高点击率技巧......271
5.1.1 场景营造......271
5.1.2 行为引导......272
5.1.3 创意技巧......273
5.1.4 促销主题......273
5.1.5 细节放大......274
5.1.6 环境差异化......274
5.1.7 点睛文案......275
5.1.8 视觉冲击力......275
5.2 首页布局优化......276
5.2.1 店招优化......276

5.2.2 导航优化……277
5.2.3 海报优化……278
5.2.4 分类导航优化……280
5.2.5 主推（热销）单品优化……281
5.2.6 商品陈列优化……282
5.2.7 页面尾部优化……283
5.3 详情页优化……283
5.3.1 判断页面好坏的依据……284
5.3.2 优化页面的方法……286
5.4 关联宝贝的图片优化……294
5.4.1 热力图呈现技法……295
5.4.2 热力图搭配测试……295
本章总结……297
本章练习题……297

第1章

装修基础篇

网络交易时代，我们一直强调图片对于一个网店至关重要，大家也都很清楚图片的传达效果要远远胜于文字的表现力。那么图片的好与坏可以决定一个网店的生死，我们常说“卖产品等于卖图片”，一张能够吸引眼球的图片也就承载了卖家与买家之间沟通的桥梁作用。

因此，在淘宝网店中，具备视觉效果和差异化是图片拍摄、图片制作的两个基本出发点，所以有计划地去拍摄图片就很有必要了。背景、道具、光线、构图、摆型等风格设定，甚至细到场景、模特的选择、产品整理、产品搭配等，这些都要先计划好、规划好。本章将从商品拍摄、收集素材、图片处理以及发布上传的过程来完成店铺的基础装修。

1.1 拍摄事项

1.1.1 拍摄基本知识

1. 相机的基本操作

开店离不开商品展示，商品展示只能通过所拍图片来实现，所以，一台符合摄影条件的数码相机是开店的必备条件之一，而掌握基本的拍摄要领是每一个网络零售从业者的必修课。目前，数码相机是最方便拍摄照片的拍摄工具，可以通过布光布景、拍摄取景和经验技巧来获得照片，也可以通过后期的图片处理来化腐朽为神奇。工欲善其事，必先利其器。所以需要先来了解数码相机。数码相机按用途可以简单分为：单反相机、卡片相机、长焦相机和家用相机。单反数码相机是单镜头反光数码相机，可以根据需求更换不同的镜头，达到不同的效果。卡片相机价格相对比较便宜，小巧轻便，并有方便携带的优势。长焦数码相机指的是具有较大光学变焦倍数的机型，光学变焦倍数越大，能拍摄的景物就越远。对家用相机的定义不是很清楚，一般对成像没有特别高的要求，主要用来拍摄人物的都可称作家用相机。

目前市面上常见的单反数码相机品牌有：尼康（Nikon）、佳能（Canon）、索尼（SONY）等，如图 1-1 所示。其特点是：通过更换镜头、增加附件，可以满足几乎所有的需求，适应力极强。镜头采用精密的加工技术，成像质量远超普通相机。感光元件 CCD 或 CMOS 面积较大，成像精密。

单反数码相机的构造源于胶片单反相机，通过镜头收集光线以进行成像，这一原理是相同的。但将接收到的光线成像的过程则是数码相机独有的。单反数码相机的内部由机械部分和电子部分共同构成，制作十分精密。数码相机的基本构造如图 1-2 所示。

根据网店商品拍摄的需求，建议选择单反数码相机，因为单反数码相机可以根据不同需求换装镜头，如图 1-3 所示。单反数码相机能够满足不同场景、不同光线、不同产品的拍摄需求。例如，在商品介绍中，我们需要对商品细节进行展示，那么就要使用微距镜头，这样画面会更有说服力。

图 1-1 三大品牌相机

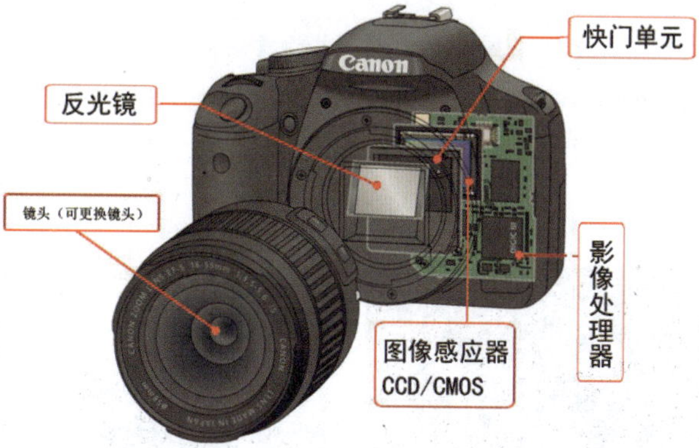

图 1-2 数码相机的基本构造

图 1-3 庞大的镜头群

用数码相机拍摄商品成像出来的照片，只能称之为产品图片，而能够称为商品图片的照片是具有一定商业价值的图片。拍摄一张具备商业价值的商品照片要有 3 个标准：

- 照片具备一个鲜明、清晰的主题；
- 照片必须要把注意力引向被拍摄物体；
- 照片简洁，必须挤压或排除掉不能烘托或分散注意力的元素。

接下来我们了解一下使用单反数码相机在拍摄商品时，常用的基本功能：光圈、快门、ISO 感光度、曝光补偿、微距功能、白平衡的参数设置和使用小技巧。

光圈是我们拍摄商品时会经常用到的功能，是用来控制进光量的装置。光圈叶片示意图如图 1-4 所示。通过示意图我们可以看到光圈大小和光圈 F 值是成反比的，光圈越大数值越小，进光量越小，光圈越小数值越大，进光量越大。例如，F1.8 是大光圈，F22 是小光圈。

图 1-4 光圈叶片示意图

进光量的多少，会影响照片亮度。也就是说，在快门速度相同的情况下，照片亮度是不同的，使用大光圈的图片会曝光过度（偏亮）；相反，使用小光圈的图片会曝光不足（偏暗），如图 1-5 所示。后面会详细讲解曝光补偿功能的使用。

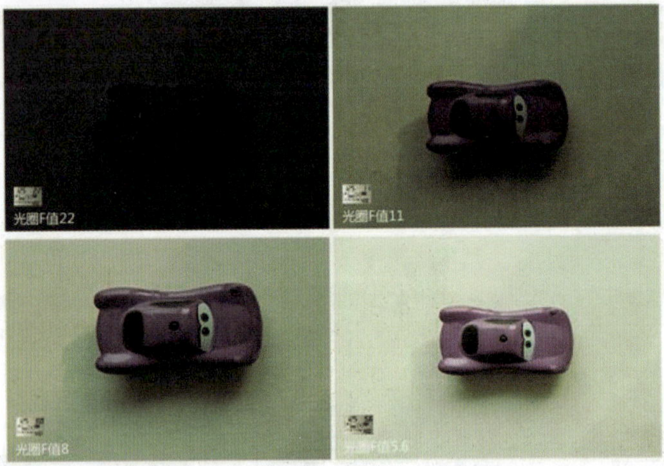

图 1-5 光圈大小与进光量的关系

了解了光圈大小与进光量的关系后，就可以把握拍摄图片的明暗效果。用相机对着被拍摄物体轻按快门，相机会对被拍摄物体进行“对焦”。焦点前后都很清晰的这一段范围我们称作“景深”，景深可以分为前景深和后景深，如图 1-6 所示。

理解了景深，接下来我们就看看光圈与景深的应用。对于使用小光圈 F 值大的情况，可以扩大景深拍摄的效果，对焦位置及周边都是非常清晰的，称之为大景深，如图 1-7 所示。也就是说，F 值越大，光圈越小，背景越清晰，小光圈大景深。在拍摄网店商品时，应用到商品细节表现上。

图 1-6 前景深与后景深

图 1-7 大景深

对于使用大光圈 F 值小的情况，可以虚化背景，突出主题产品的拍摄效果，对焦位置清晰，周边都是比较模糊虚化的，称之为小景深，如图 1-8 所示。也就是说，F 值越小，光圈越大，背景越模糊，大光圈小景深。在拍摄网店商品时，应用到虚实对比突出产品上。

图 1-8 小景深

焦距对景深的影响，镜头焦距越长（长焦），景深越小，如图 1-9 所示。

图 1-9 长焦端

焦距越短（广角），景深越大，如图 1-10 所示。

图 1-10 广角端

总结影响景深的三个要素如下：

（1）被拍摄物体离相机越近，景深越小；被拍摄物体离相机越远，景深越大。

（2）光圈越大（光圈值越小），景深越小；光圈越小（光圈值越大），景深越大。

（3）镜头焦距越长，景深越小；焦距越短，景深越大。

快门是相机用来控制光线照射感光元件时间的装置。在同样的光源条件下，光圈越大，快门速度越快；光圈越小，快门速度越慢。为保证获得准确的曝光量，需要通过更长的曝光时间（更低的快门速度）。换句话说，快门就是曝光时间的长短，快门越快，曝光时间越短；快门越慢，曝光时间越长。快门速度单位是“秒”，以 S 值表示。常见的快门速度有：1,1/2,1/4,1/8,1/15,1/30,1/60,1/125,1/250,1/500,1/1000,1/2000 等，如图 1-11 所示。也就是说光圈 F 数字越大，光圈越小。快门 S 数字越小，快门速度越快

光圈F	32	22	16	11	8	5.6	4	2.8	2	1.4	1.2	1
快门S	1/2	1/4	1/8	1/15	1/30	1/60	1/125	1/250	1/500	1/1000	1/2000	1/4000

图 1-11 光圈 F 值与快门 S 值的关系

通过下面的案例，我们可以更好地了解快门的应用。如图 1-12 所示，汽车模型在运动中，利用不同的快门速度来拍摄。首先用 1/8000 秒进行第一次拍摄，图像很清晰，将车模定格在画面当中；然后用 1/125 秒进行第二次拍摄，图像稍微有一点点模糊；再用 1/10 秒进行第三次拍摄，这时候车模已经变得很模糊了；用 2 秒的快门速度进行第四次拍摄，这一张照片我们只看到了车模急速驶过的影子；最后用 30 秒的快门速度进行最后一次拍摄，在这一张照片上我们根本看不到车模了。

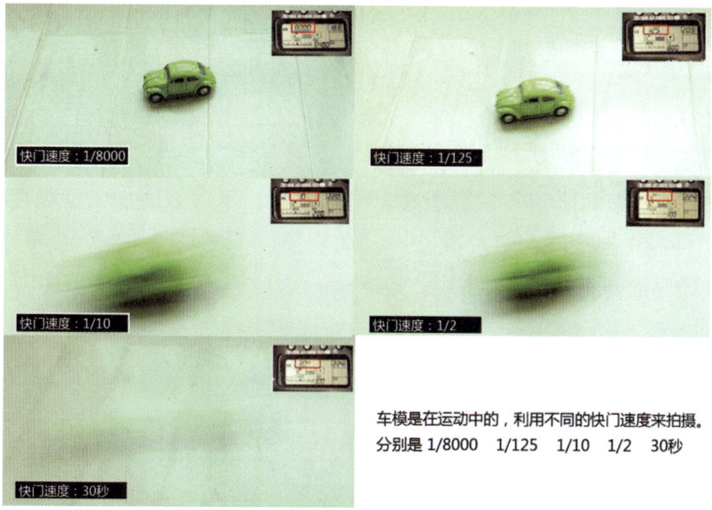

图 1-12 不同快门速度拍摄的效果

ISO 感光度是类似于胶卷感光度的一种指标。实际上，数码相机的 ISO 是通过调整感光器件的灵敏度或者合并感光点来实现的。也就是说，通过提升感光器件的光线敏感度来提升 ISO。ISO 值通常有 50、100 、400 、800、1000、1600 等档位，如图 1-13 所示。

一般而言，感光度设置得越高，底片的颗粒越粗，放大后的效果越差。低 ISO 值，会延长相机的快门速度，使得拍摄时的操作难度增加，但是会让产品拍摄得更加细腻，突出更多的商品细节（适合产品拍摄）。高 ISO 值，可以在外部光量相同的条件下，增加快门的速度，从而使得拍摄产品照片时降低操作失误率。但是会使照片的颗粒感变得严重，带来更多的噪点，同时也会损失更多的细节（不适合产品拍摄）。

在拍摄商品时，尽量用低 ISO 感光度来进行，这样画面会有更好的层次呈现。相对来说，光源光线需要充足，比如在户外强烈的阳光下，使用 ISO 感光度数值在 100 左右；在户外阴天的情况下，建议使用ISO感光度数值在200～400之间；在室内有辅助光源灯的情况下，也建议使用数值为100～200的ISO感光度，如图1-14所示。

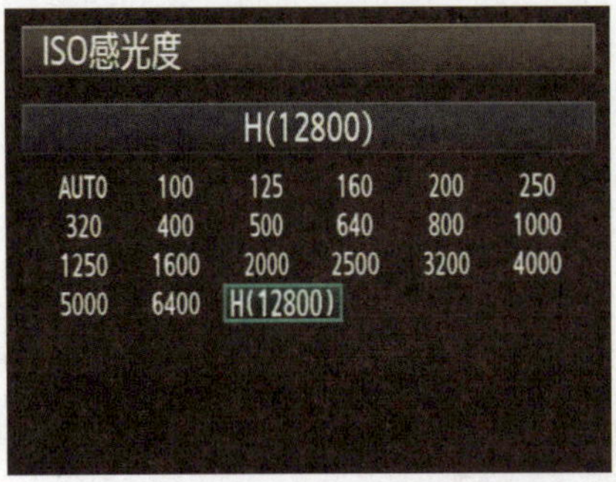

图1-13 ISO感光度设置

图1-14 同样景物不同ISO感光度的呈现

对于上面所讲的光圈、快门、ISO感光度的应用，有些小技巧，通常拍摄人像模式设置：快门速度慢、光圈小；运动模式设置：快门速度快；人和景的合影设置：光圈小；夜拍模式设置：ISO大、光圈大、快门速度慢。

曝光补偿是一种曝光控制方式，以EV值表示，一般常见为±2-3EV。如果环境光源偏暗，即可增加曝光值，向正数添加（如调整为+1EV、+2EV）以突显画面的清晰度；相反，如果环境光源偏亮，即可减少曝光值，向负数减少（如调整为-1EV、-2EV）以突显画面的清晰度，如图1-15所示。通常手动设定曝光参数非常麻烦，非专业人士上手比较慢，专业人士也可能错失拍摄良机。不过，现在的相机都可以自动设定曝光参数。曝光补偿就是有意识地变更相机自动计算出的“合适”的曝光参数值（EV值），让照片更亮或者更暗的拍摄技法。可以根据拍摄者的想法适当调节照片的明暗度，拍出独特的视觉效果。一般来说，相机会变更光圈F值或者快门S速度来自动进行曝光值的调节。拍摄环境比较昏暗，进行曝光补偿时，如果照片过暗，要增加EV值，EV值每增加1.0，相当于摄入的光线量增加1倍；拍摄环境比较明亮，进行曝光补偿时，如果照片过亮，要减小EV值，EV值每减小1.0，相当于摄入的光线量减少1倍。

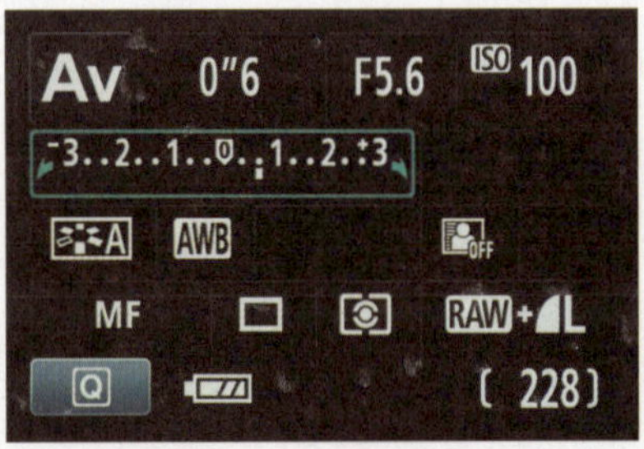

图1-15 曝光补偿设置

曝光补偿的顺序：

（1）将模式拨盘对准“P”、“S”或“A”，因为只有在这三种模式时，才能使用曝光补偿按钮进行曝光补偿。

（2）按住曝光补偿按钮的同时，旋转主指令拨盘，向左转为增加曝光补偿，向右转为降低曝光补偿。

（3）松开曝光补偿按钮，所有的拍摄均进行曝光补偿，此时将显示进行曝光补偿的标记。

在使用曝光补偿时的两点注意事项：

（1）曝光补偿值即使在切断相机电源后也不会恢复为 0，因此需要加以注意。

（2）在“M”模式下，仅影响显示在电子模拟曝光面板上的曝光信息，并不改变快门速度和光圈值的大小，如图 1-16 所示。

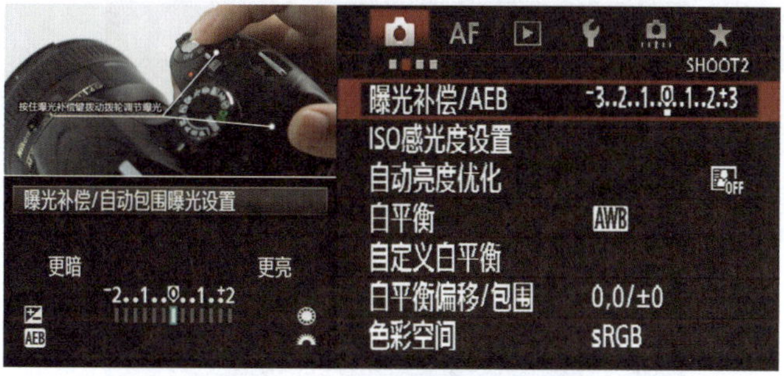

图 1-16 手动调节曝光补偿

拍摄时也会有特殊情况，被拍摄的白色物体在照片里看起来是灰色的或不够白时，要增加曝光量。简单地说，就是“越白越加”，这与曝光的基本原则和习惯是背道而驰的。其实不然，这是因为相机的测光往往偏重于中心主体，白色的主体会让相机误以为环境很明亮，自动减少曝光时间，因而造成曝光不足，这也是很多初学者易犯的通病。由于相机的快门时间或光圈大小是有限的，因此并非总能达到 2EV 的调整范围，所以曝光补偿也不是万能的。在过于暗的环境下仍然可能曝光不足，此时要考虑配合闪光灯或增加相机的 ISO 感光灵敏度来提高画面亮度。被拍摄的是黑色物体、黑色背景时，黑色的主体会让相机误以为环境很昏暗，自行增加曝光时间，因而造成曝光过度，所以“越黑越减”。这也是针对曝光补偿特殊情况所总结的“白加黑减”的说法，如图 1-17 所示。

白底白色物体　　黑底黑色物体

图 1-17 曝光补偿特殊情况的“白加黑减”

总结曝光补偿的小技巧：

（1）拍摄时，不建议使用自动曝光补偿。

（2）用黑底拍摄产品，向负数补偿两档。

（3）用白底拍摄产品，向正数补偿两档。

微距摄影是指以非常近的距离进行拍摄。单反数码相机的微距功能在网店商品的拍摄中应用比较广泛，尤其是对商品细节表现得比较到位，拍摄出来的画面层次更加清晰。对数码相机来说，即使是很多家用级的低端数码相机也都配置了微距，甚至超微距功能，虽然与专业的微距拍摄无法相比，但也能让我们一睹微距世界的美丽，如图 1-18 所示。

图 1-18 微距拍摄的自然景物

微距功能是数码相机的功能之一，主要作用就是拍摄离镜头很近的物体，力求将主体的细节都表现出来，把商品的细节部分放大拍摄后呈现，可以把商品看得更加清晰，对商品的各个方面更加了解，有利于达成交易。不论什么品牌的单反数码相机，微距功能的标识都是一样的，如图 1-19 所示，用小花朵来表示微距档位。这个按钮有的在模式拨盘上，有的在机身功能按钮上，有的在相机内部设置里面。

图 1-19 用小花朵来表示微距档位

进行微距拍摄时的注意点：

（1）微距摄影时，相机与被拍摄商品距离很近，如果想要突出商品的部分细节，可以运用较大的光圈；如果想要将商品的整体细节表现得足够清晰，就要选择较小的光圈。

（2）拍摄时相机如果晃动就可能造成图像模糊，所以通常要选择较快的快门速度，或者设法将相机固定在三脚架上。

（3）当相机与被拍摄物体的距离较近时，相机本身就会对周围环境光线造成比较明显的遮挡，使得被拍摄物体可能得不到足够的曝光；同时，闪光灯的照明度可能过强而使商品曝光过度，所以在微距拍摄时要特别注意商品的照明。

微距拍摄法则：

- 按照被拍摄物体比例放大到5倍左右；
- 一般情况下使用不大于F16的光圈；
- 使用浅景深是必不可少的；
- 在自然环境中风的影响很大，注意消除其对拍摄的影响；
- 稳定的三脚架是必需的；
- 多云但明亮的天气尤其适合微距摄影。

利用微距功能拍摄的花生和小辣椒的趣味商品图片，如图1-20所示。

图1-20 微距拍摄的商品图片

在了解白平衡之前还要搞清楚另一个非常重要的概念——色温。所谓色温，就是物体发光时所达到的温度。正午阳光直射下的色温约为5600K，阴天更接近室内色温为3200K，日出或日落时的色温约为2000K，烛光的色温约为1000K。这时我们不难发现一个规律：色温越高，光色越偏蓝；色温越低，则越偏红。

白平衡，从字面上理解就是白色的平衡。简单地说，是以白色为基色来还原其他颜色。白平衡是描述红、绿、蓝三基色混合后白色精确度的一项指标。就是告诉相机什么是白颜色，相机知道了白颜色就会自动计算出其他颜色。它是控制拍摄出来的图片颜色还原度的功能设置，相机上的功能按钮为“WB”，如图1-21所示。

在各种光源下白色物体的颜色是有些差别的，光源的色彩会影响到被拍摄物体反射出的颜色，人的大脑通过眼睛可以侦测到并更正光源引起的这种色彩改变，因此我们看到的白色物体都是白色的。而单反数码相机不同，它所侦测到的由不同光源产生的“白色”不尽相同，有的呈冷色系（比如淡蓝色），有的呈暖色系（比如黄色或红色）。为了使最后拍出来的照片还原出被拍摄物体正确的色彩，使白色物体能够呈现出人类肉眼所看到的正常的白色，数码相机需要模仿人类大脑，根据光源来调整色彩，这种调整就叫作色彩的“白平衡”。现在一般数码相机大多数采用按照光源种类来区分的设置方式，例如日光、阴影、阴天、闪光灯、荧光灯、钨灯和手动调节等，如图 1-22 所示。也就是说，在什么样的光源下拍摄就选择什么样的光源档位。有的相机是拍摄之前在菜单里预设白平衡模式，有的相机在菜单选择时还可以通过液晶显示屏观察所选模式的变化，预览拍摄效果，有了直观的感受以后再确定使用哪一种光源模式。

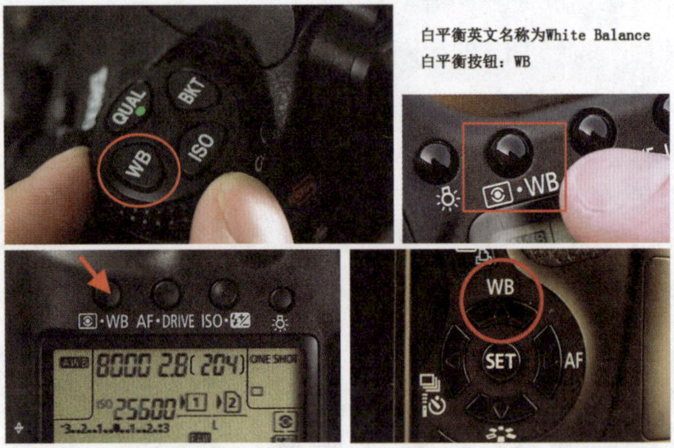

图 1-21 白平衡按钮 WB 展示位置

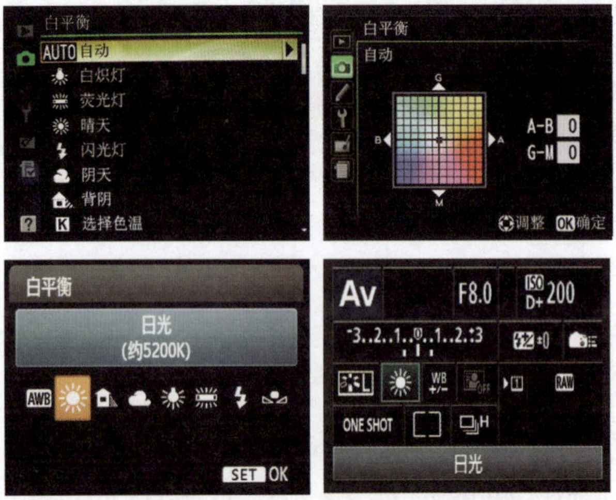

图 1-22 白平衡设置档位

不同的光源模式会达到不同的调整效果。下面我们再来了解一下如何在不同的光源情况下设置白平衡模式，如图 1-23 所示。

自动白平衡，如图 1-24 所示，同样的场景，使用不同的白平衡模式，照片呈现出来的颜色有不同的效果，有的偏冷，有的偏暖。

类型	色温	用途
自动 AWB		自动模式
太阳光	5500~6000K	白天在户外拍摄时
阴天	6000~7000K	阴天在户外拍摄时
阴凉处		在阴凉处拍摄时
钨灯	3000~6500K	在钨灯照明下室内拍摄时
荧光灯	3200~3600K	在荧光灯照明下室内拍摄时
闪光灯	6000K	使用闪光灯拍摄时
自定义（手动）		用户任意调整白平衡时

图 1-23 在不同光源情况下的白平衡模式

图 1-24 在相同场景下不同白平衡的呈现效果

在超出自动白平衡调节范围的光线条件之外，也就是在多重光源复杂光线条件下，需要使用手动白平衡（自定义白平衡）调节方式。如果仅设定为荧光灯或白炽灯，则可能无法得到自然的色彩，拍摄出的图片会有偏色现象。在进行手动调节前需要找一个白色参照物，比如纯白的白纸一类的东西，如果不好确定是否是纯白的白纸，也可以使用 18% 的灰度卡纸来替代。也就是说，当现场光源很复杂，既有太阳光，又有暖色调光，还有冷色调光，如图 1-25 所示那样的情况，各种白平衡模式都不适合使用时，需要使用手动白平衡设置，这样可以正确地还原现场色彩。

那么如何来进行手动设置白平衡呢？当进行手动设置白平衡时，不需要将相机对准参照物聚焦，只需把相机改为手动对焦模式，将镜头设置为无限远对焦，然后拿一张纯白的白纸或 18% 的灰度卡纸凑在镜头前并且全部充满取景器中，按一下白平衡调整按钮直到取景器中手动白平衡标志停止闪烁，记录下这复杂光源环境下的光源颜色，这时白平衡手动调整完成设置，如图 1-26 所示。或者因地制宜，在现场找一些白色的东西做参照物来帮助完成手动白平衡的调整。当然，即使这样操作后，拍摄出来的图片也还是会有甚微的色差，我们可以在后期处理阶段，使用 Photoshop 对色彩平衡进行调整，但是这是一种有损操作——它将牺牲一些图像品质。所以建议大家掌握好单反数码相机的白平衡设置调节。

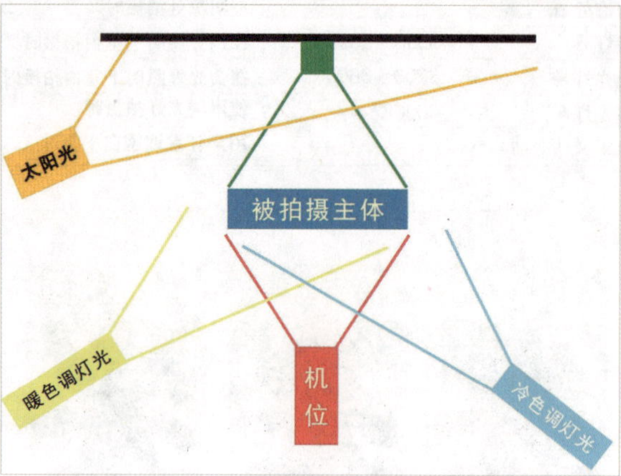

图 1-25 多重光源复杂情况

图 1-26 手动设置白平衡

2．场景与布光

前面了解了什么是单反数码相机，以及光圈、快门、ISO 感光度、曝光补偿、微距和白平衡各个功能的基本操作及其配合。现在来学习适合拍摄的场景以及 6 种常见的布光方式。在摄影界里有句格言："一流摄影靠想法，二流摄影靠技术，三流摄影靠器材"。下面介绍如何利用场景和布光方法来实现想法的过程。

在户外进行拍摄时，一般常用的是自然光，也称为天然光。如图 1-27 所示，这种沿着各个方向振动的光波强度都相同的光叫作自然光。通常是指上午 8 点到 11 点、下午 2 点到 5 点这一时段的光线，照明强度比较稳定，能较好地表现地面景物的轮廓、立体形态和质感。自然光有 4 种基本类型的光线：顺光、45° 测光、90° 测光和逆光。色温值指光线的颜色，比如日光：5200K，为白色光线的色温；阴影：7000K，颜色稍稍偏蓝；阴天：6000K，颜色稍稍偏蓝。

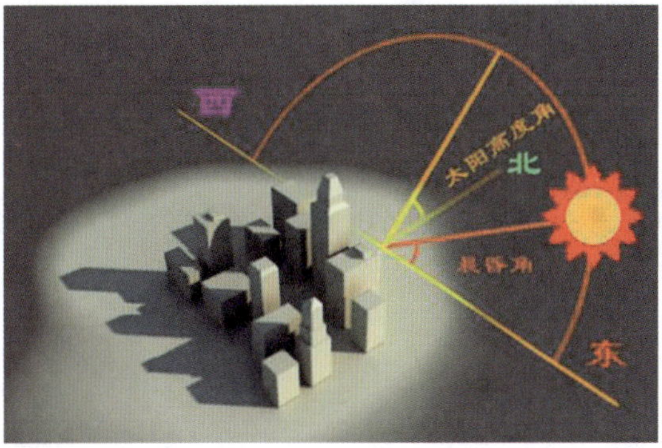

图 1-27 自然光

在摄影室里进行拍摄一般都采用辅助光源进行照明，所以需要进行有效的布光，如图 1-28 所示。布光是让被拍摄物体的形象塑造更具有表现力的关键。在室内，拍摄者可以完全由自己来控制光线，控制周围的状况，安排强光和阴影的位置，以创造出精美的照片，而不需要像在室外拍摄那样，必须等大自然赐予合适的光线。

拍摄中的布光多种多样，充分了解并学习布光，对于呈现一张好的商品图片尤为重要。拍摄中的布光主要包括：顺光、侧光、逆光……细分，如图 1-29 所示，会发现其实用光会很灵活。

图 1-28 室内布光

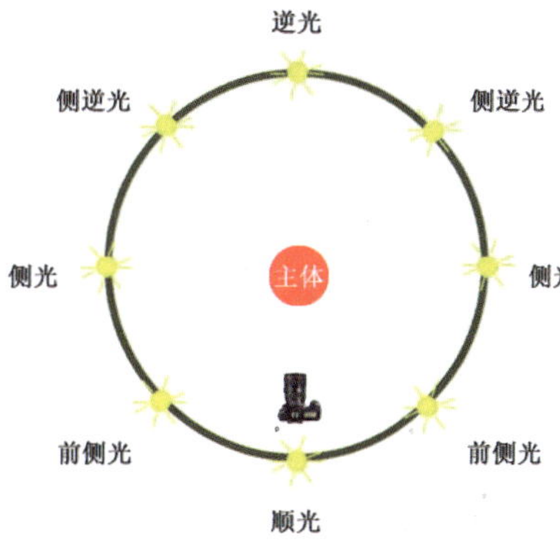

图 1-29 光位图

但对于网店商品的拍摄，一般常用以下 5 种布光方式。

正面布光：顺光，亦称“正面光”，光线投射方向跟相机拍摄方向一致的照明。这是商品拍摄中最常用的布光方式，正面投射来的光线全面而均衡，商品表现全面，不会有暗角。这样拍摄出的效果是最理想的，注意室内光源衡定，光线强度要尽量大，如图 1-30 所示。

两侧 45° 布光：侧顺光（斜侧光），光线投射水平方向与相机拍摄方向成 45° 左右时的摄影照明。使商品的顶部受光，正面没有完全受光，适合拍摄外形扁平的小商品，不适合拍摄立体感较强且有一定高度的商品。因为只有顶部受光，才会形成顶部光亮、正面灰暗的效果，如图 1-31 所示。

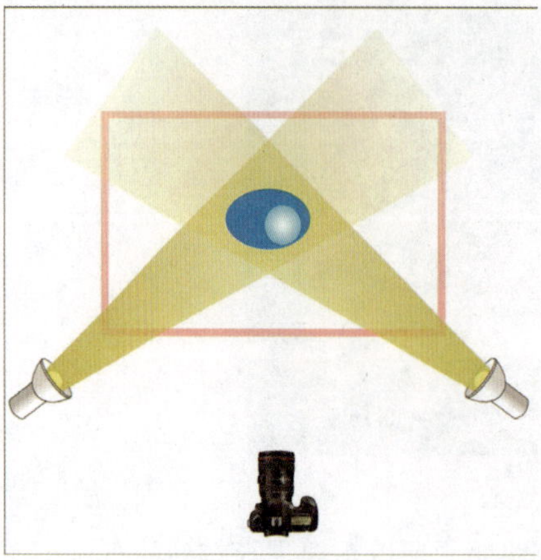

图 1-30 正面布光

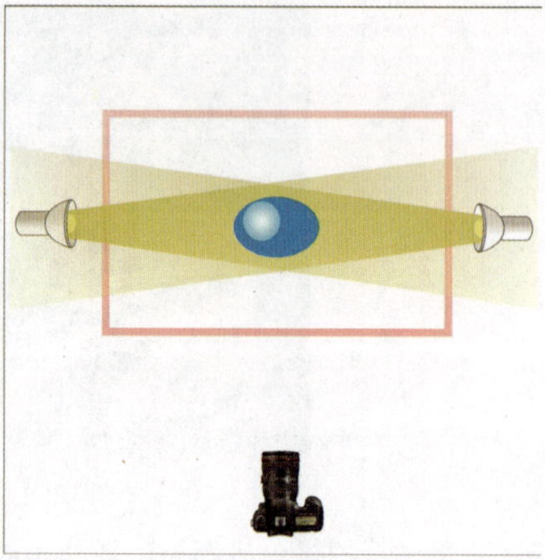

图 1-31 两侧 45° 布光

单侧布光：侧光，光线投射方向与拍摄方向成 90° 左右的照明。受侧光照明的物体，有明显的阴暗面和投影，对景物的立体形状和质感有较强的表现力，如图 1-32 所示。缺点是，往往形成一半明一半暗的过于折中的影调和层次。这就要求在构图上考虑受光面景物和阴影在构图上的比例关系。商品的一侧出现严重的阴影，底部的投影也很深，商品表面的很多细节无法得以呈现；同时，由于减少了环境光线，反而增加了拍摄难度。解决方法：在另外一面使用白色纸板或白色泡沫板、反光板将光线反射到阴暗面上。

前后交叉布光：就是前侧光和逆侧光的组合。在商品侧前面打光后，商品的背面是大面积的阴暗，没有办法呈现细节，所以需要从商品后侧加以打光，这样可以表现出暗部表面的层次感。如果两侧的光线还有明暗的差别，那么就能既表现出商品的层次，又保全了所有的细节，比单纯关掉一侧灯光的效果更好，如图 1-33 所示。

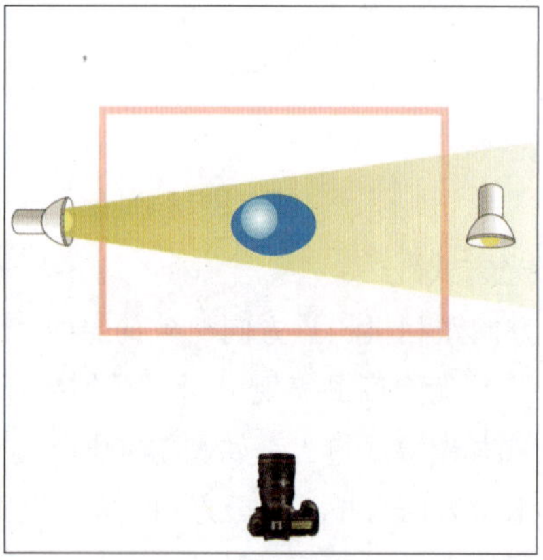

图 1-32 单侧布光

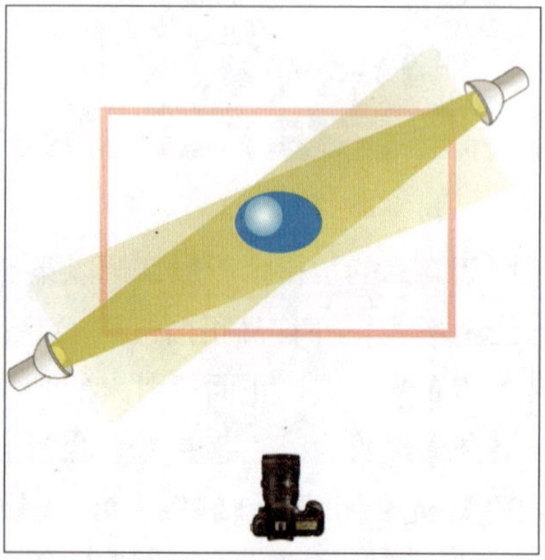

图 1-33 前后交叉布光

后方布光：逆光，亦称“背面光”，来自被拍摄物体后面的光线照明。由于从背面照明，只能照亮被拍摄物体的轮廓，所以又称作轮廓光。逆光拍摄技巧有正逆光、侧逆光、顶逆光三种形式。从背后打光，商品的正面因没有光线而产生大片的阴影，无法看出商品的全貌，因此，除拍摄需要表现如琉璃、镂空雕刻等具有通透性的商品外，最好不要轻易尝试这种布光方式。同样的道理，如果是采用平摊摆放的方式来拍摄的话，则可以增加底部的灯光，也就是通过从商品的后方打光来表现出这种通透的质感，如图 1-34 所示。

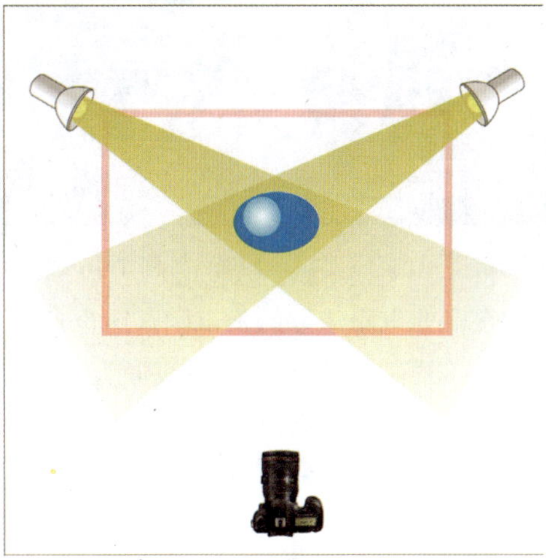

图 1-34 后方布光

了解了以上 5 种常用的布光方式后，还需要知道拍摄场景有哪些。对场景的选择和具体的运用有以下几点作用：

- 在宏观上可以影响照片的叙事风格和造型风格，从而决定商品图片的风格；
- 有利于商品形象的塑造；
- 能够表现一种空间感。

常用的场景类型有 4 种：内景、外景、实景、棚拍。下面我们以服装类目商品为例，看看每个场景是如何呈现效果的。

内景：室内真实环境或人工搭建的生活场景。在室内搭建实景进行拍摄比摄影棚内的背景纸更具有立体感、现场感和真实感，对比也更加强烈，如图 1-35 所示。可以充分利用室内的每一个角落、每一件家具来布景，也可以放置一些自制的木板箱、小柜子、几何体和小装饰物等作为拍摄道具。但是这类布景必须充分考虑道具颜色与拍摄主体的协调性，而且不能喧宾夺主。

外景：大自然中自然景观的场景。可以将拍摄的外景地选在巴厘岛、香港、马尔代夫、南非等一些风景优美的旅游城市，如图 1-36 所示。这类商品图片形成了专属于店铺的一种前卫时尚和潮流风格，画面层次感更加丰富，这样让人耳目一新的商品图片可以有效地对顾客产生心理暗示与影响作用。

图 1-35 内景拍摄

图 1-36 外景拍摄（马尔代夫）

还可以将外景拍摄地选择在商业气氛浓厚的闹市区，这也是非常适合拍摄时装的，临街的商场、路灯和广告牌都是很好的布景，可以充分地加以利用，如图 1-37 所示。

甚至在选择外景拍摄地时，可以到一些人流量较少的酒吧街或者是欧美风格建筑物的一角去取景。自然风光也是不错的选择，可以很好地表现出服装的潮流、品位和时尚感，如图 1-38 所示。

图 1-37 外景拍摄（商业区）

图 1-38 外景拍摄（自然风光）

实景：人类居住和活动的自然建筑的场景，如图 1-39 所示。选择这样的拍摄场景，会让人有种代入感，并且有很强的身临其境的感觉，更接近消费者的喜好。

棚拍：室内搭建拍摄场景，有辅助光源、背景，如图 1-40 所示。棚内拍摄最好是使用一个可以将背景纸卷起来的支架，以方便根据不同服装的颜色来更换相配的背景纸。

图 1-39 实景拍摄（自然建筑）

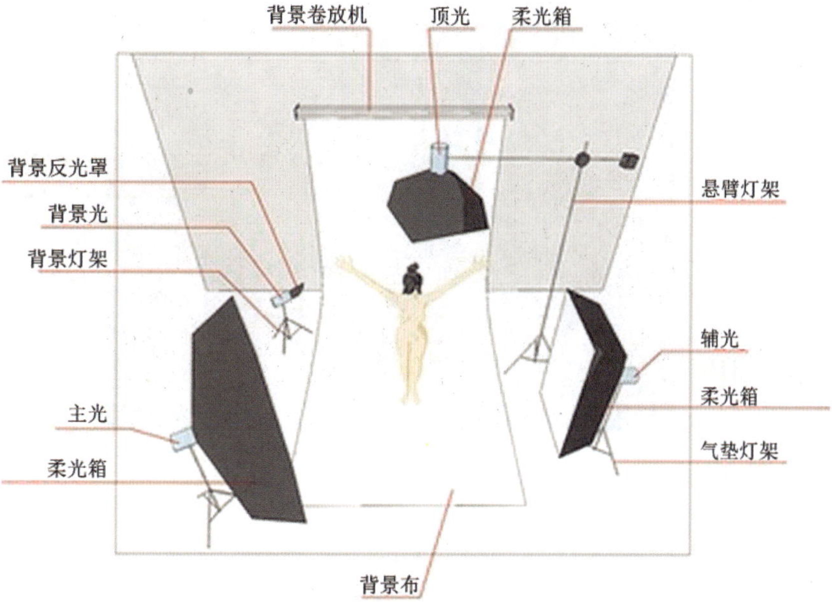

图 1-40 棚内搭景

棚内拍摄，一般常用的背景为黑、白、灰，以及其他颜色，如图 1-41 所示。其中，红色、咖啡色、军绿色的颜色还原度不高，尽量少用或不用。材质一般有背景布、背景纸、植绒背景布，现在用得比较多的是无纺布（性价比高），还有其他一些材质，比如亚克力胶板 - 反光板、墙纸、金属板等。

图 1-41 棚内拍摄（多种颜色背景）

拍摄男装时可以大胆地尝试使用男人较喜欢的冷色调，比如黑色、灰色等背景，如图 1-42 所示。只要与服装风格协调，拍出的画面就会显得简洁而时尚，符合时尚潮流，酷感十足，很有专业效果和明星范儿。

图 1-42 棚内男装拍摄

3．产品与取景及构图

当了解和学会了前面介绍的内容后，我们就要针对实际的产品进行有效的拍摄策划方案，以便有效地让产品图片变为商品图片。那么，什么是产品图片？什么是商品图片？产品图片是通过相机记录下来的画面；而商品图片是指具有一定商业价值的图片呈现。拿到产品后，我们首先需要思考产品的属性，也就是产品的卖点，深度挖掘卖点后，在后面拍摄时用多张商品图片呈现出来；其次是定位人群，从消费者的喜好和审美出发；最后是定位使用情景。举个例子：我们要对一款男士衬衣进行拍摄，按照逻辑顺序，第一步是挖掘商品的属性，罗列它的卖点：纯棉、新款、条纹……但最核心的卖点是“超强抗皱”；第二步是定位人群，上班的白领人士；

第三步是定位使用情景，上班挤公交、挤地铁时穿，因为不怕挤出褶皱。根据这三步是我们来拍摄商品，一般会考虑棚内平铺拍摄，然后在图片上面标注出“抗皱”的字样。这样的拍摄效果虽然突出了卖点，但人群和使用情景并不够，没有身临其境的感觉，也就是不能让消费者产生共鸣。所以更有效的做法是选择外模，这样可以提升人群档位，靠近白领定位。选择实景拍摄场地，公交车、街道等作为辅助的拍摄元素，更好地烘托氛围。如图 1-43 所示，左图只能称为产品图片，而右图才是商品图片，可见效果对比很明显。

图 1-43 抗皱衬衣 平拍与穿拍

“取景”和“构图”在很大程度上对照片的美观起着决定性的作用，“取景”是选择把哪些景物摄入镜头；而“构图”是对摄入镜头的景和物进行合理的组合，使其变得更加符合我们的视觉习惯，也使画面显得更为美观。在大多数情况下，“取景”和“构图”是同时完成的。构图要突出主体（被拍摄产品），并且有主题思想，然后从主题思想出发，正确处理好主体、陪体及环境的关系。通过取景使照片的画面能够有力地表达其思想内容和拍摄者的观点，说明问题，吸引和感染消费者。构图的要求是简洁、完整、生动和稳定。

影响构图的因素有以下几个。

拍摄距离与角度：拍摄距离有远景、全景、中景、近景以及特写，如图 1-44 所示。

图 1-44 拍摄距离

拍摄距离运用到人像拍摄中会是什么样的情况呢？如图 1-45 所示是在具有代表性的 5 种构图中，焦距与人像拍摄的实际距离效果。

焦距	脸部特写	胸部以上特写	上半身	膝部以上	全身
16mm（10mm）	※1	35厘米	50厘米	70厘米	1米
24mm（15mm）	※2	55厘米	70厘米	1米	1.4米
35mm（22mm）	45厘米	60厘米	80厘米	1.25米	1.85米
50mm（31mm）	55厘米	80厘米	1.1米	1.80米	2.6米
85mm（53mm）	1米	1.4米	1.9米	3.1米	4.5米
100mm（63mm）	1.15米	1.7米	2.3米	3.7米	5.1米
135mm（84mm）	1.5米	2.15米	3米	4.6米	6.9米
200mm（125mm）	1.95米	3米	4.1米	6.8米	9.95米

图 1-45 焦距与人像拍摄距离的效果

拍摄距离掌握好后，就要控制拍摄的角度。拍摄的角度是指拍摄点与被拍摄对象之间的水平线高度的变化关系。一般拍摄常使用水平角度如正面、前侧面、侧面、背侧面、背面这几个方向，如图 1-46 所示。也可以尝试用垂直角度，通常采用的方法不外乎三种：等高的则平视（平角）、较高的则仰视（仰角）、较低的则俯视（俯角）。

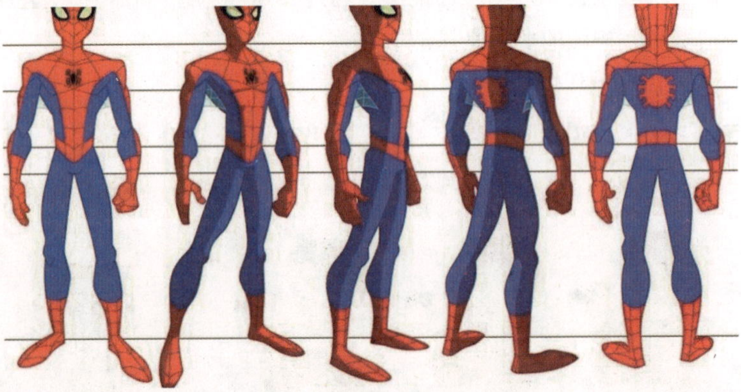

图 1-46 不同的拍摄水平角度

横、竖版面的决定：在于主体的横、竖，主体移动的方向，以及主体和陪体、环境的关系，如图 1-47 所示。

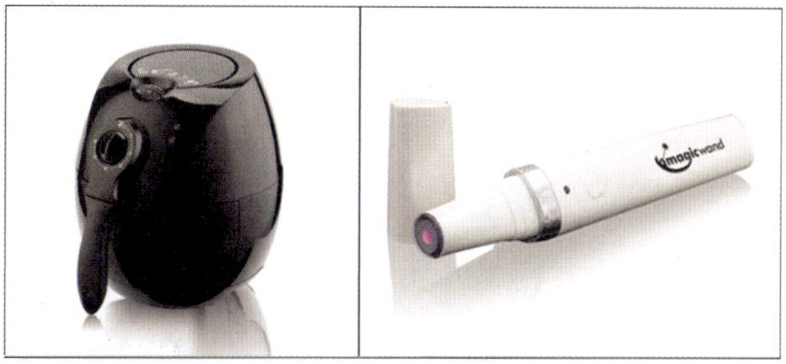

图 1-47 竖版 & 横版构图

画面的结构中心位置要把控好，这样取景才有效。结构中心应在视觉中心上，而不在画面几何中心上，如图 1-48 所示。

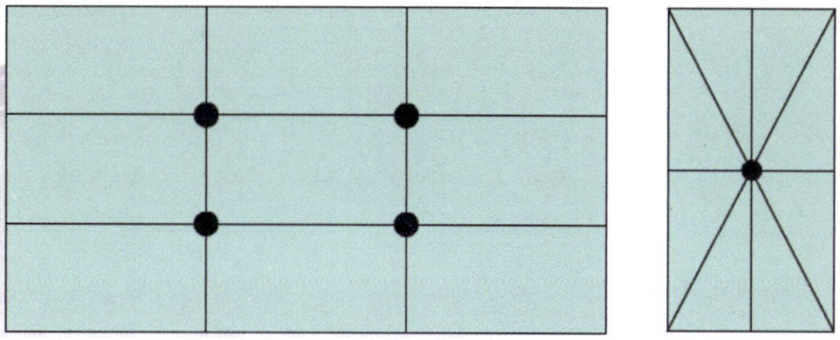

图 1-48 视觉中心 & 几何中心

突出主体：在照片中，主体物是画面的主角，创作意图、作品阐述主题，都是通过它来感染消费者的。要使主体物在画面上显得更鲜明，我们一般利用如下一些方法：利用主体的位置和陪体、环境的指引突出主体；利用对比突出主体，如图 1-49 所示。

图 1-49 突出主体

前景与背景的关系：一张照片可以没有前景，但绝对不会没有背景，如图 1-50 所示。

透视规律的应用：线条透视，拍摄距离、拍摄方向、拍摄高度，阶调透视（空气透视），如图 1-51 所示。

图 1-50 前景与背景的关系

图 1-51 透视拍摄

针对淘宝商品的拍摄有 9 种常用的构图方法：横式构图、竖式构图、对角线构图、X 形构图、变化式构图、井字构图、均分法构图、疏密相间法构图、远近明暗法构图。

横式构图：是被拍摄商品呈横向放置或者横向排列的横幅构图方法。这种构图方法能够给人一种可靠、稳定的感觉，通常用来表现商品的稳固性，并给人安全感，是一种常用的构图方法，如图 1-52 所示。

竖式构图：是被拍摄商品呈竖向放置或者竖向排列的竖幅构图方法。这种构图方法可以表现出商品的高挑，一般常用来拍摄长条的或者竖直的商品。竖式构图在商品拍摄中也是经常使用的构图方法，如图 1-53 所示。

图 1-52 横式构图

图 1-53 竖式构图

对角线构图：是把被拍摄商品安排在对角线上，利用画面对角线来整体统一画面元素，同时也使陪体与主体发生直接关系。这种构图的特点是富于动感，显得活泼，容易产生线条的汇聚趋势，吸引人的视线，从而突出主体，如图 1-54 所示。

X 形构图：是对角线构图的复杂版，X 形构图也可以称为放射线构图。它通过将视觉焦点放置在画面的最中央位置，让每一条放射线的中点都位于视觉焦点之上。采用 X 形构图能够获得严谨的美感，在安静的氛围中感受活力和激情，如图 1-55 所示。

图 1-54 对角线构图

图 1-55 X 形构图

变化式构图：又称作留白式构图。拍摄时将被拍摄商品故意安排在某一角或某一边，留出大部分空白画面。画面上的空白是组织画面上各对象相互关系的纽带。空白在画面上的作用是，能帮助作者表达感情色彩，给人以思考和想象的空间，并留下进一步判断的余地，富于韵味和情趣，如图 1-56 所示。

井字构图：也叫三分法构图，用两横、两竖一共 4 条线把画面均分为九等分，所以也叫“九宫格”，中间 4 个交点成为视线的重点，也是构图时放置主体的最佳位置。这种构图方式并非要我们必须占据画面的 4 个视线焦点，但起码需要占据至少 3 个视线焦点，如图 1-57 所示。

图 1-56 变化式构图

图 1-57 井字构图

均分法构图：为了在视觉上突出主体，常常将主体放在画面的中间，左右基本对称，因为很多人喜欢把视平线放在中间，上下空间的比例大体均分，如图 1-58 所示。

疏密相间法构图：当需要在一个画面中摆放多个物体进行拍摄时，取景时最好是让它们错落有致、疏密相间，如图 1-59 所示。我们都知道，在篆刻中有“疏可走马，密不透风”的布局方法，借用到商品拍摄中也非常容易出效果。

图 1-58 均分法构图

图 1-59 疏密相间法构图

远近明暗法构图：拍摄商品图片有时候需要带上点近景，或者隐隐约约保留一点颜色比较淡的远景，以增强立体感，表现出丰富的拍摄层次，如图 1-60 所示。画面色彩的变幻和明暗的跳跃，可以使照片不会因单调、呆板而显得过于平淡，但这样的远近和明暗层次也要使用得当，不多也不少，否则反而显得不协调。

图 1-60 远近明暗法构图

1.1.2 拍摄脚本与流程

商品图片的重要性大家都是非常清楚的，是以被点击并转化率高为导向的。一张图片吸引眼球的时间只有 0.16 秒，在这么短的时间内，如果能够传达给买家足够的信息量，就会增加买家的停留时间和访问深度。所以在拍摄前，需要充分了解产品属性，罗列商品卖点，并找出核心竞争力，以及购买群体的审美需求等来确定拍摄风格并制定拍摄脚本。首先，我们会了解基本的拍摄风格都有哪些方面，以及哪些类目的商品运用了哪些拍摄风格；其次，拍摄脚本的制定方法从哪些方面着手，我们需要针对自己的产品选择适合的模特、场景，以及如何利用细节呈现及角度，来更好地突出商品的卖点；再次，我们要了解跟拍流程，确定跟拍方式，制定拍摄方案及清单；最后，选片以及文档管理，要从上百张甚至上千张原图照片中，选择符合当初确定的风格、角度的图片，能够完美地呈现出商品的卖点、特点。

目前在网店中，我们把商品大致分为：标类、非标类、综合类型三大类别。不同的产品会有不同的风格展现效果，也就是说，要挖掘商品卖点，掌握拍摄风格。

标类商品：主要是指以功能性主导的商品，以功能为利益点，如图 1-61 所示。比如化妆品类、家电类、食品类等。

图 1-61 标类商品

以化妆品类商品为例，虽然同样是化妆品类商品，但有不同的商品卖点，所以要根据各自的卖点来用不同的拍摄风格。化妆品拍摄风格第 1 种：突出商品内质的拍摄风格——直截了当，直观体现，如图 1-62 所示。护肤霜、面膜、粉底、眼彩——通过这样的拍摄风格可以了解到里面的霜体、粉体是什么样子的；通过这样的拍摄风格，可以直观地了解商品内质：颜色、密度、配件、布局等。

图 1-62 突出商品内质的拍摄风格

化妆品拍摄风格第 2 种：情景烘托商品主题的拍摄风格——营造氛围，主题感受，如图 1-63 所示。以淘品牌御泥坊两种不同的面膜为例。① 泥浆面膜：传承古法 180 天，自然沉淀的泥浆，背景采用古朴、古老的色调烘托传承及自然；② 玫瑰面膜：高纯玫瑰精华深层补水，背景采用红色调及玫瑰花瓣烘托萃取玫瑰精华的意境。

化妆品拍摄风格第 3 种：明星代言商品的拍摄风格——品牌提升，明星效应，如图 1-64 所示。用明星高圆圆代言的睫毛膏，展示商品，增加可信度，提升品牌及定位，产生明星效应，明星都用了，我也要用！

图 1-63 情景烘托商品主题的拍摄风格

图 1-64 明星代言商品的拍摄风格

化妆品拍摄风格第 4 种：全方面展示商品的拍摄风格——全方面展示，关联销售，如图 1-65 所示。套装组合、系列展示、关联销售、包装展示——起到更好地销售商品以及商品产生黏性的效果。

图 1-65 全方面展示商品的拍摄风格

非标类商品：属于个性定制化产品，以外观造型为利益点，如图 1-66 所示。比如服装类、箱包类、鞋等。

图 1-66 非标类商品

以箱包类商品为例，虽然同样是箱包类商品，但有不同的商品卖点，所以要根据各自的卖点来用不同的拍摄风格。箱包拍摄风格第 1 种：突出商品色彩的拍摄风格——颜色多彩，可选择性强，如图 1-67 所示。不论是儿童箱包，还是商务箱包，抑或是一般箱包，颜色都非常的多。你不爱红色，你不爱绿色，你不爱黑色，不怕，还有黄色、粉色、蓝色、撞色等都可以成为你的爱！可选择性强，跳失率低，逃不出我的五指山！

图 1-67 突出商品色彩的拍摄风格

箱包拍摄风格第 2 种：商品大小对比尺寸的拍摄风格——尺寸明确，定位准确，如图 1-68 所示。不论什么款式的箱包，都有不同的尺寸。光看尺寸表，往往对尺寸没有太多的概念。

对于箱包实际不同尺寸的商品，来用对比拍摄风格，可以很直观地看到各尺寸之间的差别，能够准确定位要哪个！

箱包拍摄风格第 3 种：展示商品内部结构的拍摄风格——内有乾坤，选我所需，如图 1-69 所示。俗话说，包子有馅不在褶上。同样，购买箱包时不光是看外观上漂亮，还要看内涵。箱包里面的布局结构是怎么样的，能有多大的容量，这些都是买家购买时所关注的细节。所以采用这种拍摄风格的图片，可以让买家一目了然。

图 1-68 商品大小对比尺寸的拍摄风格

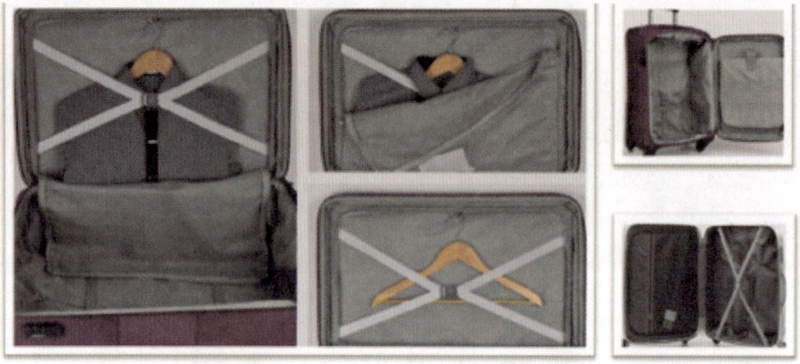

图 1-69 展示商品内部结构的拍摄风格

箱包拍摄风格第 4 种：真人秀商品的拍摄风格——你是我的“菜”，要定你！如图 1-70 所示。每个箱包我都喜欢，可跟我最配的是哪个呢？风格不同，就像选衣服一样，我适合民族风格的、哈韩风格的还是淑女风格的？所以采用真人秀，可以做到：① 直观地看到箱包和人之间的比例大小；② 间接地体现出个性风格。

图 1-70 真人秀商品的拍摄风格

综合类型商品：对于不符合标类及非标类的商品就被称为综合类型商品，比如家具、家居等，如图 1-71 所示。家具类商品，如鞋柜、衣柜、床等，一般的拍摄风格采用实景拍摄为主，这样可以让买家直观地看到现场效果——情景空间的搭建。茶具类商品，茶壶、杯子和茶海相互呼应——简单干净的背景，或者是用情景背景增加气氛。

图 1-71 综合类型商品

拍摄风格确定后，就需要制定拍摄脚本了。在制定拍摄脚本时，要知道如何选择合适的模特、如何选择合适的场景、怎样去掌握商品的细节呈现和角度效果。通过精心地制定拍摄脚本，让摄影师根据拍摄脚本来完成拍摄，从而得到预期的效果和满意的图片。制定拍摄脚本的作用：保证店铺拍摄风格统一，并符合品牌的基本要求，便于管理，同时摄影师能够清楚拍摄要求，并以此来验收摄影师拍摄的图片是否符合预期。尤其是在摄影图片外包时，拍摄脚本是对摄影师或者摄影公司最好的考核标准。制定拍摄方案的内容，要结合店铺、品牌的风格，配合运营和设计来写基本的拍摄脚本。比如图 1-72 所示的案例，服装的优点没有展现出来，第一眼无法让客户心动，同时背景凌乱，环境的色彩和衣服的色彩不协调。

图 1-72 不统一效果

如果没有确定店铺基本风格、背景、模特，那么拍摄出来的效果就像图 1-72 所示一样不统一。如果店铺风格统一、模特统一、背景也统一，那么整体看起来就很协调、舒服，如图 1-76 所示。

图 1-73 统一效果

以服装类目为例，在制作拍摄脚本时，首先要考虑如何找到适合商品定位的模特在选择模特时常见的问题是：① 不知道如何选择合适的模特；② 好的模特很难找；③ 有的模特看着很漂亮，但照片效果不好；④ 模特动作僵硬，效果不理想；⑤ 频繁地更换模特，增加了无形成本。所以在选择模特时可以从如下几个方面来考虑：

- 模特气质方面：甜美、性感、成熟、时尚、青春等；
- 肢体语言：个性、年龄、职业；
- 外国模特：亲切感不强、国际范儿、让人仰视、高贵、显得有档次。

要根据服装的风格来确定模特，职业装适合选用成熟型模特来拍，如果模特过于甜美和性感，那么拍出来的效果会有些不恰当。以女装为例：甜美型模特，可以穿着一些公主装、卡哇伊装、休闲哈韩装等；性感型模特，一般穿着一些蕾丝、神秘感强、有个性、时尚潮流的服装；成熟型模特，一般穿着中老年装、职业装、西装、套装、旗袍等。在脚本的制定过程中，模特占有比较重要的地位，所以在选择模特时，要记住四要、四不要，这样才能够发挥所长，更好地协助商品的展示，突出商品的卖点，吸引点击。

- 要选择合适的，不要随便选择；
- 要看生活照，不要看艺术照；
- 要看表现力，不要看感觉；
- 要看素质，不要看漂亮。

其次，在制定脚本时需要考虑拍摄环境，拍摄产品结合现实生活比单调地拍摄产品更加有视觉效应，可以激发客户的购买欲望。在室内拍摄时，背景色一般采用黑色、白色、灰色比较多一些。大红色、大绿色、咖啡色这三种颜色尽量不要使用，因为相机对这三种色彩还原度较低，很容易产生偏色现象。如果想使用彩色背景的话，则可以考虑用色彩里面的“高级灰”色，比如淡粉、淡绿、淡黄、淡蓝等。浅灰色是最能衬托出所有衣服的背景色。在户外拍摄时，也要根据服装的风格来选择适合的外景景色，要与服装协调统一风格，营造背景虚化、主体突出的效果。

再次，在制定脚本时需要考虑商品细节的展现，拍摄细节图时使用微距镜头偏多，对焦以及灯光都需要注意。例如，对鞋的细节呈现要求有很多，如图 1-74 所示，对商品大小、尺寸、质地、做工、上脚效果、鞋跟高度等细节进行了呈现。

图 1-74 鞋的细节呈现

通过上面对鞋的细节呈现举例，或者对其他类目商品的细节呈现，我们了解到每类商品都有自己独到的特点，需要抓住这些卖点，呈现给买家，吸引眼球，提升销售。从整体上要对商品进行正面、背面、侧面、多角度展示；从功能上要全方面展示商品本身具备的功能，缺一不可；从细节上要展示商品的工艺、材质、做工等。这些都是从商品卖点出发，用画面可视化呈现的。

最后，在制定脚本时还需要商品角度展现，这也是非常重要的。对一个商品来说，360 度呈现是最完美的。因为相机只能一格一格地记录下来商品的不同角度的图片，不能像摄像机那样，所以我们需要给商品进行角度效果的拍摄，让买家能够全面了解商品。如图 1-75 所示，剃须刀全角度展现，带支撑架正面、侧面、后面、背面、45° 角度。

当确定了商品的拍摄风格，以及制定好拍摄脚本后，接下来就要进行跟踪拍摄了。跟拍方式一般分为两种：一种是现场跟进；另一种是远程跟进。首先要制定拍摄方案，在制定拍摄方案之前，要去调研，要了解商品的定位、商品的档次，整体统一；其次要制定拍摄清单，对拍摄的商品进行归类，以及拍摄要求说明。一般商品图片的拍摄会外包给摄影师或摄影公司，因为之前已经制定好拍摄脚本了，所以就可以把拍摄脚本给他们，让他们根据拍摄脚本方案实施就行。

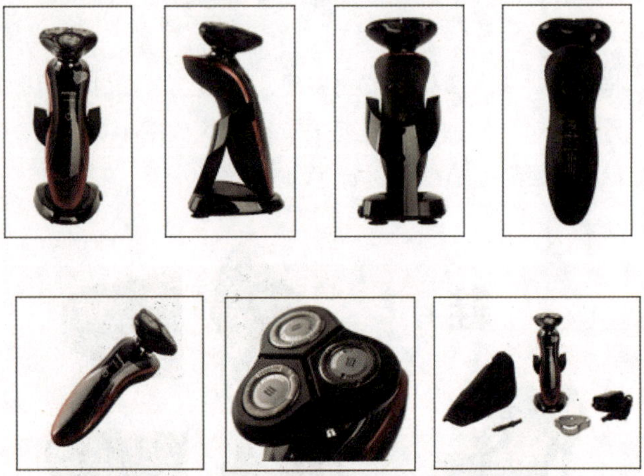

图 1-75 商品角度展现

远程跟进需要注意 3 点：

- 跟摄影师（拍摄机构）进行有效沟通，并按照约定时间提交拍摄商品；
- 要求摄影师（拍摄机构）在正式拍摄前试拍以确定拍摄风格，然后再进行拍摄；
- 由于不能在现场随时与摄影师或模特进行直接沟通，不能及时纠正或修补不符合要求的动作、角度和灯光，所以需要及时抽检，把控好拍摄效果。

现场跟进需要注意 4 点：

- 跟摄影师进行有效沟通，并按照约定时间提交拍摄商品；
- 在现场正式拍摄前，要求摄影师（拍摄机构）试拍以确定拍摄风格，然后再进行拍摄；
- 与摄影师（拍摄机构）、模特即时沟通互动，准确提出要求及修改意见；
- 现场及时修正不符合要求的动作、角度和灯光。

经过调研、准备，确定了商品的风格、商品的定位以及跟拍方式后，接下来就要填写拍摄方案表格了，如图 1-76 所示。表格里的每一项都是根据商品来定制的。在每次拍摄时都要有一个拍摄脚本，也就是拍摄基本要求。以服装为例，拍摄商品类型：大衣、毛线衣；商品风格：成熟的女性、年龄在 25 ～ 35 岁之间；店铺品牌 VI：清新简约的 OL 风；客户的消费层等。同时还有对模特的基本要求，包括：身高、年龄、发型、妆面；对拍摄场地要求以及为服装搭配准备内容，并同时附上参考样片等。

对于主要图片的拍摄角度、模特的动作要求，都需要规范化及多视角呈现。这样做的目的是 有利于摄影师在拍摄时统一，同时后期在选片时能保证店铺的统一性，如图 1-77 所示。

对拍摄的商品，除了要做一个拍摄清单外，同时还需要归类和拍摄角度基本要求说明，如图 1-78 所示。

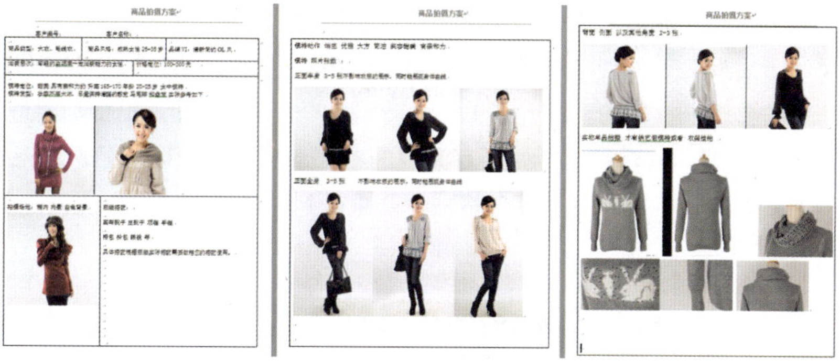

图 1-76 填写拍摄方案表格

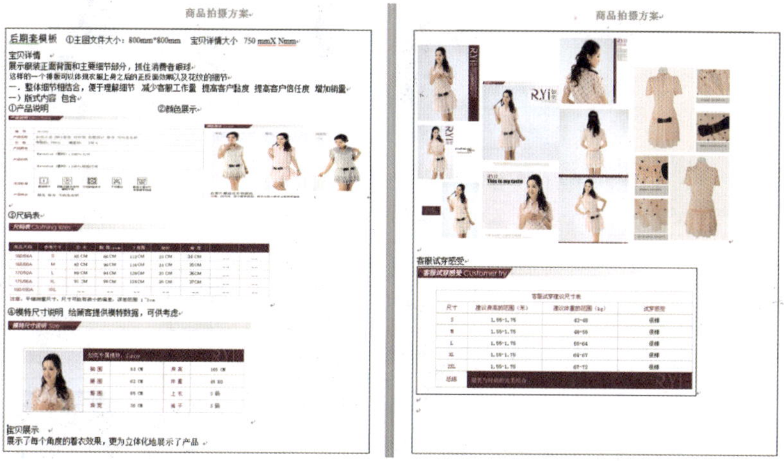

图 1-77 后期套模板表格

商品拍摄角度基本要求

客户：茹奕旗舰店　　客户编号：20110419

商品货号	商品名称	照片张数		模特基本参考动作
RL1202	裙装	正面：5张	模特动作	
RL11042				
RL11032		侧面：3张		
RL11028				
RL11038				
RL11040				
RL11029		背面：2张		
RL11043				
L1011				
RL11017	裙装	正面：5张		
RL11049				
L2016				
L2017		侧面：3张		
101-3				
L1012				
RM1109				
RM11012		背面：2张		
RM11015				
L203				
Y009	羽绒服	正面：5张	细节标准	
Y0025				
Y001				
Y008		反面：2		
Y003				
Y006				
Y007				
D505		侧面：2		
D503				

备注：每件衣服必须有以上基本动作 拍摄以上半身为主 不需要拍摄全身

图 1-78 归类和角度基本要求

按照拍摄脚本拍摄完成后，由于一次拍摄会产生最少几百张、最多上千张的图片，为了减少工作量以及利于后期美工处理，所以要对拍摄好的图片进行分类建档，同时还需要检查是否是按照拍摄清单的要求来执行的，如图 1-79 所示。对每一个商品的图片拍摄都要进行再次检查，确定是否符合拍摄要求、是否漏拍，如果有漏拍的则要求摄影师及时补拍。商品图片规范化，通过对详细的拍摄方案表格的填写，并严格按照要求做到，最终呈现出来的就是我们想要的商品图片。

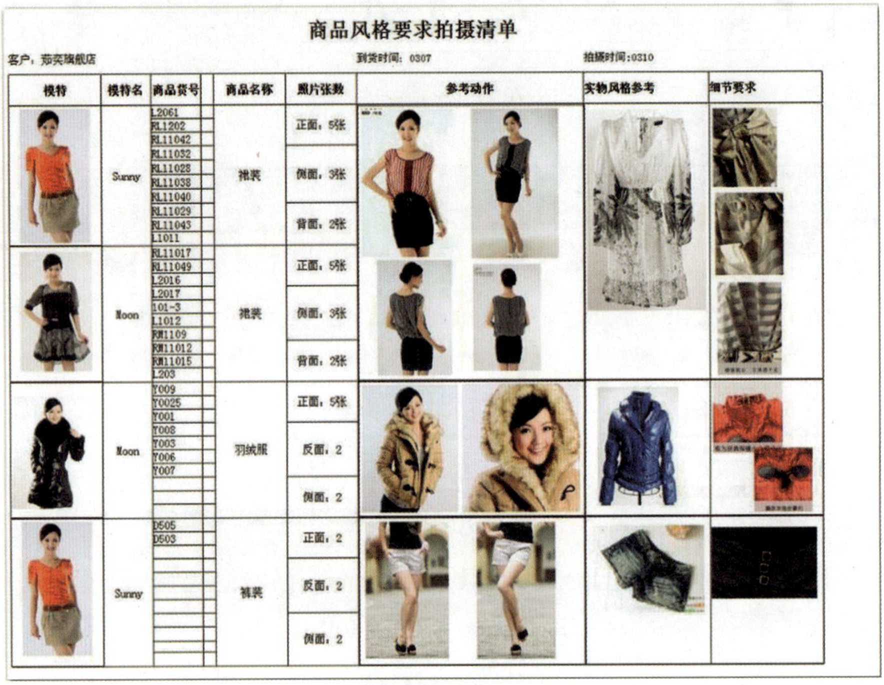

商品风格要求拍摄清单

客户：茄奕旗舰店　到货时间：0307　拍摄时间：0310

模特	模特名	商品货号	商品名称	照片张数	参考动作	实物风格参考	细节要求
	Sunny	L2061 RL1202 RL11042 RL11032 RL11028 RL11038 RL11040 RL11029 RL11043 L1011	裙装	正面，5张 侧面，3张 背面，2张			
	Moon	RL11017 RL11049 L2016 L2017 101-3 L1012 RM1109 RM11012 RM11015 L203	裙装	正面，5张 侧面，3张 背面，2张			
	Moon	Y009 Y0025 Y001 Y008 Y003 Y006 Y007	羽绒服	正面，5张 反面，2 侧面，2			
	Sunny	D505 D503	裤装	正面，2 反面，2 侧面，2			

图 1-79 拍摄清单

以上就是根据商品定位、品牌定位、店铺定位、消费群体定位来确定商品拍摄风格及制定拍摄脚本的过程。总结：商品拍摄前期、中期和后期的流程如图 1-80 所示。对前期、中期和后期应该做的事情，一目了然。

摄影师或者摄影机构按照制定的拍摄脚本拍好图片后，我们就需要进行选片，选片标准要素包括：曝光正确、图片角度、图片色差、图片质感、图片清晰度。如图 1-81 所示，我们来看看如何选择符合标准的图片。

从图 1-81 不难看出来，左上图片太暗，看不清楚包身的细节，书包手柄也很难辨清；右上图片，书包手柄左边金属有黑点，包身也不太清晰；左下图片，能够稍微看清楚包身的层次以及手柄的细节；相对而言，右下图片比其他 3 张图片都要好，包身的材质细节、颜色的层次以及手柄的金属配件都非常清晰，所以选择第 4 张样片。

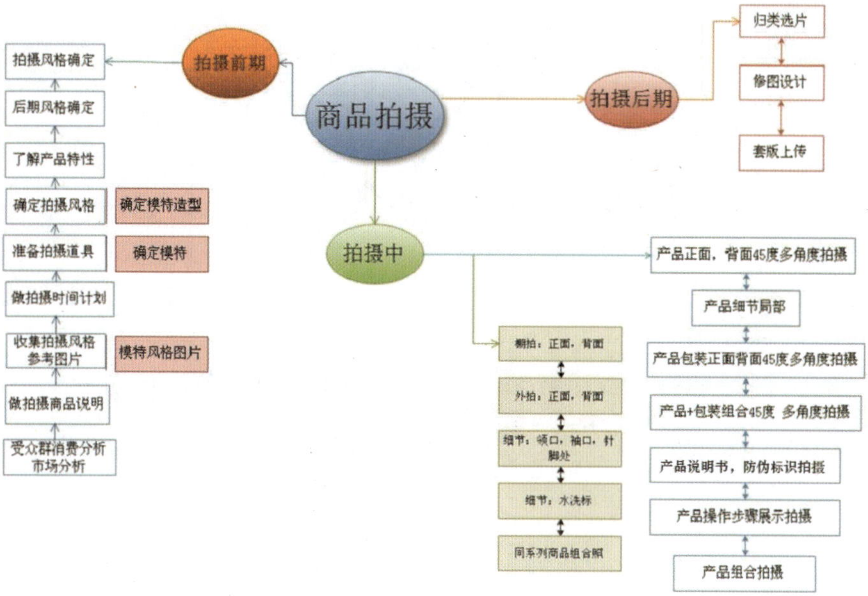

图 1-80 拍摄流程

图 1-81 4 张样片比较

拍摄后会有大量的图片，对图片进行存档管理是非常重要的。设计师或美工收到来自摄影部门的照片可能成百上千张，以英文和数字组合来命名文件，而且所有文件都放在同一个文件夹下。对于这种情况，则会导致在设计过程中，很难快速找到产品图片，工作效率低。那么，如何用科学的方法对产品图片进行存档管理呢？在工作过程中，我们一般是先按商品货号建立文件夹，然后将相关的图片放到相应的文件夹中；如果有必要，还可以再进一步，在商品货号文件夹中，按颜色进行分类，如图 1-82 所示。养成这样的良好习惯，从而可以大大提高工作效率。

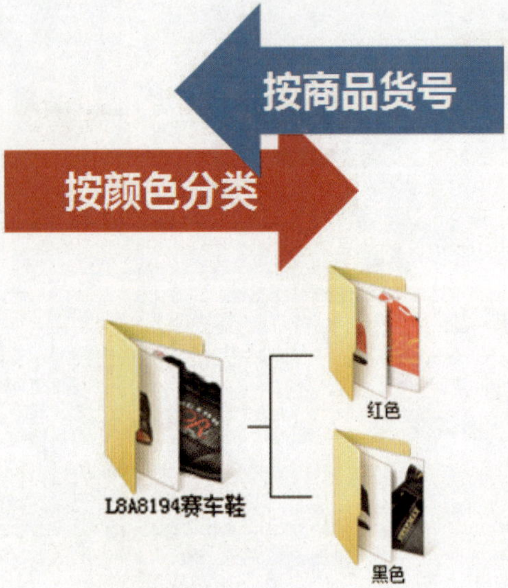

图 1-82 归档管理图片

1.1.3 视频应用

现在很多店铺都会在主图和详情页里面添加视频，那么对于不同位置添加规范和流程也是有差别的。主图添加视频规范：时间小于 9 秒，尺寸是 800px*800px 并且是 1:1 比例的，只能调用一次并且大小在 1GB 以内；流程：使用视频剪辑软件，然后上传到视频中心后供调用。详情页视频添加规范：建议大小在 500MB 以内，时间小于 30 分钟；流程：先要上传到视频空间，然后等待审核通过后再调用。录制视频内容应该以突出商品的功能性为主导，让买家通过视频更好地了解商品，然后下决心购买。下面和大家分享拍摄视频的技巧：

（1）手臂自然弯曲、放松，手柄和 DV 成 90° 垂直。（错误：手臂僵硬，手柄和 DV 不垂直。）

（2）拍摄时腿略弯曲，小碎步前进、后退。在前进或后退中尽量保持在一条直线上移动，步伐轻盈平滑、连贯。在拍摄过程中要注意保持摄像机在同一高度，尽量避免过于频繁地上下悬浮，具体视拍摄脚本而定。（错误：① 腿笔直大步前进，那样会使摄像机左右偏摆；② 步伐不连贯，一顿一顿的，或者频繁停顿，就会造成拍摄出来的画面不连贯，机头因为停顿而重心倾斜；③ 过于频繁地上下悬浮摄像机拍摄。也就是说，拍摄的主角不能保持在镜头的中心。）

(3)转弯时以手柄为圆心转动身体，手臂和身体同步转动。此时要注意保持身体的平衡。（错误：手臂转动快于身体转动，那样就会导致摄像机镜头转过来了，但人的角度还没转过来，必然会造成拍摄不连贯、停顿。）

1.2 收集素材

1.2.1 确定图片要求

首先要确定图片要求，对于素材图片的要求是像素越大越好，尽可能避免版权及盗图使用的问题。

（1）主图的尺寸为700px*700px或者以上，才能实现放大镜效果，如图1-83所示。如果没有达到尺寸要求，就不具备自动发大效果。图片形状要为正方形，商品更不要出现变形现象。图片应该是无边框、无阴影的（具体可以参考本书第3章内容）。

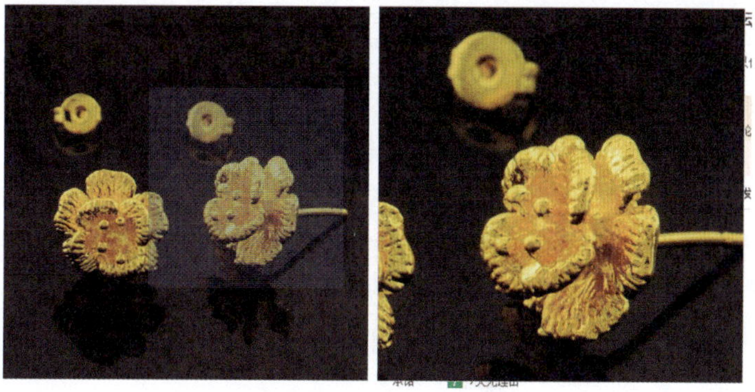

图1-83 具备放大效果

（2）直通车图尺寸：中型图为500px*500px；长方形图为210px*315px；方块图为75px*75px;缩略图为100px*100px。需要注意商品、主色调、销量、价格、品牌等方面的展示。

（3）其他推广图片尺寸有很多，具体要看展现的位置而定，都是有具体尺寸规范的。

1.2.2 搜索方法

找到好的素材，可以省去不少的力气，节约很多的时间，尤其是在创意制作时，好素材尤为重要。下面总结一些经验，跟大家分享。

（1）到专业的图片素材网站上找。推荐几个网站：素材网站、全景网、昵图网、爱图网、素材天下等，在这里可以下载得到高精度的精美图片，如图1-84所示。

（2）直接在百度或谷歌图片中搜索——浏览——挑选中意的图片——点击图片下方的链接，然后就会自动链接到这张图片所在的网站，可以比较清晰和全面地了解该图片的信息。这种寻找方法，适合在创意前期使用，可以作为创意之前的思想储备。因为在创意之前，我们可能会找一些图片作为借鉴，或者是看一些图片来激发灵感，所以就要浏览、观赏大量的图片。

设计师必看的几个素材网站_百度文库
评分:4/5 20页
2010年11月5日 - 网站简评: 专业完美的素材下载与设计分享网站,提供矢量素材、PSD分层素材、图标素材、高清图片、原创作...
wenku.baidu.com/link?u... - 百度快照
素材中国_免费素材共享平台www.sccnn.com
素材中国_免费素材共享平台.图片素材图库提供海量素材,图片下载,设计素材,PSD源文件,矢量图,AI,CDR,EPS等高清图片下载
www.sccnn.com/ - 百度快照 - 86%好评
...- 图片素材,PSD素材,矢量素材,设计图库,淘宝素材,设计素材图片网
爱图网Aiimg.com是一个免费提供图片素材,矢量素材,PSD素材,高清图库,影楼模板,PS素材,PNG图标,网页模板,淘宝素材和设计字体等设计素材下载的网站.
www.aiimg.com/ - 百度快照 - 评价
高清图片素材 - 大图网设计素材下载
大图网高清图片素材下载频道,提供最新最全的艺术,背景,生物,百态,商业,职场,建筑,环境,生活,百科,自然,风景,人物,静物,旅游等图片素材
www.daimg.com/photo/ - 百度快照 - 91%好评

图 1-84 素材网站

（3）关键词寻找非常重要。一定要把握住关键词的准确性，同时要不断地变换关键词，这样才能找到所需要的图片。不能一个关键词找到底，这样即使把这个关键词的图片都找完了，也很难找到合适的。不断变换关键词，可以多角度、全方面地去寻找、搜索图片。

（4）关注摄影艺术为主的网站。可以浏览艺术类网站；对于时尚品牌类网站，也可以去搜罗一下；珠宝、玉器、黄金等奢侈品网站，图片都非常精美。

1.2.3 归类存储

1. 文件夹（如图 1-85 所示）

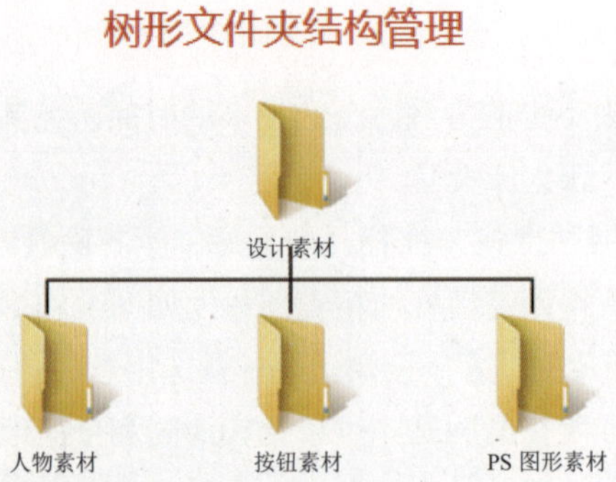
树形文件夹结构管理
设计素材
人物素材
按钮素材
PS 图形素材

图 1-85 文件夹

2. 文件名管理

对于文件名管理来说，都有一些规律及规范的方法，就如同每个人的身份证一样。下面我们来看看对身份证号码的解读。

（1）第 1、2 位数字：表示所在省份的代码；

（2）第 3、4 位数字：表示所在城市的代码；

（3）第 5、6 位数字：表示所在区县的代码；

（4）第 7 ～ 14 位数字：表示出生年、月、日；

（5）第 15、16 位数字：表示所在地编号代码；

（6）第 17 位数字：表示性别，奇数为男性，偶数为女性；

（7）第 18 位数字：校检码，校检码可以是 0 ～ 9 的数字，有时也用 x 表示。

提取文件属性，按照一定的顺序排列命名：

关键字 + 日期 + 属性 +……

提取属性：商家编码、日期、颜色、尺码、数量

DS035 20130316 01 03 001 .JPG

DS035 20130316 01 03 002 .JPG

DS035 20130316 01 03 003 .JPG

……

只要知道要找的图片属性，就能准确找到目标。

3. 归类整理（如图 1-86 所示）。

图像类型按形成图像的方式分为两种：位图图像和矢量图像；按图像的动静又分为静止图像和动态图像两类。

（1）位图图像（Bit-mapped Image），是对视觉信号量化而得到的一种数字视觉媒体。它是将原始的图形或图像离散化为空间的点（因此也称为点阵图），用二维点阵表示，对每个点（像素）的颜色、亮度（或灰度）都相对确定地用数字化描述。将这些点阵数据以文件形式存储，即为图像文件。在显示时，像素与显示器的显示点一一对应，故称为位图图像。它的分辨率大小决定了图像的大小，图像放大后会出现马赛克，使图像变得模糊不清，边缘会呈现锯齿状。

（2）矢量图像（Vector-based Graphics），是依据某个标准对图像进行分析，抽取实体特征，形成产生图形的算法，在绘制线条、矩形、圆形等图形元素的基础上去创建图像。矢量图像实际上是存储一组描绘图形元素的指令，显示时通过绘制直线、圆形、矩形等元素，综合起来就形成了图像。由于矢量图像存储的是绘图程序，所占用的存储空间比位图图像要小得多，但是显示时要花费较多的时间进行图像的重组。矢量图像描述物体的大小和形状比较容易，但是对于像照片这类复杂的彩色图像，算法描述和计算的难度很大，效果不理想。由于矢量图是用数

学方法描绘的几何体组成的图形，矢量图可以随意放大，边缘依然保持平滑，清晰度不变。

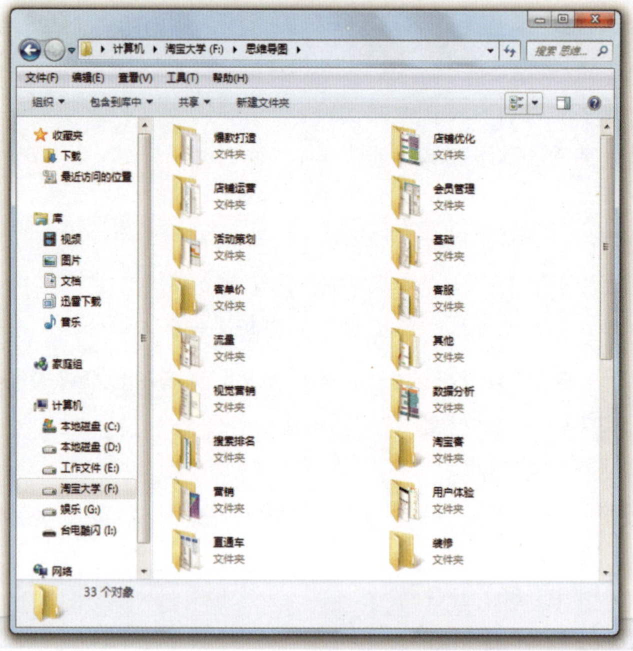

图 1-86 归类整理

（3）动态图像（Moving Picture），是一组随着时间连续变化的静态图像或图形序列。如果图像序列中的每帧图像都摄取自真实图像，则称其为影像视频，简称视频；如果图像序列中的每单帧图像都是人工或计算机产生的图形，则称其为动画。

图像以文件方式存储，图像文件格式中信息的存放形式也不同。淘宝店铺装修比较常用的图像格式有 GIF、JPG、JPEG、PNG 等。为了方便使用，出现了多种图像格式文件转换工具，如图 1-87 所示，用于文件类型的转换。

淘宝店铺装修及商品涉及的尺寸、大小及格式如下。

- 店标尺寸：文件格式为 GIF、JPG、JPEG、PNG，大小在 80KB 以内，建议尺寸为 80px*80px。
- 店铺公告尺寸：320px*400px。
- 宝贝分类尺寸：宽度 168px* 高度不限。
- 店铺介绍尺寸：600px*450px。
- 计数器尺寸：137px*94px。
- 论坛签名尺寸：468px*60px。
- 旺旺名片 / 头像：尺寸为 120px*120px，大小在 100KB 以内。
- 宝贝图片尺寸：700px*700px 及以上的图片可以在宝贝详情页主图提供图片放大功能。

- 店铺招牌尺寸：不含导航尺寸，950px*120px；含导航尺寸，950px*150px。
- 宝贝描述尺寸：750px* 高度不限。

图 1-87 Photoshop 图像格式转换工具

1.3 图片处理

对于原始图片的处理，一般分为前期处理和后期美化两部分。但不涉及图片制作及设计内容，这部分内容会在本书第 3 章中详细介绍。这里所说的图片处理，是指使用比较简单、容易上手的软件——光影魔术手进行处理，可以使初学者迅速掌握对图片的处理方法及美化效果。登录光影魔术手官方网站，下载光影魔术手软件，如图 1-88 所示。

图 1-88 下载光影魔术手软件

光影魔术手是一款针对图像画质进行改善、提升及效果处理的软件。它简单、易用，不需要任何专业的图像技术，就可以制作出专业胶片摄影的色彩效果，且其批量处理功能非常强大，是摄影作品后期处理、图片快速美容、数码照片冲印整理时必备的图像处理软件，能够满足绝大部分照片后期处理的需要。它里面的一些功能是非常实用的，比如裁剪、缩放尺寸、颜色调整、多图边框、自由拼图及批处理等功能，不但可以处理网店商品主图，而且对于详情页里面的细节图进行组合展示也是非常方便的。相对于 Adobe Photoshop，这款软件更加便捷、简单、易懂。下面就来了解如何使用该软件的各功能对图片进行处理。

1. 裁剪

根据淘宝主图要求尽可能是正方形的，展现会比较完整。光影魔术手裁剪操作界面如图 1-89 所示。在进行图片处理之前，点击右下的“对比”按钮，这样可以跟原图有个明显的实时对比效果。选择菜单命令“裁剪”后，为了得到一个正方形图，可以直接选择高宽比为 1:1，或者锁定尺寸，自行设定高度和宽度一样的数值。在右侧画面中，从左上往右下拉框直到合适的位置松手，这时就会得到如图中所示一样的效果了。需要注意的是四条平行线的 4 个红点位置，该位置是视觉焦点，尽可能在主体物上面。如果没有问题了就双击确定，这样就会得到一个正方形主图了。

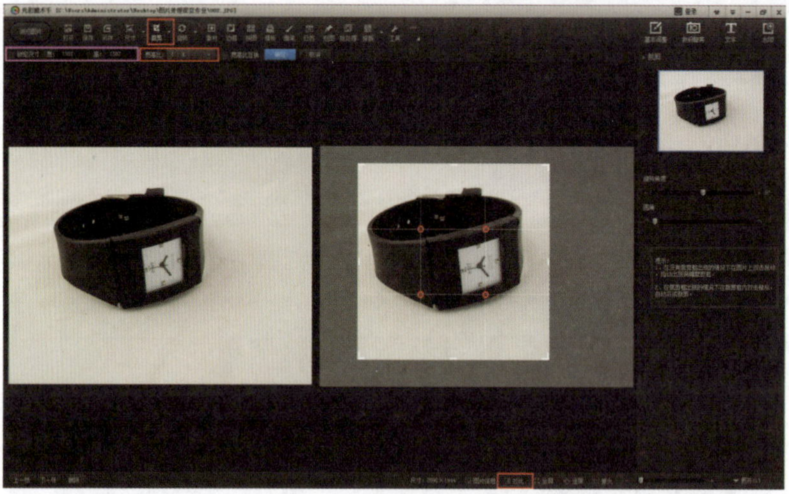

图 1-89 裁剪操作界面

2. 缩放尺寸

根据淘宝主图要求尺寸是 700px*700px 及以上，就具备自动放大功能。缩放尺寸需要注意的是，图片尺寸以像素为单位，如图图片像素大往小缩则不会影响清晰度，如果图片像素小却要往大放，图片就会变模糊。选择菜单命令“尺寸”，填写所需要的尺寸，并勾选“锁定宽高比”，如图 1-90 所示。

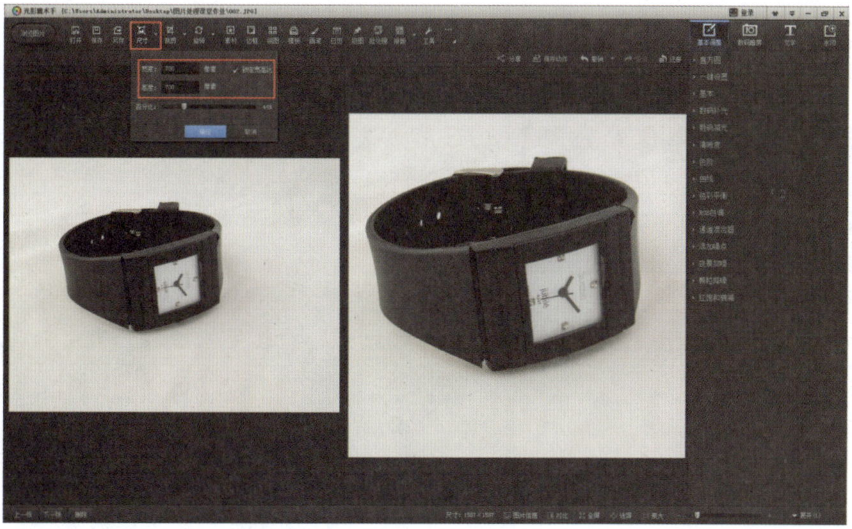

图 1-90 缩放尺寸操作界面

3. 颜色调整

其实对图片进行颜色调整有很多种方法，比如色阶、曲线、色彩平衡、RGB 色调等，但在处理中被使用最多的功能是色阶和曲线。使用曲线的好处在于，对色彩、明暗的控制十分直观、简单、容易，可以多点划分色阶，并且色阶之间的过渡通过曲线而变得圆滑、自然。用色阶来调整颜色，如图 1-91 所示。图片变亮，白色滑块向黑色滑块靠拢；图片变暗，黑色滑块向白色滑块靠拢。

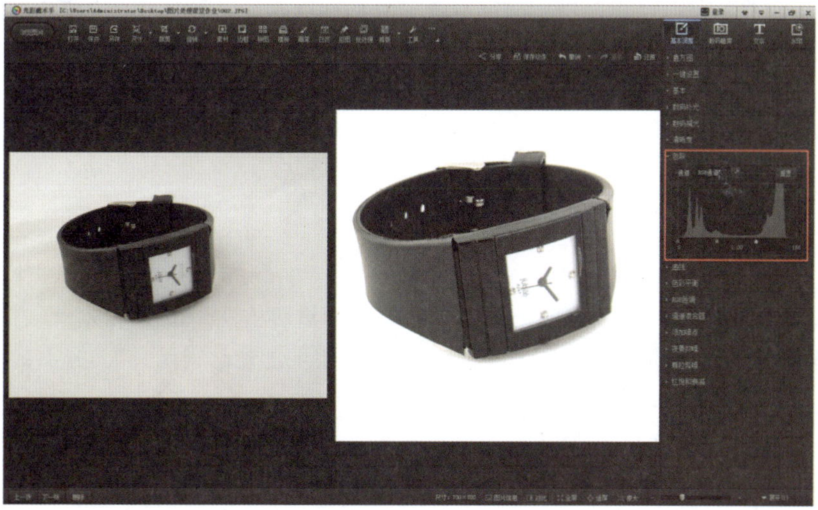

图 1-91 色阶调整操作界面

用曲线来调整颜色，如图 1-92 所示。图片变亮，曲线向左上调整；图片变暗，曲线向右下调整。

图 1-92 曲线调整操作界面

4. 多图边框

对于商品多张细节图片呈现，这是一种比较方便的方法。① 在菜单栏中选择“边框”；② 在下拉菜单中选择“多图边框”；③点击导入合适的边框模板；④可以选择添加图片，同一张图片或其他图片都可以，也可以移动位置或者删除后再添加；⑤注意箭头所指的预览框，可以改变大小来调整呈现的画面，不同的预览就是不同的细节效果；⑥调整合适后可以选择确定或“另存为”，不合适可以选择取消并重新操作。保存时建议选择“另存为”，尽量不要覆盖原图片。在边框中还可以选择给主图添加边框，比如轻松边框、花样边框、撕边边框等，都可以根据主图的需要添加合适的边框，如图 1-93 所示。

5. 图片拼接

对于宝贝详情页需要有多张图片拼接在一起，使用这种方法是最快捷的。①在菜单栏中选择“拼图”；②在下拉菜单中选择“图片拼接”；③点击“添加多张图片”，就会依次往下将图片罗列出来，可以选择横排或竖排，点击其中一张图片就会进行拼接，再次点击这张图片就会取消拼接，依次点击所有图片；④设置拼接尺寸，注意锁定宽度，高度不限制；⑤调整合适后可以选择确定或“另存为”，不合适可以选择取消并重新操作。保存时建议选择“另存为”，尽量不要覆盖原图片。在拼图中还可以选择其他排版效果，比如自由拼图、模板拼图，都可以根据需要来设置，如图 1-94 所示。

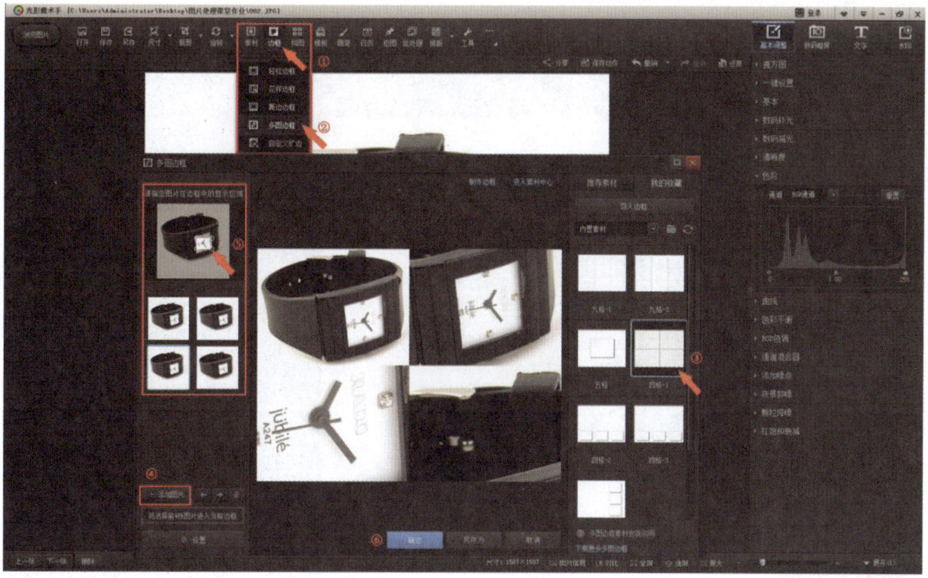

图 1-93 多图边框操作界面

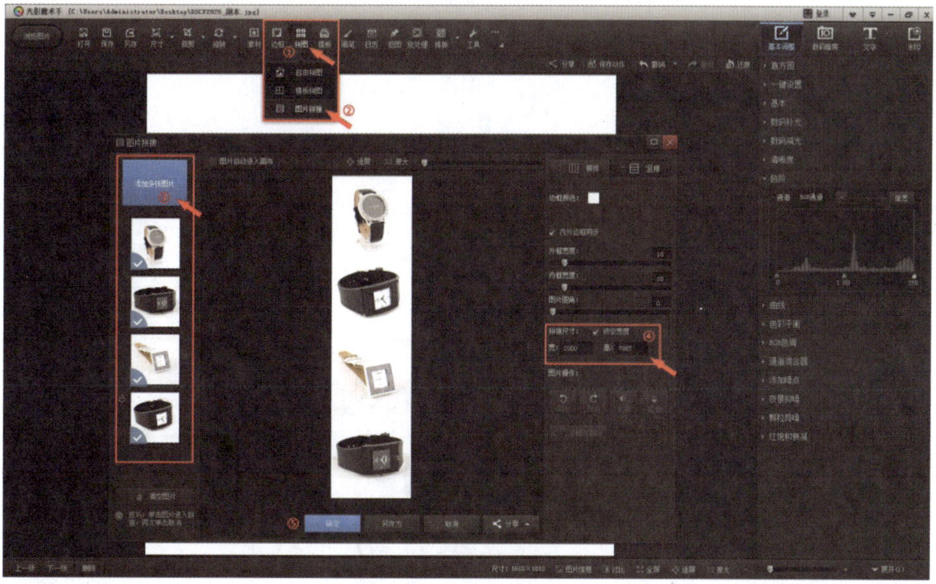

图 1-94 图片拼接操作界面

6. 批处理

在被拍摄商品的摆放、拍摄背景环境以及光线一致的情况下拍出的照片，都是可以进行批处理的，这样操作起来非常节省时间。①在菜单栏中选择“批处理”；②单击“添加”或“添加文件夹”按钮；③单击“下一步”按钮，如图 1-95 所示。

图 1-95 批处理操作界面

接下来是分别设置处理图片动作。每个处理动作都会有具体参数的设置，可以根据对商品图片的要求，或者自己的喜好来添加或删除处理动作，如图 1-96 所示。

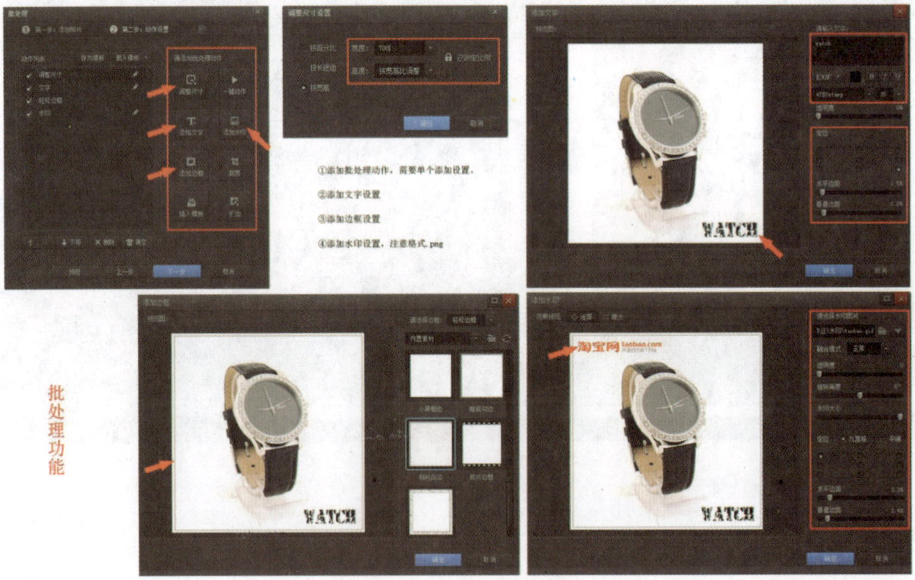
①添加批处理动作，需要单个添加设置。
②添加文字设置
③添加边框设置
④添加水印设置，注意格式.png
WATCH

批处理功能

图 1-96 批处理——处理图片动作设置

（1）调整尺寸设置，选中“按宽高”，锁定比例后在宽度位置输入 700px（尺寸按淘宝主图要求），单击“确定”按钮。

（2）添加文字设置，在输入框内输入文字内容，可以改变字体及字号大小，可以定位文字在画面中的位置，利用水平边距或垂直边距，还可以调节透明度，单击“确定”按钮。红色箭头指向的就是添加好的文字效果。

（3）添加边框设置，选择合适的边框并点击，单击“确定”按钮。红色箭头指向的就是添加好的边框效果。

（4）添加水印设置，选择水印图片（必须是 PNG 格式的），然后可以分别调节透明度、旋转角度、水印大小，定位可以设置用 9 方位选择或平铺效果，单击“确定”按钮。红色箭头指向的就是添加好的水印效果。

批处理最后一步就是进行输出设置，如图 1-97 所示。需要另存到一个新的地方，不要覆盖原图片，也可以重新命名进行保存。需要注意保存格式为 JPG。文件大小不要超过 500KB。全部都设置好后单击“开始批处理”按钮，4 张这样的图片、4 个动作，用时只有 4 秒钟。

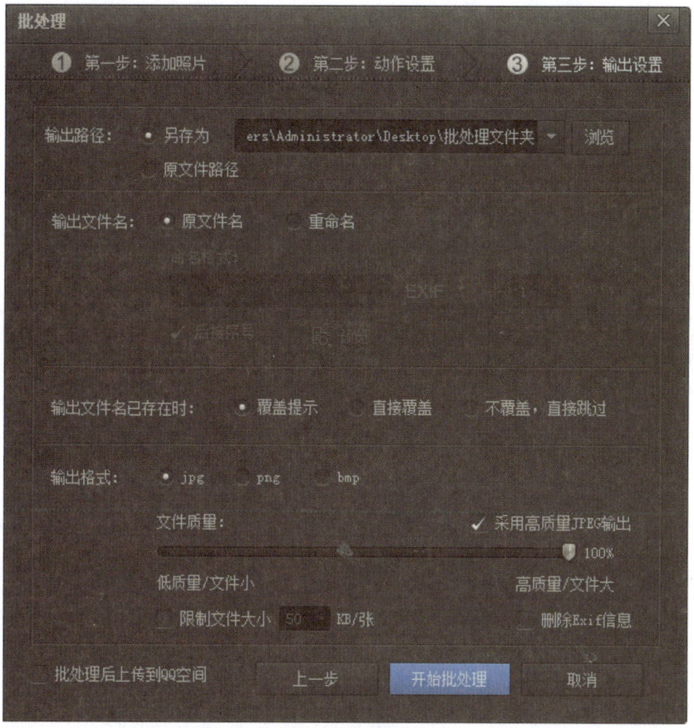

图 1-97 输出设置

批处理后效果如图 1-98 所示。

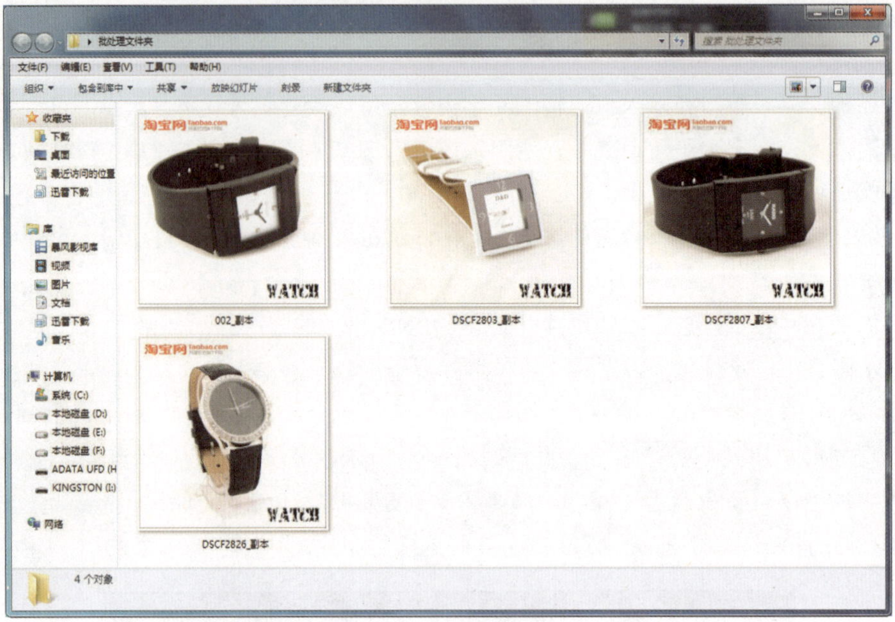

图 1-98 批处理后效果

1.4 发布上传

1.4.1 图片切片流程

许多研究都表明，用户最满意的打开网页时间是在 2 秒以内，用户能够忍受的最长等待时间在 6~8 秒之间。也就是说，8 秒是一个临界值，如果你的网站打开速度在 8 秒以上，那么很可能大部分访问者最终都会离你而去。研究显示，如果等待 12 秒以上，网页还是没有载入，那么 99% 的用户会关闭这个网页，不再等待。Google 做过一个试验，显示 10 条搜索结果的页面载入需要 0.4 秒，显示 30 条搜索结果的页面载入需要 0.9 秒，结果后者使得 Google 总的流量和收入减少了 20%。Google 地图上线时，首页大小为 100KB，后来减小到 70 ～ 80KB。结果，流量在第一个星期上升了 10%，在接下来的 3 个星期又上升了 25%。Amazon 的统计也显示了相近的结果，首页打开时间每增加 100 毫秒，网站销售量会减少 1%。

如图 1-99 所示，这是一家网店的描述页，美工做好图片后，以整张 2.6MB 的图片上传发布，打开页面需要 1 分钟。切片后，每张图片大小在 120KB 以下，只需 2 秒就打开了。可见，除了网速因素外，图片大小也是影响打开页面速度的主要因素。页面打开速度快，跳失率自然就会降低。

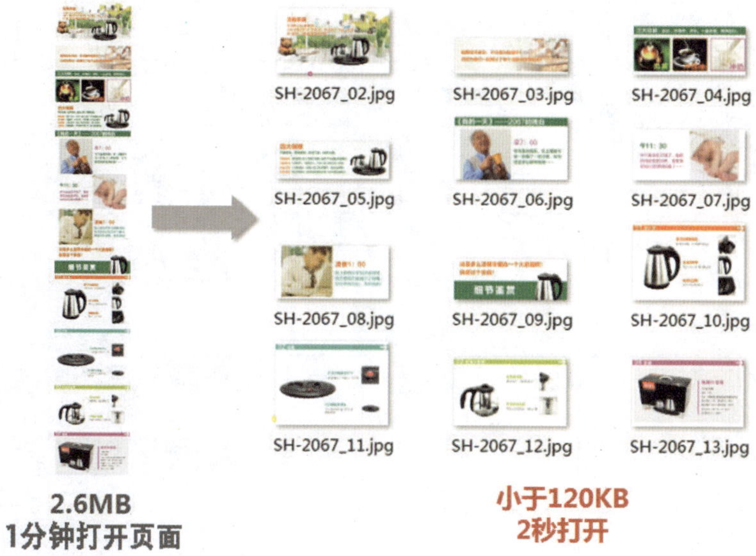

图 1-99 切片前后对比

现在来认识一下切片。打开 Photoshop CS6 软件，在工具箱的裁剪工具里可以找到切片工具。切换切片工具、切片选择工具的快捷键是“Shift+C”，如图 1-100 所示。

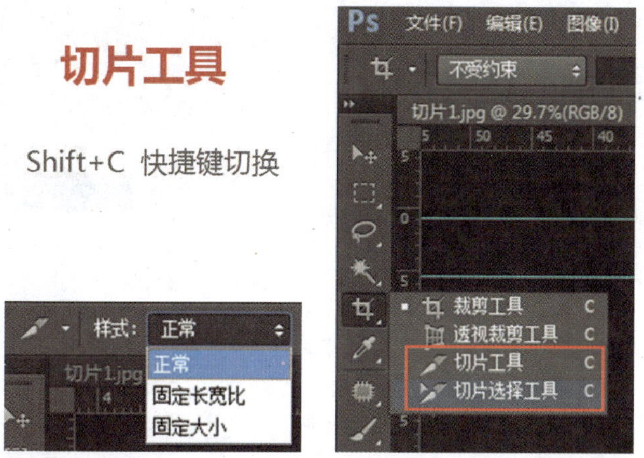

图 1-100 切片工具

第一种切片方法：

（1）打开一张需要切片的素材图片，并选择切片工具，如图 1-101 所示。

（2）在图片上单击鼠标右键，选择“划分切片”，如图 1-102 所示。

图 1-101 待切片素材图片

图 1-102 划分切片

（3）根据图片布局，设置划分的行列数或像素值，如图 1-103 所示。

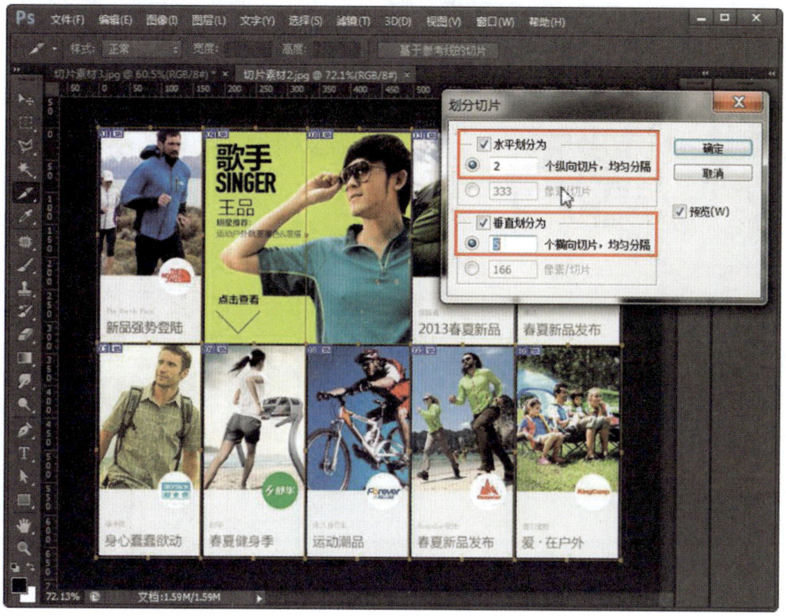

图 1-103 设置参数

（4）图中切片编号 02、03 是一个整体，需要组合成一个切片，如图 1-104 所示。

图 1-104 组合切片第 1 步

（5）选择“切片选择工具”，或者按快捷键“Shift+C”切换到切片选择工具，按住 Shift 键选中切片 02 和 03，如图 1-105 所示。

图 1-105 组合切片第 2 步

（6）使用切片选择工具选中切片 02 和 03 后，单击鼠标右键，选择“组合切片”，切片 02、03 组合完成，如图 1-106 所示。

图 1-106 组合切片第 3 步

（7）切片划分好后，有数字编号的蓝色方框为一个切片，导出后成为一个个独立的图片文件，如图 1-107 所示。

图 1-107 组合切片第 4 步

（8）切片完成后，将切片文件存储为 Web 所用格式。步骤：选择“文件”→“存储为 Web 所用格式”。快捷键：Alt+Shift+Ctrl+S，如图 1-108 所示。

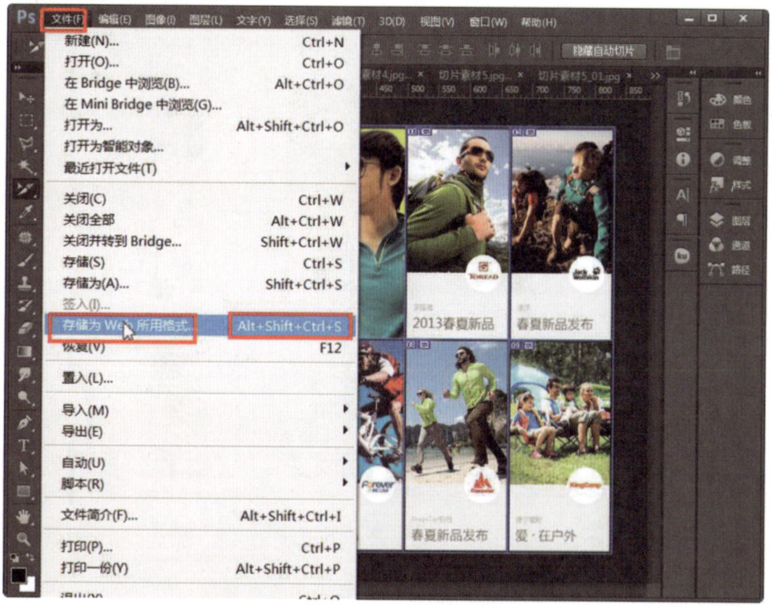

图 1-108 存储为 Web 所用格式

（9）选择保存位置，设置好文件名（用英文或数字）、格式（HTML 和图像），设置选择“默认设置”，切片选择“所有切片”，单击“保存”按钮，如图 1-109 所示。

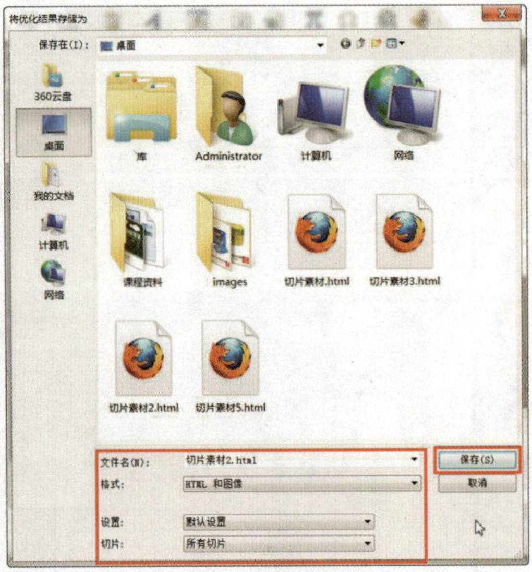

图 1-109 保存切片设置

查看切片后的图片是否正确，需要打开保存后的切片文件夹（images)，就可以看到切片后的单独图片了，如图 1-110 所示。

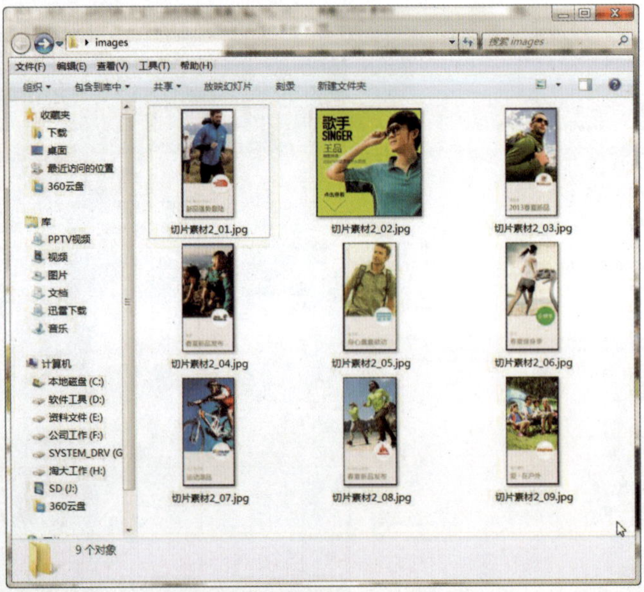

图 1-110 查看切片图片是否正确

第二种切片方法：常规切片。选择切片工具，用切片工具逐个框选出切片的范围。在框选切片的过程中要注意，不要有切片交叉或空隙出现。切片完成后，存储为 Web 所用格式，如图 1-111 所示。

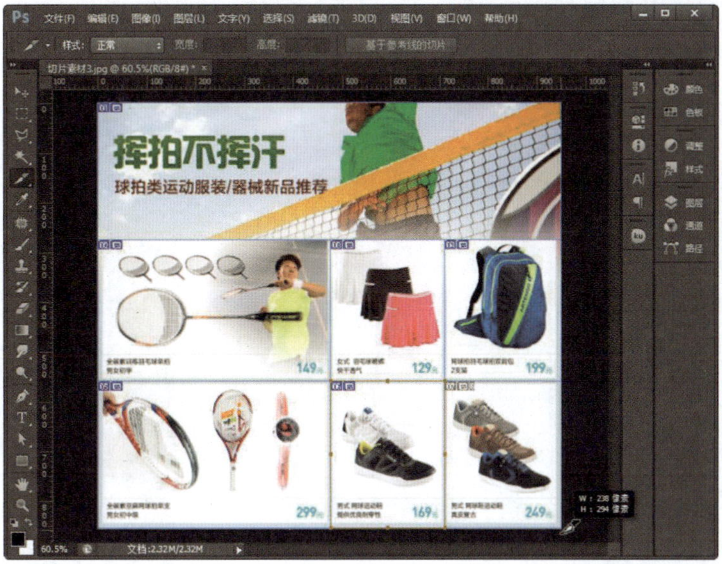

图 1-111 常规切片

第三种切片方法：基于参考线的切片。描述页一般比较适合用参考线来切片，对于布局规则的页面，则可以使用辅助线来切片，如图 1-112 所示。

图 1-112 基于参考线的切片

（1）按下“Ctrl+R”快捷键显示标尺。在标尺上按住鼠标左键向下拖拉出一条辅助线，将线放在切片的位置，如图 1-113 所示。

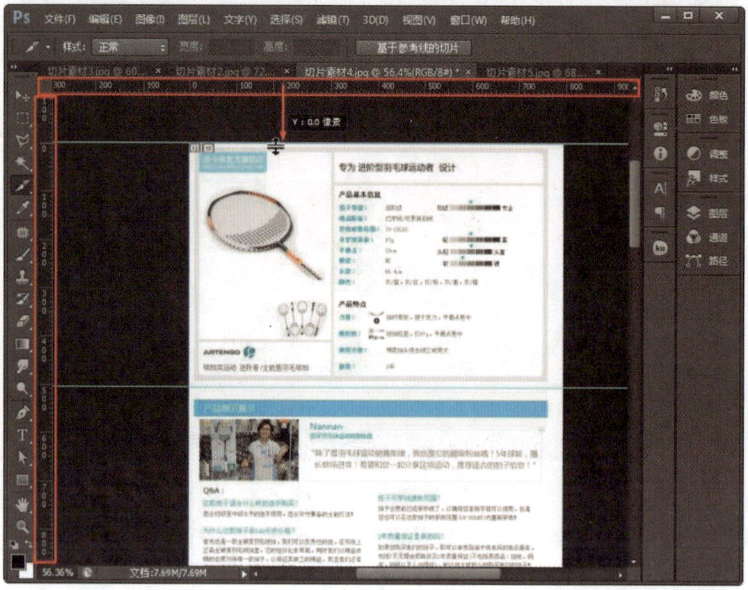

图 1-113 使用标尺拉出辅助线

（2）用参考线将切片分隔好，在设置参考线时，最好按照内容划分成相对完整的一个区域，不要将一张图片切片成上下两部分，但是当图片超过一屏时还是要进行切片，如图 1-114 所示。

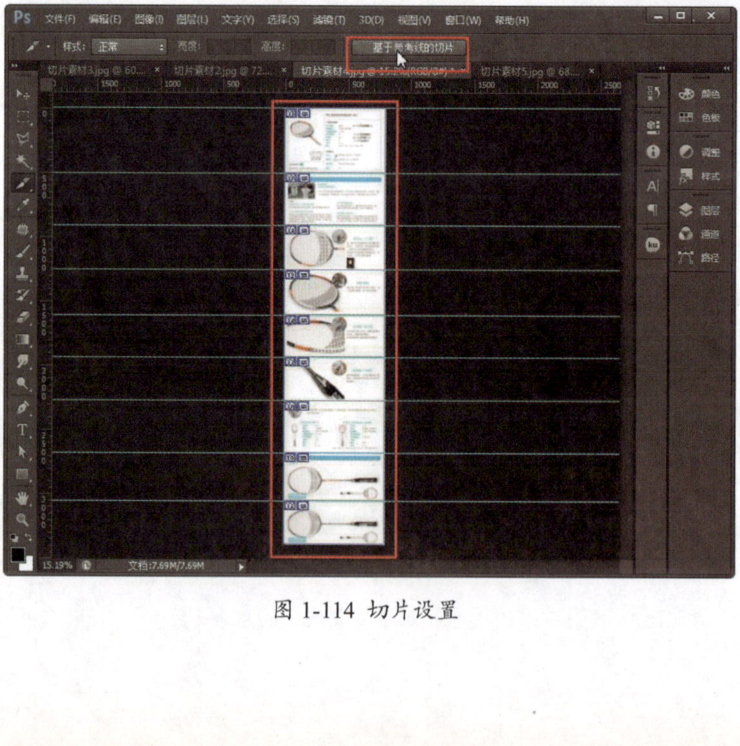

图 1-114 切片设置

（3）单击“基于参考线的切片”按钮，完成切片设置及切片效果展示，如图 1-115 所示。

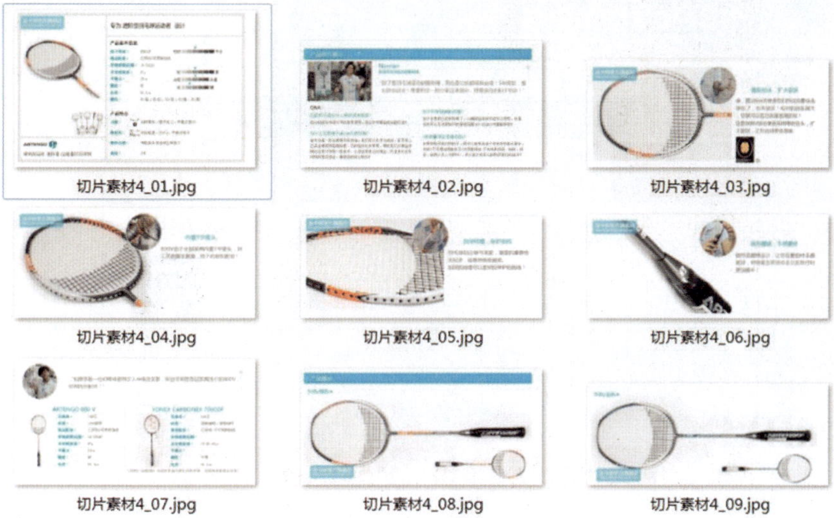

图 1-115 切片效果展示

1.4.2 图片空间的使用

（1）进入图片空间，如图 1-116 所示。

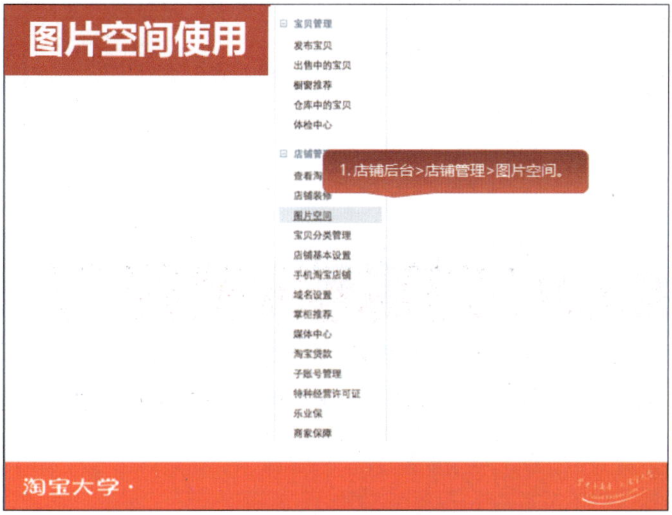

图 1-116 图片空间使用（一）

（2）设置图片分类，选择图片上传，如图 1-117 所示。

图 1-117 图片空间使用（二）

（3）设置图片存储目标文件夹，然后点击上传，如图 1-118 所示。

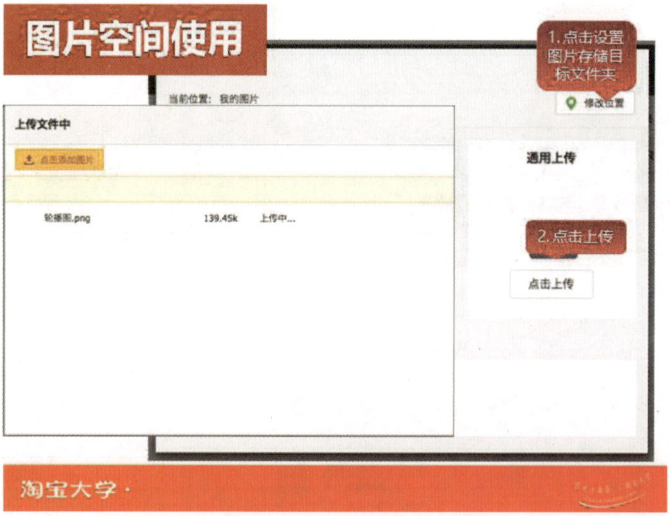

图 1-118 图片空间使用（三）

（4）选择上传目录和上传图片的缩略图。按钮功能：复制图片、复制链接、复制代码，如图 1-119 所示。

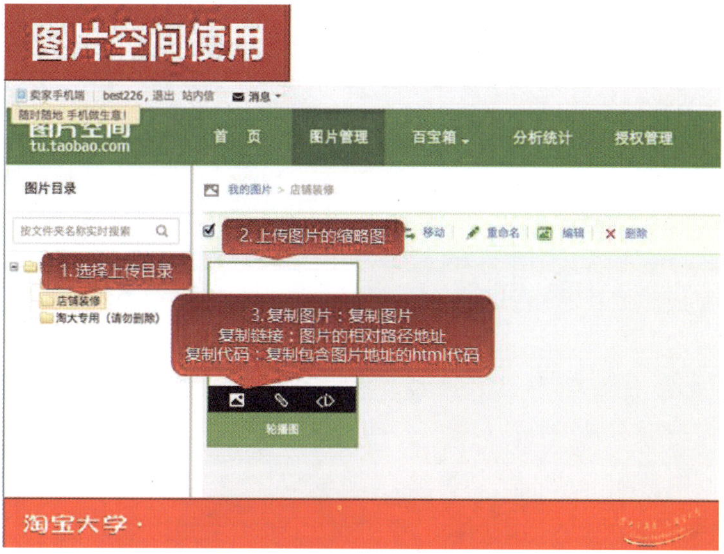

图 1-119 图片空间使用（四）

下面介绍上传到页面和详情页的方法。

打开 DW 软件，选择 HTML 编辑，如图 1-120 所示。

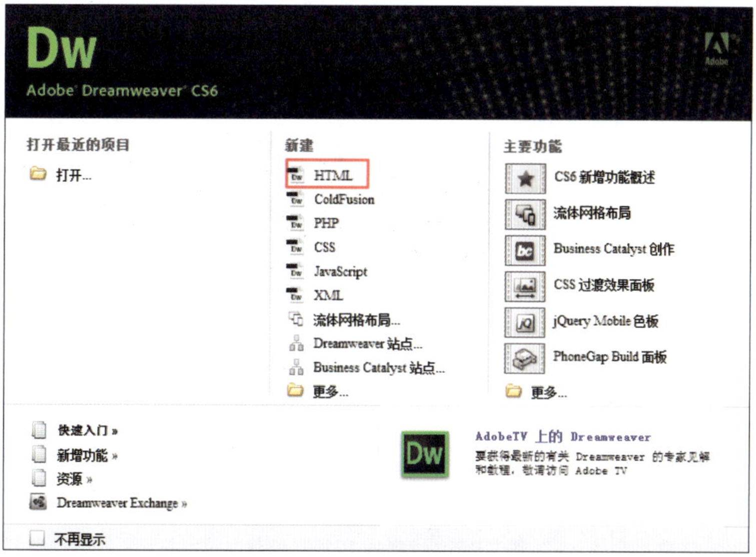

图 1-120 打开 DW 软件

操作界面如图 1-121 所示。可以在红框处点击切换为单纯的代码视图或设计视图，在菜单栏中选择“插入”，选择图像。

在图片空间中找到想要处理的图片复制链接，如图 1-122 所示。

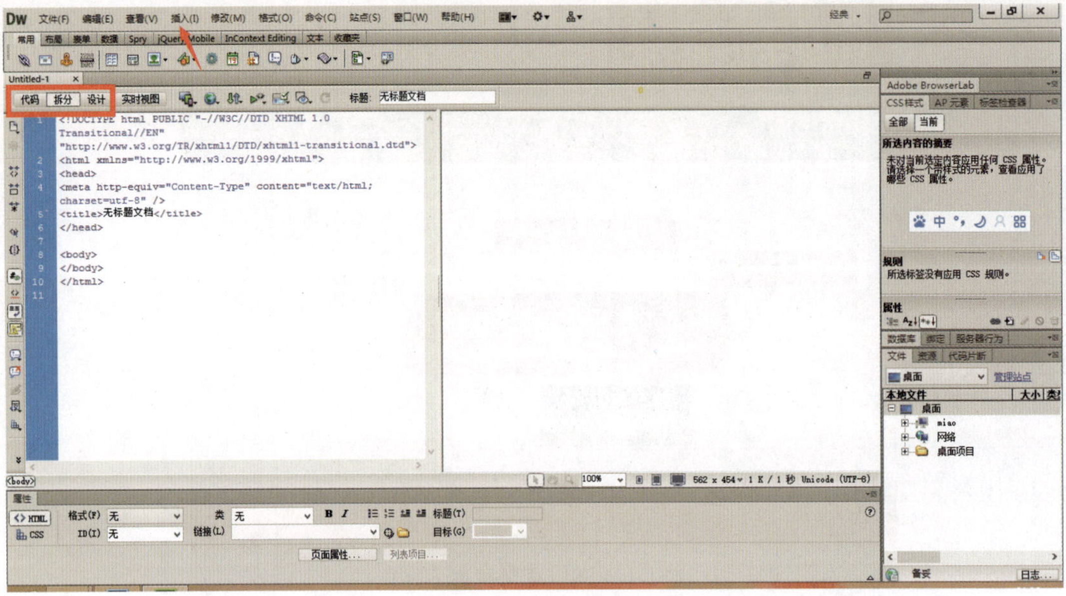

图 1-121 操作界面

图 1-122 找到图片复制链接

选择图像源文件，在 URL 中选择刚刚复制的图片链接，单击“确定”按钮，如图 1-123 所示。

继续单击“确定”按钮，如图 1-124 所示。

图片导入成功，如图 1-125 所示。

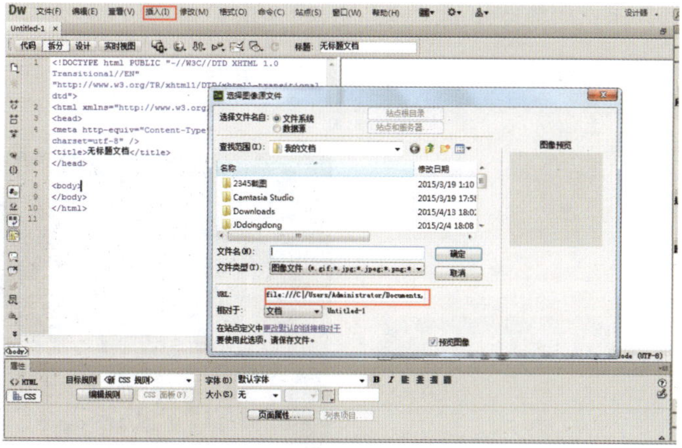

图 1-123 选择图像源文件

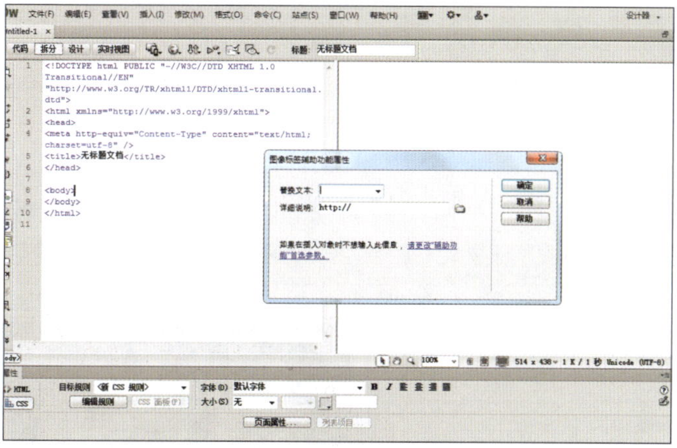

图 1-124 图像标签辅助功能属性设置

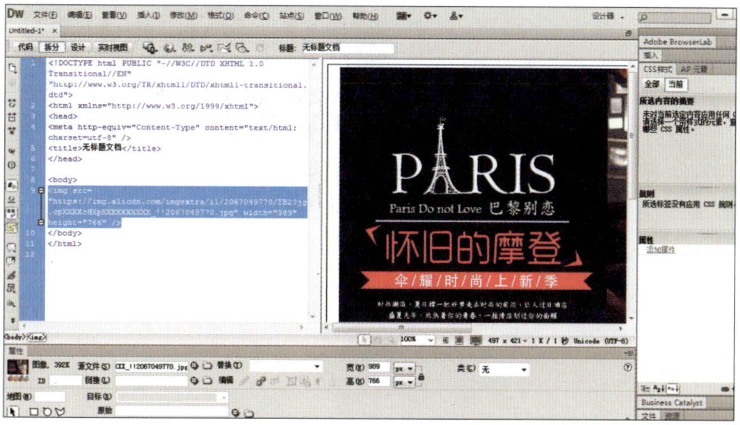

图 1-125 图片导入成功

给图片加入热点，画出所要添加的区域，如图 1-126 所示。

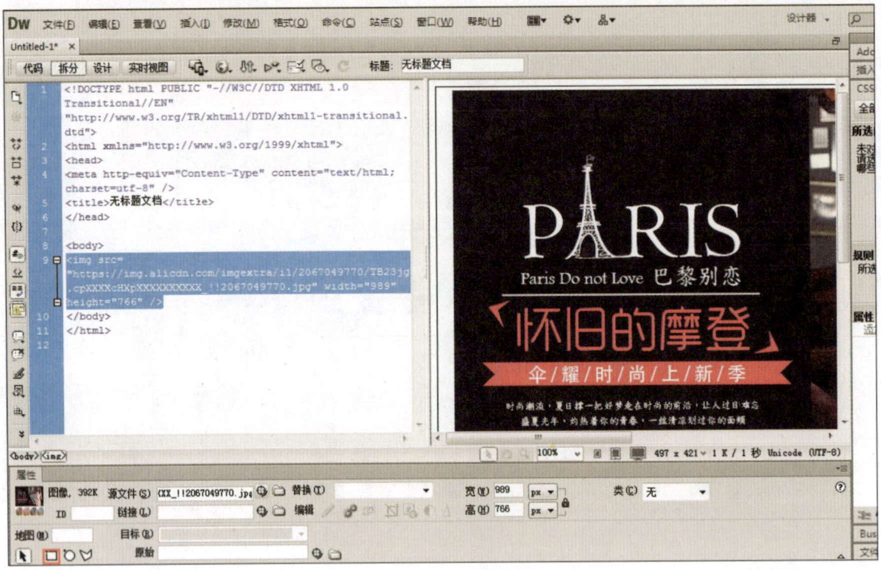

图 1-126 加入热点

添加跳转的产品或页面链接，粘贴需要跳转的产品或页面链接，如图 1-127 所示。

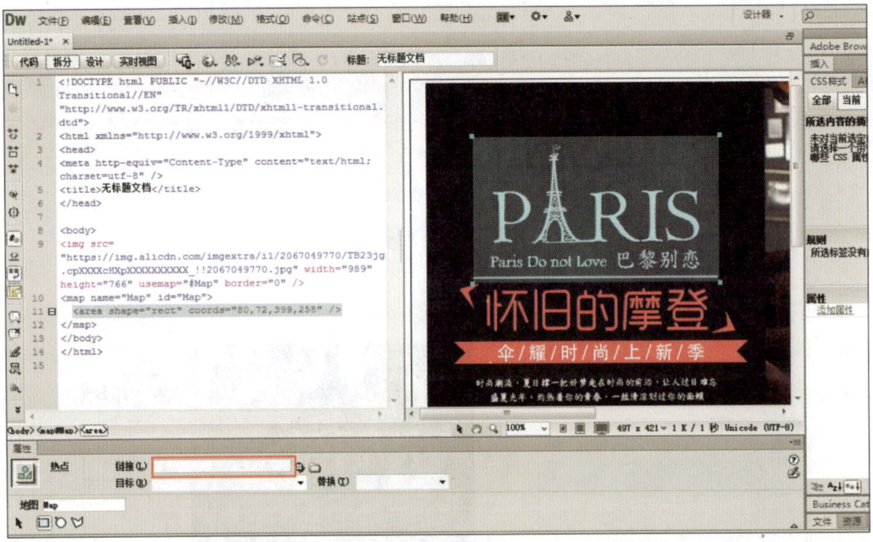

图 1-127 添加跳转链接

链接添加完毕，如图 1-128 所示。

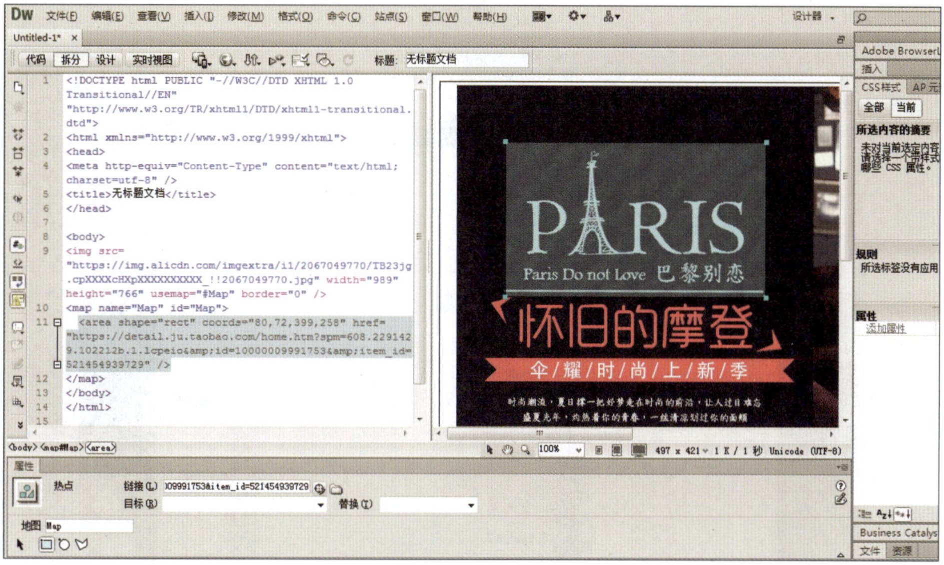

<!DOCTYPE html PUBLIC "-//W3C//DTD XHTML 1.0 Transitional//EN" "http://www.w3.org/TR/xhtml1/DTD/xhtml1-transitional.dtd">
<html xmlns="http://www.w3.org/1999/xhtml">
<head>
<meta http-equiv="Content-Type" content="text/html; charset=utf-8" />
<title>无标题文档</title>
</head>
<body>
<img src="https://img.alicdn.com/imgextra/i1/2067049770/TB23jg.cpXXXXcHXpXXXXXXXXXX_!!2067049770.jpg" width="989" height="766" usemap="#Map" border="0" />
<map name="Map" id="Map">
<area shape="rect" coords="80,72,399,258" href="https://detail.ju.taobao.com/home.htm?spm=608.229142 9.102212b.1.1cpeio&id=10000009991753&item_id=521454939729" />
</map>
</body>
</html>
PARIS
Paris Do not Love 巴黎别恋
怀旧的摩登
伞/耀/时/尚/上/新/季

图 1-128 链接添加完成

复制 <body> 和 </body> 之间的代码，如图 1-129 所示。

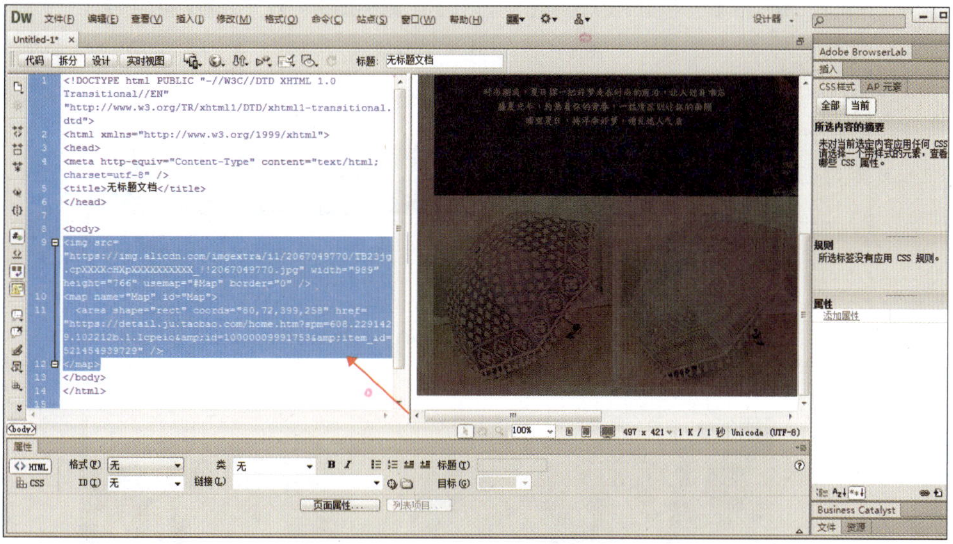

图 1-129 复制红箭头指示的那段标蓝的代码

从卖家中心进入店铺装修页面，新建自定义页面，如图 1-130 所示。

切换到代码模式，将代码粘贴到编辑器中，如图 1-131 所示。

图 1-130 新建自定义页面

图 1-131 在后台将代码粘贴到编辑器中

确定后保存，然后发布页面即可，页面装修完成。

对于详情页装修，方法同上，在发布后台的编辑器中，切换到代码模式，加入 <body> 和 </body> 之间的代码，如图 1-132 所示。

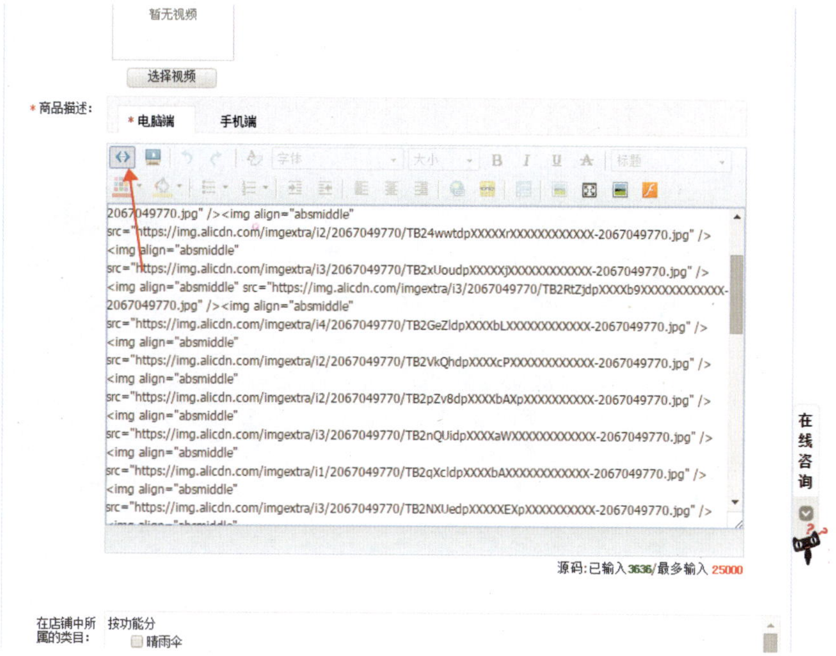

图 1-132 详情页代码粘贴

编辑完成，发布产品即可，详情页装修完成。

本章总结

在拍摄商品前，首先要对单反数码相机有所了解，掌握如何来设置相机的光圈、快门、ISO 值等参数以得到有效成像效果；其次要掌握常用的 5 种布光方法，以及有效展现商品卖点的拍摄角度构图。

在进行图片常规处理时，可以采用 7 分拍摄，3 分修改原则，尽可能在拍摄时多花费一些时间布光及构图，后面简单地处理图片就可以使用具有强大的“批处理”功能软件来快速完成了。

在上传图片及代码时，首先要掌握好裁剪图片的方法，以及如何简单地修改代码上传的技巧。

本章练习题

1. 拍摄一张图片一般有 3 个动作，请详细回答。
2. 处理图片时都有哪些步骤流程？
3. 上传操作练习

第2章

页面设计篇

上一章介绍了店铺装修的基础准备和操作，本章将阐述店铺页面部分的设计思路和执行。

2.1 首页设计

2.1.1 首页的作用

1．首页案例展示

众所周知，店铺首页对于整个淘宝店铺而言是一个非常重要的页面。首页就相当于实体店铺的门面，门面的装修直接影响到商品的价值呈现。在装修首页之前，我们需要对首页有所了解。

如图 2-1 所示是经过精心装修设计的店铺首页，它呈现给买家的是官方的、品牌感十足的、品质有保障的店铺。这样在不知不觉中就提升了买家对店铺的信任度，而且商品的价值也得到了很好的体现。而如图 2-2 所示是一个简约装修或者说是几乎没有做过装修设计的店铺首页，它不能有效地传达感性的信息给买家，效果相对较差。

图 2-1 精美设计的店铺首页

图 2-2 简约装修的店铺首页

设计优秀的店铺首页会提升页面停留时间、访问深度、点击率（首页点击率通过热力图呈现）等相关数据。同样，我们通过分析店铺的数据判断首页设计得是否合理，并有针对性地对店铺的视觉装修做出优化调整。

当然，首页的重要性不仅仅体现在店铺的运营数据上，在很多方面都有着不可磨灭的效果。

2. 传达品牌形象

首页是传达品牌形象信息的重要页面。

店铺的品牌形象是通过店铺的整体视觉传达给买家的，而店铺首页是买家对店铺形成第一印象的重要区域，是买家在整个店铺当中访问量非常高的页面。首页承担着传达品牌形象的重要责任。

如图 2-3 所示，我们往往会通过首页把店铺的风格、品牌的理念、文化以及品牌的价值感准确地传达给买家，让买家对我们的品牌产生足够大的兴趣和信任，从而提高买家的购买欲望。首页装修精美与否对品牌的传播和发展有着至关重要的作用。

图 2-3 品牌感十足的首页

3. 传达店铺活动信息

首页是传达活动信息的重要页面。

当店铺开展促销活动时，第一时间让买家获知活动信息是非常重要的。基于首页有非常高的访问量，利用首页宣传店铺的活动信息有助于提升整个页面的访问深度（增加页面的点击量）、店铺转化率（订单数量增加），降低首页的跳失率（未成交并从首页离开店铺的情况）。

如图 2-4 所示是某品牌父亲节活动的首页。该首页通过第一屏区域把店铺的满减活动第一时间传达给买家，对提高客单价有一定的帮助。再通过文案传递情感，引起买家的情感共鸣，进而提升店铺的转化率。

图 2-4 首页传达活动信息

4. 流量疏导

首页是流量疏导的重要页面。

店铺首页的流量非常大（包含了店铺搜索、收藏访问、直接访问、从其他页面返回首页等，具体看生意参谋中的流量来源。），我们需要对首页的流量进行合理疏导，帮助买家快速找到目标商品，让店铺主推的单品获得更多的流量。

首页上的页面入口及活动呈现（如图 2-5 所示）、分类导航（如图 2-6 所示）、商品陈列、搜索模块等都是流量疏导的方式。合理地疏导首页的流量，可以有效地降低整个店铺的跳失率。

图 2-5 利用产品系列导航对流量进行疏导

图 2-6 利用产品的分类导航及单品广告对流量进行疏导

2.1.2 首页的设计思路

基于首页的重要作用，为了辅助运营工作，我们有必要对首页进行设计和装修，提升整个店铺的视觉。

那么，如何对店铺首页做装修呢？

首先我们需要明确店铺首页装修思路。根据店铺运营的需求，我们通常会把店铺首页分成三类：常规首页、活动首页、品牌宣传型首页。接下来分别讲解每一类首页的设计思路。

1. 常规首页的设计思路

常规首页的定义：在无店铺活动的情况下，根据运营需求设计的店铺首页。

常规首页的设计思路是以方便买家购物为目标，提升买家购物时的体验。为了达到这个效果，我们需要对首页进行一系列规划。

在做常规的店铺首页时，需要注意以下几点。

（1）以流量疏导为导向

首页是店铺流量交汇处，但是不能成交。我们需要对店铺的流量进行疏导，让买家快速找到自己所需要的商品，从而提升店铺的转化率。这就是上文所说的以流量疏导为导向。常用的疏导流量的方式有：店铺导航、活动广告图、专题页面入口、产品的陈列、搜索功能模块等。首页做流量疏导时需要根据运营计划需求，将店铺的流量按照一定的比例或优先级引导到相关的页面。在正常情况下，需要将流量需求大的页面入口呈现得更显眼，尺寸更大，并且放的位置也会相对靠前。如图 2-7 所示就是利用个性化产品系列导航对流量做疏导，并且将流量需求大的热卖爆款系列做强度突出。

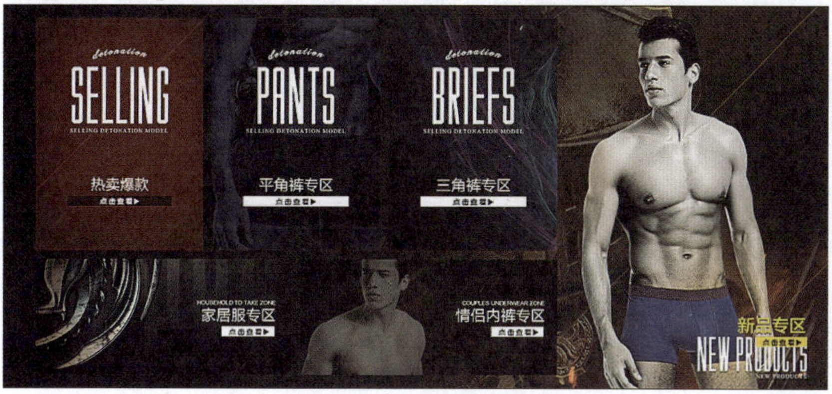

图 2-7 利用个性化产品系列导航疏导流量

（2）合理设置分类导航

在做常规首页时，要考虑到导航设置的合理性。合理地设置分类导航可以把流量精准地引导到目标商品或者页面，给买家提供更好的用户体验。

如图 2-8 所示，利用店铺内的横向导航模块，让客户快速地找到目标商品。同时把店铺主推的系列和活动导航标红突出，有效地对买家做出引导，从而推广店铺的商品。

图 2-8 首页横向导航

（3）提升用户体验

首页的重要责任之一是将店铺的流量合理地分配到相关页面，降低店铺的跳失率。但是在一些情况下是很难对买家做有效疏导的（例如：买家有明确的产品需求）。此时，我们需要在首页上增加一些提升用户体验的模块，给买家提供一些方便。这样做可以降低店铺的跳失率。

首页常见的提升用户体验的内容或者模块有：分类导航模块、在线客服咨询模块、店内搜索功能模块、游戏模块等。

如图 2-9 所示，在页面尾部设置了搜索模块、导航模块、在线客服模块，这是一种非常好的用户体验，在为买家提供方便的同时还降低了店铺的跳失率。

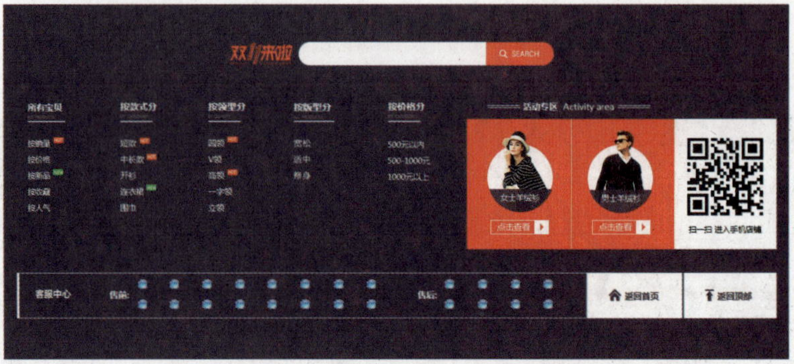

图 2-9 尾部模块的用户体验内容

2. 活动首页的设计思路

店铺进行促销活动时，首页的设计思路也会有一些变动。此时的首页常以促进客户成交为导向，利用广告图和产品的陈列技巧把流量引导到目标页面，促使成交。

在做活动首页时，需要注意以下几点。

（1）成交导向

根据客户群的定位，我们会将买家粗略地分成三类：目标客户、潜在客户和非目标客户。成交导向指的是将目标客户精准地引导到目标页面，促使其成交；吸引潜在客户关注店铺活动，并为潜在客户制造目标，最终转化成订单；引导非目标客户收藏店铺和商品。

如图 2-10 所示，利用活动入口和商品的个性化陈列，引导买家至目标页面是一种常用的方式。

图 2-10 通过个性化呈现做流量引导

（2）商品陈列技巧

陈列技巧指的是利用艺术方法和图片的陈列摆放技巧，突出重点内容，刺激销售，通过有规律地摆设、展示商品及活动内容，方便买家购买。

如图 2-11 所示，在做商品陈列时，我们需要找到合理的陈列方式，凸显商品的特质，从而吸引买家停留和点击。

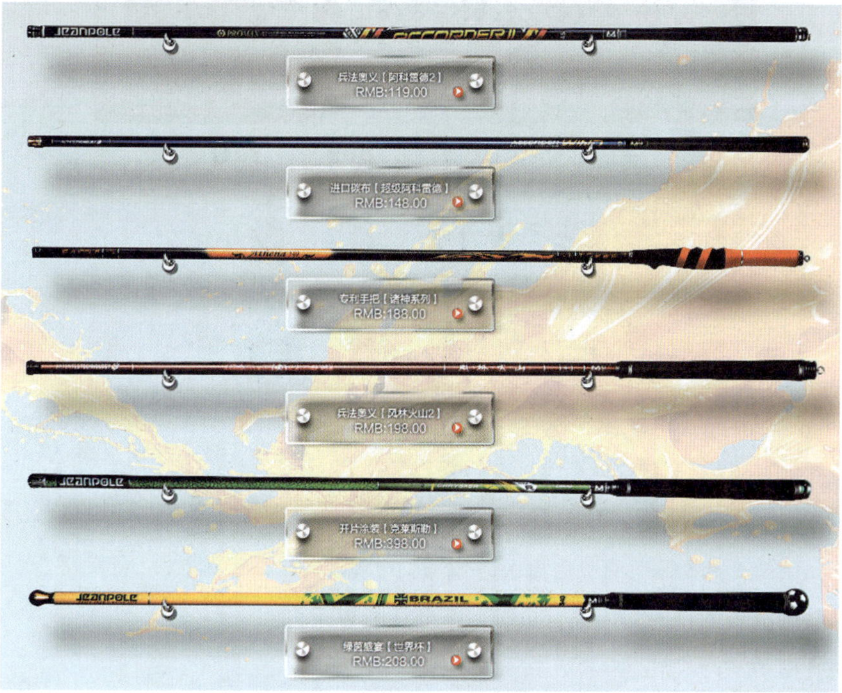

图 2-11 规律性的商品呈现

（3）流量布局及引导

通常在做店铺运营规划时，我们会给店铺的产品做定款和布局。而活动首页的流量引导会根据店铺的产品结构分配。一般活动款、主推款等商品会呈现得更加突出，并放置在相对靠前的位置，以获取更多的流量。

如图 2-12 所示，店铺的导航、活动入口、商品都需要根据运营的布局做陈列。

3. 品牌宣传型首页的设计思路

首页的责任不仅仅体现在流量疏导上，对于品牌的推广也至关重要。

品牌的成长离不开曝光度，而首页又是店铺流量较集中的页面，利用首页去提升品牌的知名度是一种惯用的很好的方法。

图 2-12 首页的流量布局

在做以品牌宣传为目的的店铺首页时，需要注意以下几点。

（1）品牌展示导向

利用店铺首页宣传品牌时，通常会在文案中植入品牌的文化、理念等信息。通过呈现品牌的名称，LOGO 等相关信息，让买家在浏览商品或者广告图时增加对品牌的印象。

如图 2-13 所示，裂帛的这个页面就重复地出现了店铺名称，从而加深买家对品牌的印象。

（2）广告图凸显品牌

广告图呈现时可以融入并使用品牌 VI 的部分内容，例如 VI 色调、LOGO、SLOGAN、品牌文化元素等，去强化品牌信息的传达。

如图 2-14 所示，德芙在广告图呈现上就使用了 VI 中的主色调、LOGO、SLOGAN 信息，加深了买家对品牌的印象。

图 2-13 裂帛“双十二”预售页面

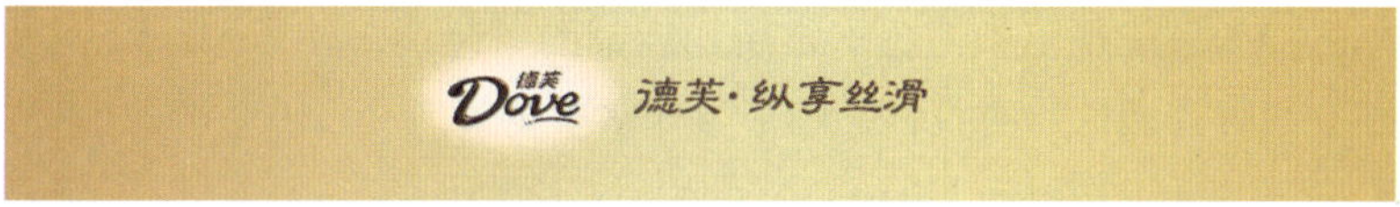

图 2-14 德芙的广告图

（3）品牌元素呈现技巧

品牌元素不仅仅是字体、图形、色彩等，在品牌的视觉表现中，还包括品牌诉求点、品牌文化底蕴等内容。

通常品牌元素中的字体、图形、色彩是构图的重要元素，品牌的诉求点及文化底蕴等内容可以让买家产生信任感，有助于提升转化率。

如图 2-15 所示，三只松鼠在广告图上呈现了特有的文化元素（三只小松鼠），把卖萌文化传递给买家。

图 2-15 三只松鼠广告图

2.1.3 首页的设计执行

上一节阐述了在不同的运营状态下首页的设计思路，接下来讲解如何根据设计思路去设计首页。

1. 首页的风格呈现

店铺的风格是品牌定位的一部分，而首页的风格呈现是店铺风格的重要组成部分。在定位首页风格时，需要充分考虑品牌因素及外部因素。

首页风格的呈现需要注意几点：确定主色调、字体，以及表达形式需要统一。其中色调和字体等尽可能从企业 VI 中应用过来。

（1）企业 VI 应用

VI 是 Visual Identity 的简称，即企业视觉识别系统。企业的 VI 系统，规范了企业形象的标准色、品牌标识（LOGO）、标语口号（SLOGAN）等相关内容，是品牌在传播时的形象规范。品牌的呈现需要沿用 VI 体系来规范视觉（见图 2-16）。

- 色彩

在进行店铺视觉设计时，设计师往往会先考虑该选择何种颜色呈现。对颜色的选择首先该考虑品牌 VI 规范。VI 系统规范中的色彩常用作店铺的主色调，使用 VI 体系中规范的色彩做主色调有助于建立品牌的调性，对宣传品牌形象非常重要。当然，也会考虑一些其他因素。

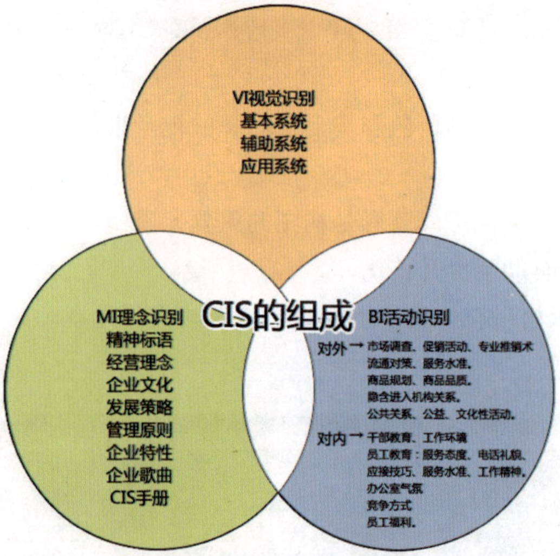

图 2-16 VI 体系概括

● 字体

在店铺的文字选择上，首先建议沿用 VI 体系，其次才是根据具体的用途选择合适的字体。如果店铺或品牌尚未建立 VI 体系，设计师在选择字体时要考虑字体的内涵以及品牌相关的问题，同时可以准确地传达信息，不会对买家获取信息产生干扰。

VI 体系中的字体使用规范，如图 2-17 所示。注意：商家在使用相关字体时，要避免版权纠纷，建议购买正版字体，否则是不允许使用该字体的。

● LOGO

LOGO 标识是品牌的一个重要记忆点。买家在浏览店铺时比较容易记住店铺的名字及品牌 LOGO。

如图 2-18 所示，在品牌的 VI 体系中规定了 LOGO 的颜色和比例大小等，使用 LOGO 时要符合 VI 体系中的要求，设计师不能擅自做破坏性的调整，例如 LOGO 的颜色、比例等。统一的 LOGO 呈现，有助于品牌信息的正面传达。

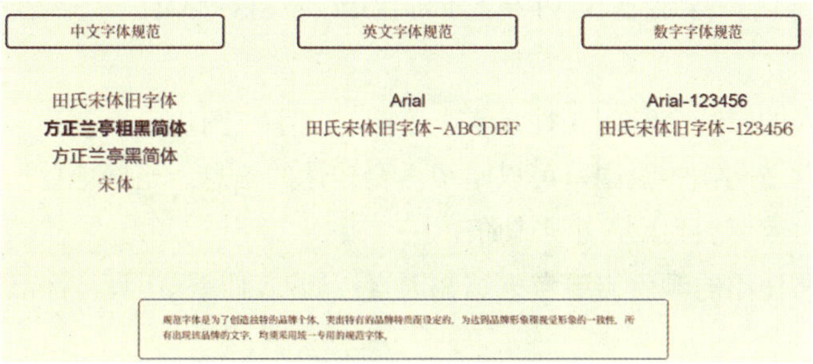

图 2-17 VI 体系中的字体使用规范

图 2-18 VI 体系中的 LOGO 使用规范

● SLOGAN

SLOGAN（品牌标语、口号）对消费者的意义在于其所传递的公司理念，它所强调的是一家公司和它的产品最为突出的特点。如图 2-19 所示，展示出 SLOGAN 对品牌的传播有非常大的作用。

图 2-19 VI 体系中的 LOGO 和 SLOGAN

（2）色彩定位

在浏览店铺时人的眼睛会看到 3 种元素：色彩、文字、图片。

色彩部分可以营造购物的氛围，可以暗示需要传达的信息。正确地使用颜色，可以让视觉呈现效果以及营销内容更加到位，事半功倍。

店铺视觉设计所使用的颜色需要考虑这些因素：品牌 VI、季节因素，产品相关，客户群定位，以及外部环境因素。

在通常情况下，品牌 VI 的主色调，将会用作整个店铺的主色调，然后再找出当前这种主色调的对比色和辅助色，去打造整个店铺的视觉。

如遇店铺大型活动，为了营造紧张热烈的购物氛围，我们也会临时选择使用其他色彩去做店铺视觉设计。例如店铺周年庆时，选择使用红色、黄色去营造气氛。如图 2-20 所示，太平鸟男装店铺在“双十二”期间使用红色作为店铺的主色调，营造火爆的购物氛围。

● 季节因素

好的购物环境，会让买家有一个愉悦的购物体验。在设计购物环境时，设计师要考虑季节因素。季节的交替会影响人的心情和感官，根据季节的变化，我们也要选择合适的色彩去打造良好的购物环境。

图 2-20 太平鸟男装“双十二”首页

每一种色彩都有其独特的语言。例如，有的颜色让人感觉到热情，有的颜色让人感觉到清爽、清凉。通常，春天我们会使用接近大自然的颜色，例如用绿色来表达整个店铺的蓬勃生机。夏天一般会使用冷色调。在夏天人相对会比较烦躁，如果使用了暖色调，会让买家的心理产生烦躁的感觉，影响购物情绪。秋天一般会使用黄色、橙色以及暖色调。黄色和橙色代表的是丰收、食欲，暖色调给人的感觉会更加活泼，具有活力。冬天一般使用暖色调，在寒冷的季节看到暖色调的色彩，会驱散我们身体里面的寒冷，从而转化到对商品的需求上面。选择色彩可参照图 2-21 所示的 BCDS 心理色彩圆环。

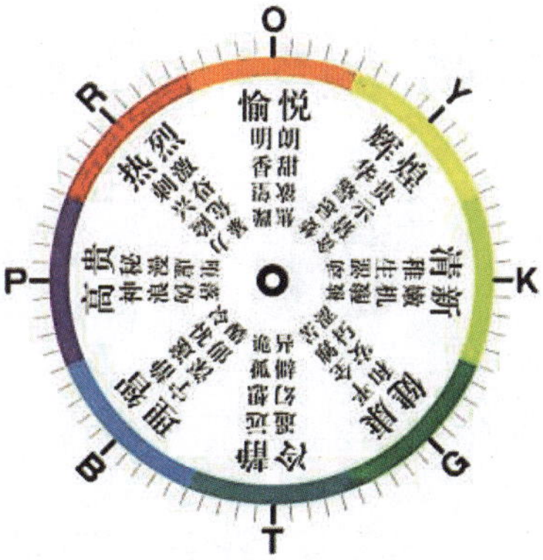

图 2-21 BCDS 心理色彩圆环

如图 2-22 所示，在春天使用绿色作为店铺的主色调，整个画面看起来更加具有活力，并且绿色还传递了健康、安全的信息给买家。

图 2-22 春季某品牌的首页

● 类目原因

不同的类目和产品，需要使用不同的颜色去呈现或暗示相关的信息。在选择颜色时，要充分考虑颜色的色彩语言。

例如，蓝色代表的是高科技。我们在做 3 C 家电类商品的店铺视觉设计时会使用蓝色去呈现商品的科技感（见图 2-23）；绿色代表的是健康、安全，橙色代表的是食欲。在做食品类目店铺视觉设计时，选择使用绿色凸显商品的安全和健康，使用橙色去挖掘买家的食欲。

基于这方面的原因，美工需要对颜色的语言具有一定的了解，这样才能设计出更加符合当前类目的店铺整体视觉效果。

图 2-23 某电器品牌首页，使用蓝色呈现科技感

- 外部环境

这里的外部环境指的是淘宝平台大环境。平台大环境的变化，也会影响到整个店铺的色彩选择。例如“双十一”活动整个天猫平台会使用玫红色作为主色调，商家为了参与活动营造购物狂欢节的氛围，装修时会改变原来店铺的视觉色调，这就是外部因素影响到整个店铺的视觉效果。

如图 2-24 所示，太平鸟店铺在“双十一”期间，使用了玫红色作为店铺的主色调，营造出火爆的活动氛围。

图 2-24 太平鸟女装“双十一”首页

（3）风格定位

互联网 3.0 时代，商品极其丰富，几乎任何商品都能在淘宝上买到，对商品有太多的可选性，如何让买家在我们的店铺购买商品是一个值得深思的问题。

很多商家都想到用低价策略吸引顾客，其实这并不是唯一的方法。纯粹销售商品的网店优势不明显，客户黏度也较低。

店铺应该有自己的特色及文化内涵，通过店铺视觉传达一种能和消费者产生共鸣的文化，顾客就有了重复购买的理由，可以大大提升客户群的黏度。店铺拥有自己的特色是非常重要的，而店铺的风格也是店铺特色的一种。

确定首页风格时需要考虑品牌定位因素、商品因素及布局情况、客户群定位等主观因素，还要考虑平台活动、季节交替、竞争对手等客观因素。

- 商品因素

店铺的风格定位应该和产品的风格相匹配。以服装店铺为例，假设商品是韩版小清新风格，那么店铺也应该是韩版小清新风格，如果做成了其他风格，呈现出来的视觉效果就会格格不入。

如图 2-25 所示，中国风的产品设计中融入了很多中国元素，商品本身就包含了风格元素，再加上装修店铺时运用更多的中国元素，整个店铺风格就会相得益彰，非常有特色。

民族风格 原创布衣
新品区
热卖区
清仓区

图 2-25 中国风的店铺风格

- 品牌文化

品牌文化意味着品牌的个性差异、品牌的竞争优势等。

在设计视觉呈现效果时，需要考虑品牌的相关因素，品牌的文化、调性都需要通过视觉精准地传达给买家（见图 2-26）。

品牌簡介
05年，那個充滿陽光的日子……
Artka
Artka（阿卡）即Artka阿卡原創女裝
英文單詞組合 Artka，art是藝術的意思，
ka是代表卡門"寧為玉碎"的那種精神，
Artka（阿卡）中的"A"詮釋要做到最好，夢想中最完美的藝術，忠于設計，忠于夢想!
會有Artka（阿卡）,是因為那一年(2005年)的夏天，一個叫aka的女孩想給自己做一條漂亮的大裙子，原本aka祇是想讓自己被壓抑的祈愿有個出口，于是就一發而不可收拾。Artka（阿卡）一路走來，順其自然、淡泊而矜持，天真而樸實，雖然盡了十二分的努力，但不急功近利，祇待水到渠成。
品牌宗旨
堅持"Free Your Dream / 夢想會喜歡"的設計理念，崇尚復古，尊重手工，開放包容，以"寧為玉碎"的精神不斷追求完美，將原創設計轉化為獨特的服飾文化，來喚醒每一位女性內心最美好的夢想!
品牌文化
品牌靈魂：堅持，有所為，有所不為
品牌動力：忠于設計，忠于夢想
品牌理念：腳踏實地把每一件小事做到最好，是金子，它就會發光
品牌精神：聽從心的聲音去做那些瘋狂美好而純粹的事情，而非被利益驅使
巨大陽光房

图 2-26 品牌文化专题页

● 客户群偏好

店铺的风格需要符合目标客户群的偏好。

使用互联网思维中的用户思维做电子商务，店铺所呈现的内容包括整个店铺的风格都应该是目标客户群所喜欢的。根据客户群偏好，做精准的视觉传递，可以降低店铺的跳失率。

如图 2-27 所示，客户群偏好可以从买家评价中获取。

（4）素材的选择

确定了店铺风格之后，在进行店铺视觉设计时，就可以选择一些与商品气质、店铺风格相同的素材去呈现整个店铺的视觉效果。素材元素的选择是店铺风格呈现的重要部分，在选择素材时，需要保证素材的质量（分辨率、颜色模式、尺寸等）。

另外还要注意：设计师在互联网上选择和品牌元素相符合的素材时，一定要考虑素材的版权问题，切莫给店铺造成侵权行为。

2. 首页的布局

在确定了店铺的客户群定位、风格定位、产品布局结构及首页的设计思路之后，下一步的任务就是布局首页的框架。

（1）首页的模块

首页是由多个模块搭建而成的，想要布局一个优秀的店铺首页，就需要对店铺的每一个模块都有非常清晰的了解，并且知道它们的重点和注意点，还要知道每个模块的使用技巧。

细节决定成败，模块的不合理使用，将会整体影响店铺的视觉效果，以及整个店铺的销售额。如图 2-28 所示是系统自带的各种模块。下面我们对店铺中最常用的模块进行分析。

● 店招

通常，买家来到一家网店，首先展现并引起关注的往往是店招。如图 2-29 所示，店招与通栏导航构成了页头，页头的高度是 150 像素，而系统默认的店招高度是 120 像素，是页头的重要组成部分。

店铺里面的任何一个页面使用的都是同一个招牌，这就决定了店招的重要性。

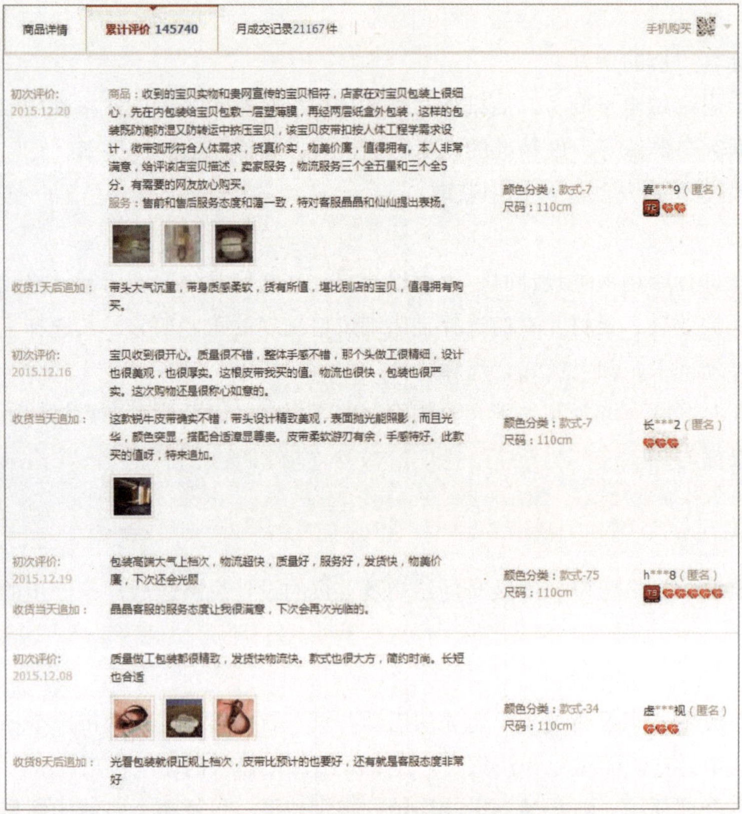
商品详情
累计评价 145740
月成交记录21167件
手机购买
初次评价:
2015.12.20
商品：收到的宝贝实物和贵网宣传的宝贝相符，店家在对宝贝包装上很细心，先在内包装给宝贝包敷一层塑薄膜，再经两层纸盒外包装，这样的包装既防潮防湿又防转运中挤压宝贝，该宝贝皮带扣按人体工程学需求设计，微带弧形符合人体需求，货真价实，物美价廉，值得拥有。本人非常满意，给评该店宝贝描述，卖家服务，物流服务三个全五星和三个全5分。有需要的网友放心购买。
服务：售前和售后服务态度和蔼一致，特对客服晶晶和仙仙提出表扬。
颜色分类：款式-7
尺码：110cm
春***9（匿名）
收货1天后追加：
带头大气沉重，带身质感柔软，货有所值，堪比别店的宝贝，值得拥有购买。
初次评价:
2015.12.16
宝贝收到很开心。质量很不错，整体手感不错，那个头做工很精细，设计也很美观，也很厚实。这根皮带我买的值。物流也很快，包装也很严实。这次购物还是很称心如意的。
收货当天追加：
这款锐牛皮带确实不错，带头设计精致美观，表面抛光能照影，而且光华，颜色突显，搭配合适遑显尊贵。皮带柔软游刃有余，手感特好。此款买的值呀，特来追加。
颜色分类：款式-7
尺码：110cm
长***2（匿名）
初次评价:
2015.12.19
包装高端大气上档次，物流超快，质量好，服务好，发货快，物美价廉，下次还会光顾
收货当天追加：
晶晶客服的服务态度让我很满意，下次会再次光临的。
颜色分类：款式-75
尺码：110cm
h***8（匿名）
初次评价:
2015.12.08
质量做工包装都很精致，发货快物流快。款式也很大方，简约时尚。长短也合适
收货8天后追加：
光看包装就很正规上档次，皮带比预计的也要好，还有就是客服态度非常好
颜色分类：款式-34
尺码：110cm
虐***视（匿名）

图 2-27 提炼客户群偏好

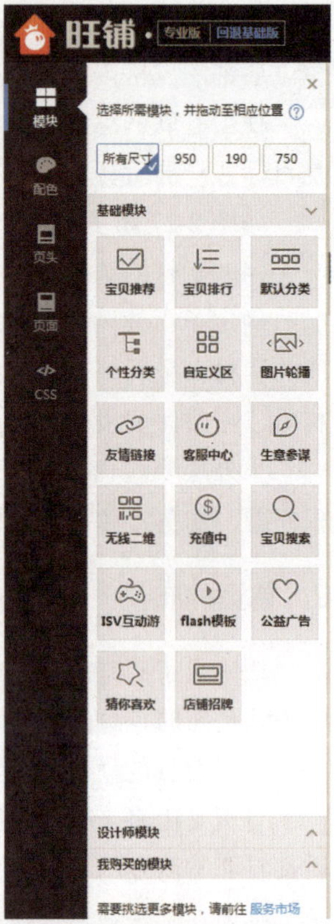
旺铺·
专业版
回退基础版
模块
配色
页头
页面
CSS
选择所需模块，并拖动至相应位置
所有尺寸
950
190
750
基础模块
宝贝推荐
宝贝排行
默认分类
个性分类
自定义区
图片轮播
友情链接
客服中心
生意参谋
无线二维
充值中
宝贝搜索
ISV互动游
flash模板
公益广告
猜你喜欢
店铺招牌
设计师模块
我购买的模块
需要挑选更多模块，请前往 服务市场

图 2-28 系统自带的模块

原创品牌 / 会员制度 /
半墨
只为大码中国风
藏
收藏我们
所有分类
首页
1212年度盛典
立减10元
我们的故事
会员制度
收藏我们

图 2-29 店铺招牌

店招通常需要包含三类信息：品牌定位、产品定位、店铺竞争优势。

- 品牌定位通常通过店铺的名称、品牌的 LOGO、SLOGAN 去呈现。
- 产品定位通常通过产品图片、相关的关键词呈现给买家。
- 店铺竞争优势通常就是店铺的差异化优势，给买家一个选择我们店铺商品的理由，可以大幅地提升整个店铺的转化率。

如图 2-30 所示，在设计店招时，除了要包含这三类信息以外，还要考虑和店铺的风格相统一。

图 2-30 店招和店铺的风格相统一

- 导航

导航模块是每个页面都不可或缺的内容。它的作用是帮助买家快速地找到目标商品；帮助商家快速地管理自己店铺内的商品。从店铺的运营角度来说，导航模块的作用是把店铺的流量合理地分配到不同的商品或者页面上，从而达到预期的效果。页头导航效果如图 2-31 所示。

图 2-31 页头导航效果

导航模块有 3 种常见的表现形式：

第一种是页头中的通栏导航，如图 2-32 所示。此导航模块系统默认的高度是 30 像素，并且不能删除。

图 2-32 页头中系统自带的导航

如果卖家想要自行设计此导航，就需要把店铺的招牌模块高度做到 150 像素，在店招中包含设计后的导航。这样系统自带的导航由于受到店招的挤压会被下面的层覆盖，不会呈现给买家，最终达到自行设计店铺导航的效果。

第二种是侧边栏的纵向导航，如图 2-33 所示，通常此模块宽度为 190 像素，系统默认是以文字的形式呈现的，设计师可以用设计好的图片去替换文字，让导航更加美观、关注度更高。

第三种是内容区横向导航。通常该导航模块的宽度为 790 像素或者 990 像素。这类导航可以通过添加设计师模块去实现（如图 2-34 所示），或者商家利用自定义模块自行设计。商家自行设计可操作性很强，设计师可以设计成各种各样的形式。如图 2-35 所示，商家就把导航设计成图文并茂的形式。

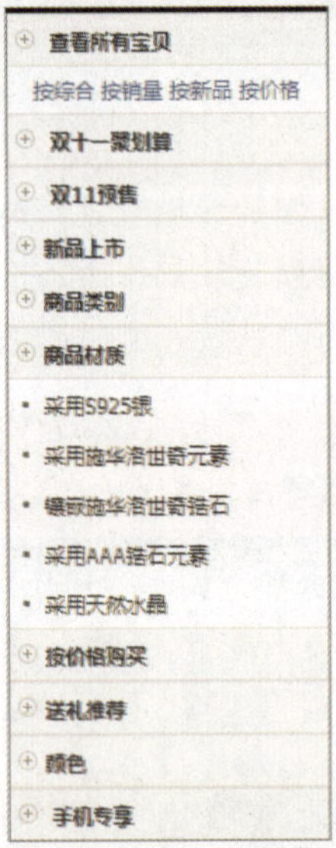

图 2-33 纵向导航

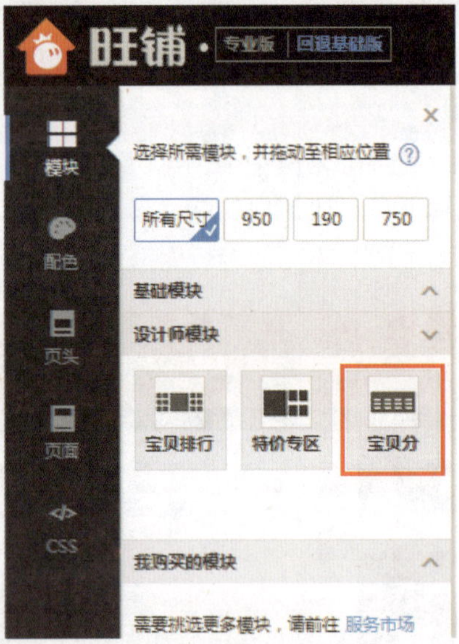

图 2-34 设计师模块中的横向宝贝分类功能模块

不管以哪一种形式呈现，在设计导航时都必须遵循以下几个原则：

- 原则一，导航文字简洁明了，导航中分类的数量不宜过多。
- 原则二，促销类、应季类的导航靠前呈现。
- 原则三，充分地考虑产品的各个属性，从用户的角度做多维度的导航分类。
- 原则四，避免出现无宝贝的空分类。

图 2-35 商家自行设计活动入口导航

● 焦点图

消费者对店铺的第一印象来自于店铺的第一屏视觉。而首页的焦点图又是第一屏里面的重要内容，它承担着传递店铺的品牌视觉风格、店铺的活动信息等重要责任。

首页的焦点图通常会以轮播的方式呈现给买家，它的数量可以从 1 张到 5 张不等。很多店铺的首页焦点图的宽度是 1920 像素，此时图片的容量较大，买家在浏览时需要一定的加载时间。当买家看到加载完整的店铺首页时，焦点图往往已经轮播到第二张图片了。因此，我们会把相对重要的信息放到第二张轮播图中。首页的焦点图大小建议在 800KB 以下。

首页焦点图的呈现内容通常为店铺的活动信息（见图 2-36），以品牌的营销推广、单品的营销推广（见图 2-37）为主等。根据运营需要，我们可以选择适合当下的内容去呈现。

图 2-36 利用首焦广告呈现店铺活动

图 2-37 店铺的首焦广告

- 商品展示

常见的商品展示模块可以分成 3 种类型：

第一类是系统自带的商品展示模块，如图 2-38 所示。此模块以九宫格的形式去呈现，并且分成自动推荐和手动推荐两种方式。相对而言，其比较中规中矩，商品呈现较多时，容易产生视觉疲劳。

图 2-38 系统自带的商品展示模块

第二类是从装修市场里购买的带有特殊展示效果的模块，如图 2-39 所示。模板设计师通常会使用 CSS 等相关语言，设计出具有显示特效的模块。常见的特效有鼠标悬停放大、加边框、替换成广告图等。商家可以根据自己的偏好和店铺的风格去选择具有相关功能的店铺模板。

图 2-39 装修市场中带有特效的商品展示模块

在购买模板时，商家不仅要从自身的角度去选择，还要从买家的行为角度去思考。模板具有的商品呈现特效是为了让消费者更好地去了解和关注商品，以帮助商家更好地去销售商品。我们所选择的特效需要符合视觉浏览规律，符合营销理念。

第三类是美工个性化设计的商品展示模块，如图 2-40 所示。商家利用装修后台的自定义模块做个性化设计的商品陈列，可以更大程度地呈现商品的诱惑力、价值等，对体现商品的质感、品牌感都有很大的帮助。

图 2-40 美工自行设计的商品展示模块

- 在线客服

在线客服模块也可以分成两种：

第一种是系统自带的模块，需要从装修后台添加此模块，如图 2-41 所示。系统自带的在线客服模块的视觉效果相对偏弱，但对于新店铺来说操作最方便。

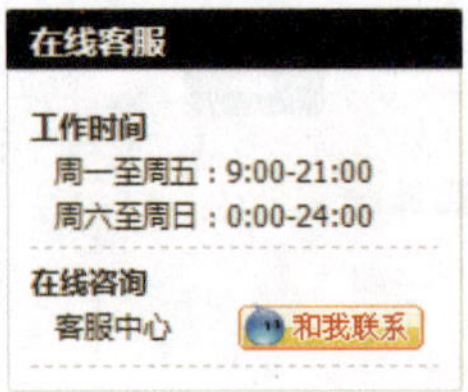

图 2-41 系统自带的客服模块

图 2-42 用户自行设计的客服模块

第二种是用户自行设计的客服模块，如图 2-42 所示。用户可以根据店铺的风格设计个性化的在线客服模块界面，然后再使用旺遍天下页面生成旺旺在线代码并编辑到模块当中。用户自行设计的在线客服模块，可以很好地融入店铺风格，并且可以根据需要调整在线客服的数量。

设计在线客服模块时需要注意以下几点：

- 在线客服的数量不宜过少。通常一个客服对应一个旺旺，旺旺数量越多也就意味着客服越多。商家需要通过旺旺的数量，去暗示买家我们的团队和实力。
- 在线客服的名字亲和力要强。在给客服旺旺取名时，要尽量避免使用类似于客服一号、客服二号这样的名称，如图 2-43 所示。买家需要跟我们进行交流互动，而和类似机器人名字的旺旺对话，亲切感不强，用户体验不够好。在设置了旺旺自动回复的情况下，这种感受就更加明显了。而亲和力较强的旺旺名字会拉近和消费者的距离。

图 2-43 客服命名不够人性化

- 售后客服不宜过多，不建议设立投诉旺旺，如图 2-44 所示。售后客服多也暗示着店铺的售后服务多，这就意味着我们的产品质量不好。而设立投诉旺旺，也有暗示我们的服务不到位的嫌疑。对于商家来说，几乎所有的问题都是可以通过售后服务解决的，商家需要提升的是服务意识，而非投诉入口。当然，商家也可以根据自己店铺的实际情况自行斟酌。

图 2-44 售后客服过多

● 搜索模块

搜索模块是系统自带的具有针对店铺内商品进行搜索功能的体验模块。商家只需在装修时添加该模块即可。根据添加的位置不同，它呈现出的外观也略有不同。如图 2-45 所示，横向呈现时，它的宽度通常为 790 像素、950 像素或者 990 像素。

图 2-45 横向搜索模块

如图 2-46 所示，以纵向方式呈现时，它的宽度为 190 像素，通常位于侧边栏里。

如图 2-47、图 2-48 所示，添加搜索模块之后，我们还需要对搜索模块进行编辑，设置好“预置关键字”和“推荐关键字”。“预置关键字”常为主推商品的关键词，作为默认项显示在文本输入框内。“推荐关键字”常为最近一个月内买家在店铺搜索量较大的关键词，显示在文本输入框的下方或者右方。当买家点击推荐关键词时，就是执行了一次此关键词的搜索步骤，给买家带来更多的方便。

图 2-46 纵向搜索模块

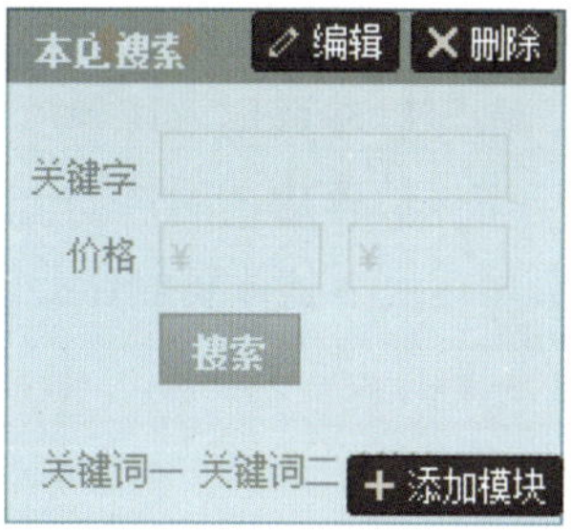

图 2-47 鼠标移动至模块上方出现“编辑”按钮

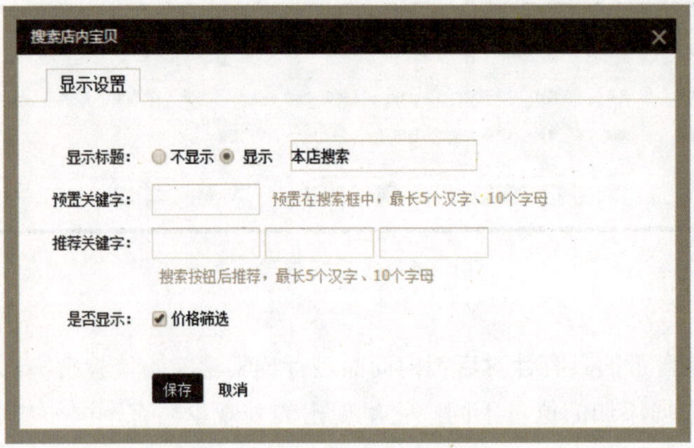

图 2-48 搜索模块编辑界面

在店铺页头上面，淘宝或天猫界面自带的搜索模块中包含了在淘宝和天猫搜索的功能，并且呈现在搜索本店之前，如果买家不小心直接点击搜索将会形成跳失，因此我们推荐在自己店内设置好搜索模块。

● 页尾模块

页尾模块是一个非常重要的且又容易被忽略的模块。店内的所有页面所呈现的页尾模块都是同一个，它的主要作用是引导买家浏览其他宝贝，降低页面跳失率，提升店铺收藏量等。

当消费者看完页面前部分内容后，通常会有这样几个动作：返回顶部查看、咨询客服、寻找目标商品、离开店铺。我们在页尾模块中放置相关的内容去提升买家在店铺的停留时间，以及帮助买家快速找到目标商品，从而降低整个店铺的跳失率。

例如，当买家需要咨询客服时，就可以在页尾模块中设置在线客服（见图 2-49）；当买家要寻找目标商品时，则可以在页尾模块中放置店铺的导航以及搜索模块（见图 2-50）；当买家想要离开店铺时，则可以放置店铺的活动信息、优惠券的领取、收藏店铺（见图 2-51）、品牌宣传相关内容等。页尾模块中具体要放什么内容，需要根据店铺的数据做出选择。

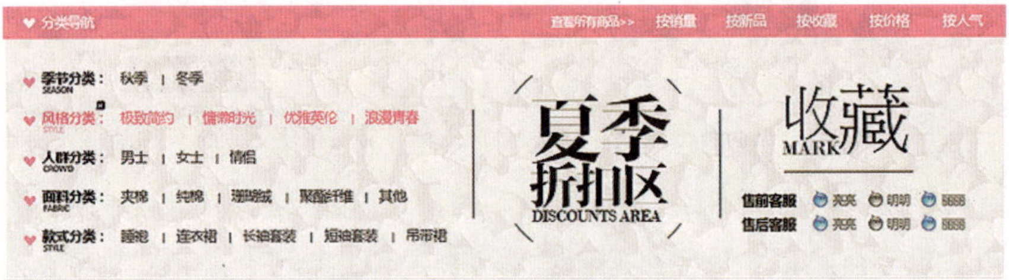

图 2-49 设置了导航和客服的页尾模块

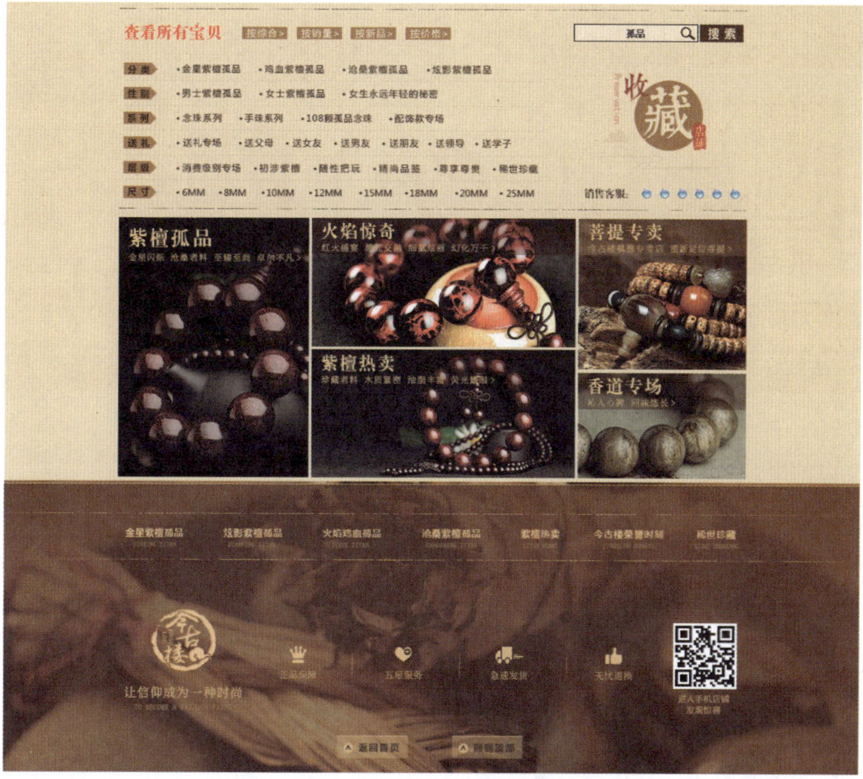

图 2-50 设置了搜索和导航模块的页尾模块

图 2-51 设置了收藏店铺及呈现店铺承诺的页尾模块

● 插件模块

如图 2-52 所示，除了淘宝系统自带的模块以外，商家还可以购买一些其他相关的插件模块，来提升整个店铺的数据，例如常见的游戏插件模块：成交地图、砸蛋、大转盘等。

图 2-52 游戏插件模块

（2）首页的用户体验

用户体验（User Experience，UE/UX）是指用户在使用一个页面之前、使用期间和使用之后的全部感受，包括情感、信仰、喜好、认知印象、生理和心理反应、行为和成就等各个方面。通俗地讲，在店铺视觉里就是“这个页面是否美观，操作是否方便，能否提供所需的服务等”。

消费者在浏览店铺首页时，能快速地找到目标商品，并给消费者留下美好的印象，及时提供买家所需要的服务，这样才算是一个好的用户体验。

因此，我们会要求美工在设计店铺首页时，要使用一些提升用户体验的模块（导航模块、搜索模块、在线客服模块、游戏插件模块等）。

用户体验一切以用户为中心，配合运营策略和视觉营销技巧呈现，让客户拥有愉悦的购物经历。

- 交互设计引导

从用户角度来说，首页交互设计是一种让界面易用、有效又能让消费者愉悦的技术。交互设计致力于了解目标客户群及其期望，了解消费者在与首页交互时的行为特点，了解其本身的心理，通过对视觉的界面和行为进行交互设计，让视觉和买家之间建立一种有机关系，从而可以有效地达到消费者的目标，这就是交互设计的目的。

在架构和布局首页时，要考虑客户的行为习惯及需求，不能一味地追求美观。

（3）首页框架的搭建

首页框架好比人的骨骼。一个人的骨骼决定了他的高度，首页的框架决定了页面布局和结构，布局一个合理的首页框架，对店铺运营来说是非常重要的。在布局首页框架时，要考虑运营策略、页面的交互设计、用户体验的内容。页面结构的布局操作如图 2-53 所示。

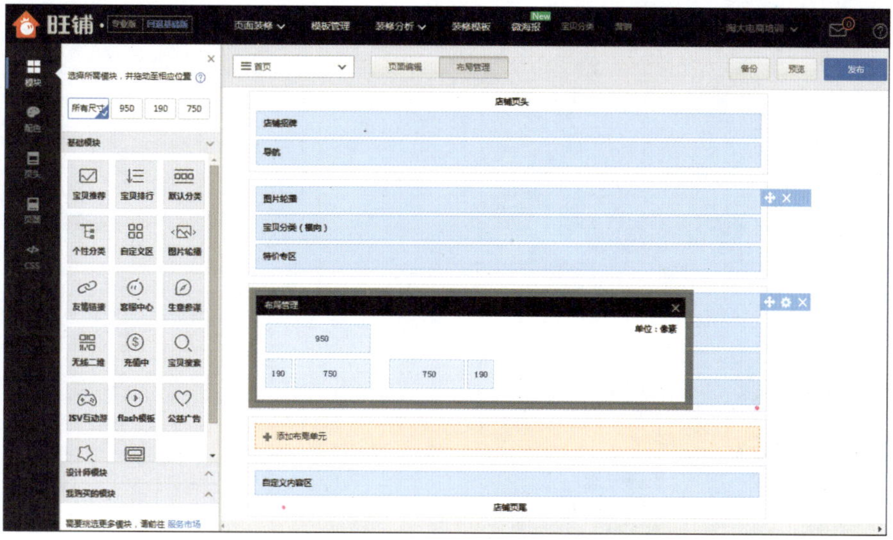

图 2-53 布局页面结构操作

首页框架一般分成 3 种模式：一栏模式、二栏模式和三栏模式。

一栏模式布局常用于大促页面的设计（见图 2-54）。这种模式牺牲了部分用户体验，把消费者的注意力集中引导到活动单品或者广告上，再通过自定义模块的个性呈现，提升页面的点击率。

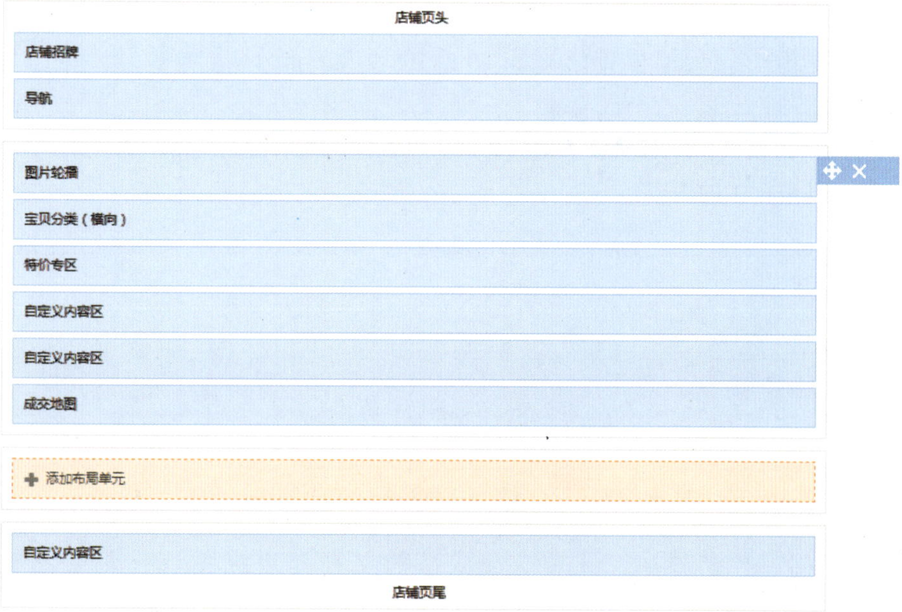

图 2-54 一栏模式

二栏模式指的是页面中内容分成左、右结构（见图 2-55）。它是最常用的布局。

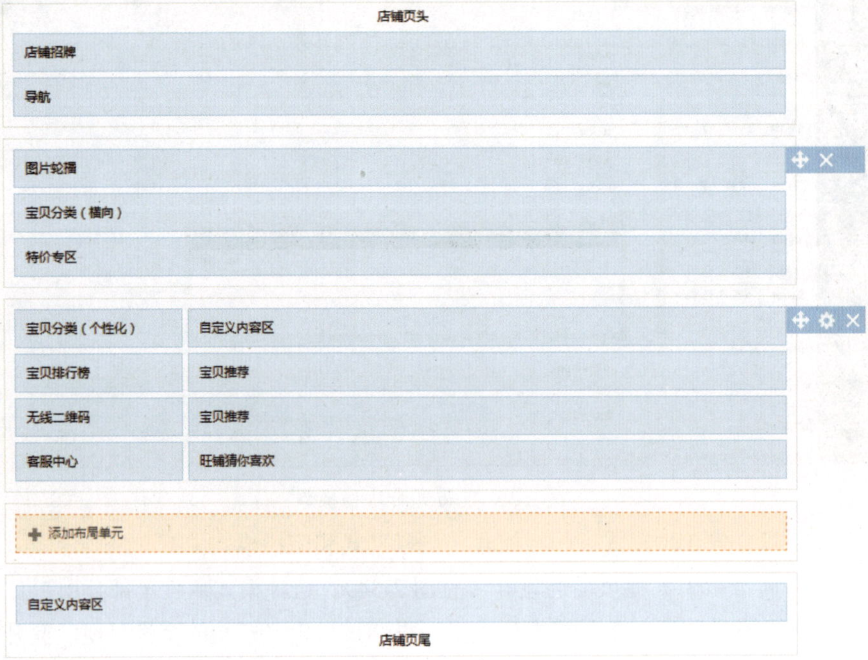

图 2-55 二栏模式

三栏模式布局常用于商品 SKU 较多的店铺。

无论是哪种模式，页面结构都分成页头、页中和页尾三部分。

● 页头

页头分成店招模块和导航模块（见图 2-56），两者相加的高度为 150 像素最合适。具体的设计思路见模块解读中的内容。

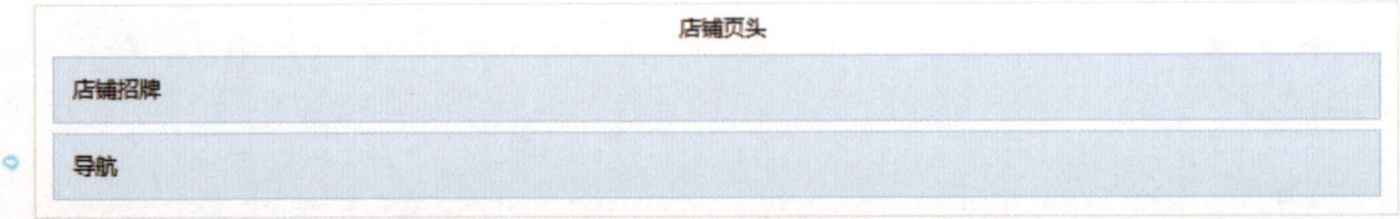

图 2-56 布局界面中的页头

● 页中

页中是页面内容的主要承载区，页面的布局重点也在此模块，如图 2-57 所示。

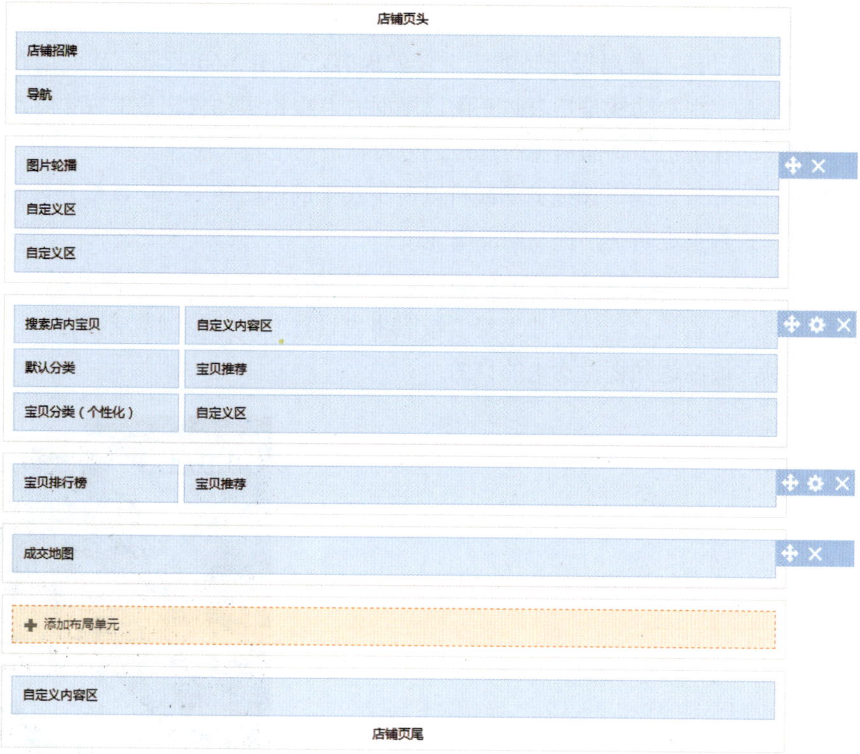

图 2-57 布局界面中的页中

页尾

页尾是不可删除的，此区域只能添加一个自定义模块。如果不想设置页尾模块，不添加内容即可。如图 2-58 所示是布局界面中的页尾，如图 2-59 所示是设计装修后的页尾效果。

图 2-58 布局界面中的页尾

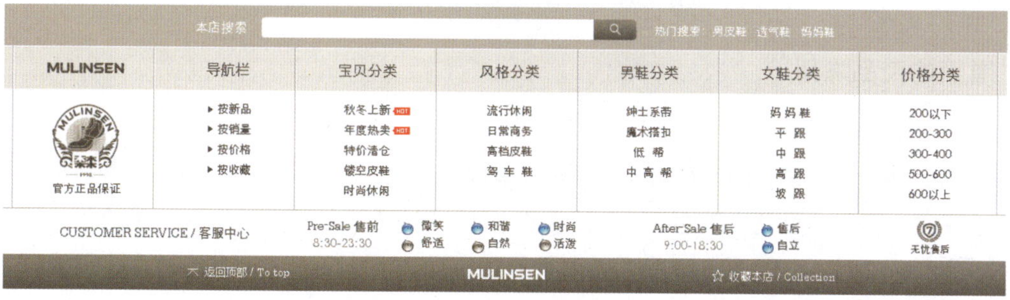

图 2-59 设计装修后的页尾模块

（4）视觉动线设计

在设计策略中，动线的布局设计是非常重要的内容，如图 2-60 所示。动线的布局是保证视觉呈现效果的基石。视觉动线是指眼睛在阅读画面时，根据眼动仪记录的视觉移动所构成的方向及路径。视觉动线决定了画面构图的焦点，以及摆放的位置与顺序。

在设计首页时，有意识地设计视觉动线可以避免买家的审美疲劳，可以提升页面的停留时间，降低跳失率，做到重点明确，提高商品曝光度。

常见的视觉动线有“Z”字形、“W”型等，如图 2-61 所示就是典型的“Z”字形视觉动线布局商家可以自行设置视觉动线，让消费者按照事先设置好的路径浏览店铺信息，看商家想让消费者看的信息，最终达到视觉营销的目的。

图 2-60 设计策略

图 2-61 “Z” 字形视觉动线布局

1. 首页的商品陈列

（1）陈列的意义

陈列是陈设排列设计的简化名称，一般使用在商品展示中。

陈列是一种综合性艺术，它集广告性、艺术性、思想性、真实性为一体，是消费者最能直接感受到的时尚艺术（如图 2-62 所示是水果的陈列）。它通过不同的表达方式，将页面内的商品更加美观地呈现给买家。其核心目的就是引发买家的购买欲望。

图 2-62 水果的陈列

（2）陈列的方法

合理的陈列在讲究美观的同时，还要考虑消费者的心理特征。

很多商家为了提高销售额，赚取更多的利润，一味地将高价格的商品或高毛利的商品陈列在黄金线上。这种只关注赚钱的陈列反而容易导致买家的流失。那么如何通过陈列把握消费者的心理特征呢？

消费者进店购买商品时是否清晰、准确地感知商品形象，获得良好的用户体验，除了店铺的整体风格以外，在很大程度上取决于商品的陈列状况。为此，应根据买家的心理特征，讲究商品陈列艺术，使商品陈列做到醒目、便利、美观、实用。具体可采用以下方法：

- 醒目陈列

商品的陈列应做到醒目突出，以便迅速引起买家的关注。并且要做到商品具有量感。这里的所谓量感，是指陈列的商品要丰富、丰满，如图 2-63 所示。量感可以使买家产生有充分挑选余地的心理感受，从而激发购买欲望。

图 2-63 坚果的醒目陈列

另外，还要做到突出商品特点。商品的功能卖点和独特性是买家集中关注点，将商品卖点及具有特殊性的信息（功能、质量、款式、造型、包装等内容）在陈列时突显出来，可以有效地刺激买家的购买欲望。

例如，把活动商品摆放在显眼位置，把款式新颖的商品摆放在最能吸引消费者视线的位置等，都可以起到促进消费者购买的效果。

● 裸露陈列

好的商品摆放应为消费者观察以及选购提供便利（见图 2-64）。如果仅仅呈现商品包装，是不足以让买家理解商品的。因此商品应采取裸露陈列，允许买家观看商品本身及内部细节，以便减少买家的心理顾虑，从而降低购买风险，坚定购买信心（见图 2-65）。

图 2-64 巧克力的裸露陈列

图 2-65 巧克力颗粒的裸露陈列

● 季节陈列

季节性强的商品要随季节的变化不断调整陈列方式和色调，尽量减少店内环境与自然环境的反差，如图 2-66 所示。如此不仅可以促进季节性商品的销售，还可以使买家产生与自然环境和谐一致、愉悦顺畅的心理感受。这在服装商品上体现得尤为明显。

● 关联陈列

某些商品和商品之间在使用上具有关联性，如衬衫和领带、西裤和皮带等。为激发消费者潜在的购买需求，方便其购买相关商品，使用关联陈列方式，将具有相关性的商品相邻摆放，最终达到促进销售的目的。

如图 2-67 所示，将鱼竿和相关配件相邻陈列，可以挖掘消费者的潜在需求，从而提升店铺的营业额。

● 重点陈列

大部分网店都有很多单品，想要使全部商品都引人注目显然是非常难的。如图 2-68、图 2-69 所示，我们可以选择消费者大量需要的商品作为陈列重点，同时附带陈列一些次要的、相关联的推荐商品，使买家在对重点商品产生注意后，附带关注到其他推荐商品。

图 2-66 冬季使用暖色调呈现产品的视觉效果

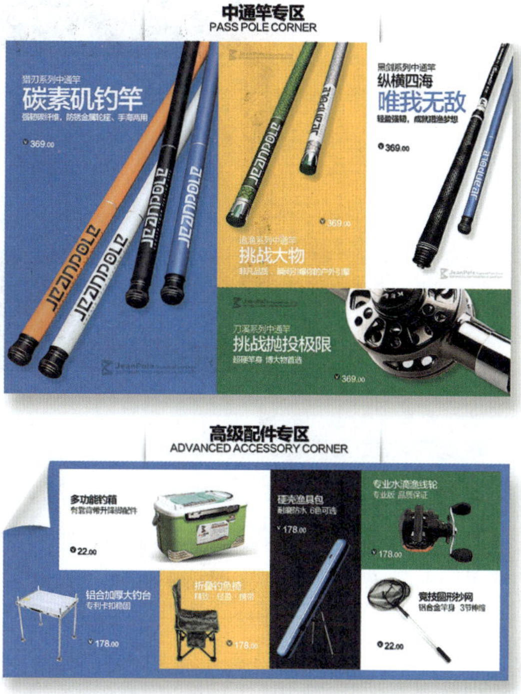

图 2-67 商品的关联陈列

在设计页面的商品陈列时，通常是综合运用各种方法，即将以上几种方法综合起来进行商品陈列。不管选择何种方式陈列，我们都需要做到重点明确、形式统一、显而易见、关联有序、对比鲜明。

图 2-68 热卖商品重点陈列

图 2-69 主推商品重点陈列

（3）自主设计的商品展示

个性化的商品呈现通常都需要自主设计，如图 2-70 所示。

图 2-70 个性化的商品展示

在做产品展示设计时，要注意以下几点：

- 产品作为重点突出。避免干扰元素过多，保留大量空白去突出商品。
- 利用视觉动线引导买家浏览商品，避免视觉疲劳。
- 不同陈列区的商品保持关联性。

4. 首页文案输出

首页文案是首页设计的蓝图，它包含了首页模块的布局设计轮廓图、主色调、风格定位、产品的布局等相关内容。

有的商家给美工的文案是没有首页设计轮廓图的，整个文案以文字方式呈现，犹如长篇大作，而有的商家甚至没有文案。这就要求美工要具有一定的解读文案的能力，甚至是撰写文案的能力。我们所撰写的文案，必须包含以下内容：

（1）首页模块设置及数量

首先文案要明确使用哪些模块，并且确定每个模块的数量以及排序和布局。做得再完善一点，还要标注每个模块的高度。只有明确这些内容之后，在进行首页框架的搭建时才不容易出错。

（2）首页特殊功能需求

为了满足运营和策划的需求，在首页呈现上可能会需要一些特殊的效果或者功能。然而，事实是并不是每个功能美工都可以实现，因此在首页文案中需要确定首页需要具备哪些特殊功能、特殊模块。确定特殊需求之后，再考虑购买相对应的功能模块或模板。

（3）首页布局框架草图

如图 2-71 所示，当确定了首页要使用的模块以及模块的数量后，我们还需要按照文案的要求把所用到的模块组合拼装成一个首页框架草图。得到确认之后，再按照框架的要求去设计店铺的首页，这样做出来的视觉效果才不会南辕北辙。

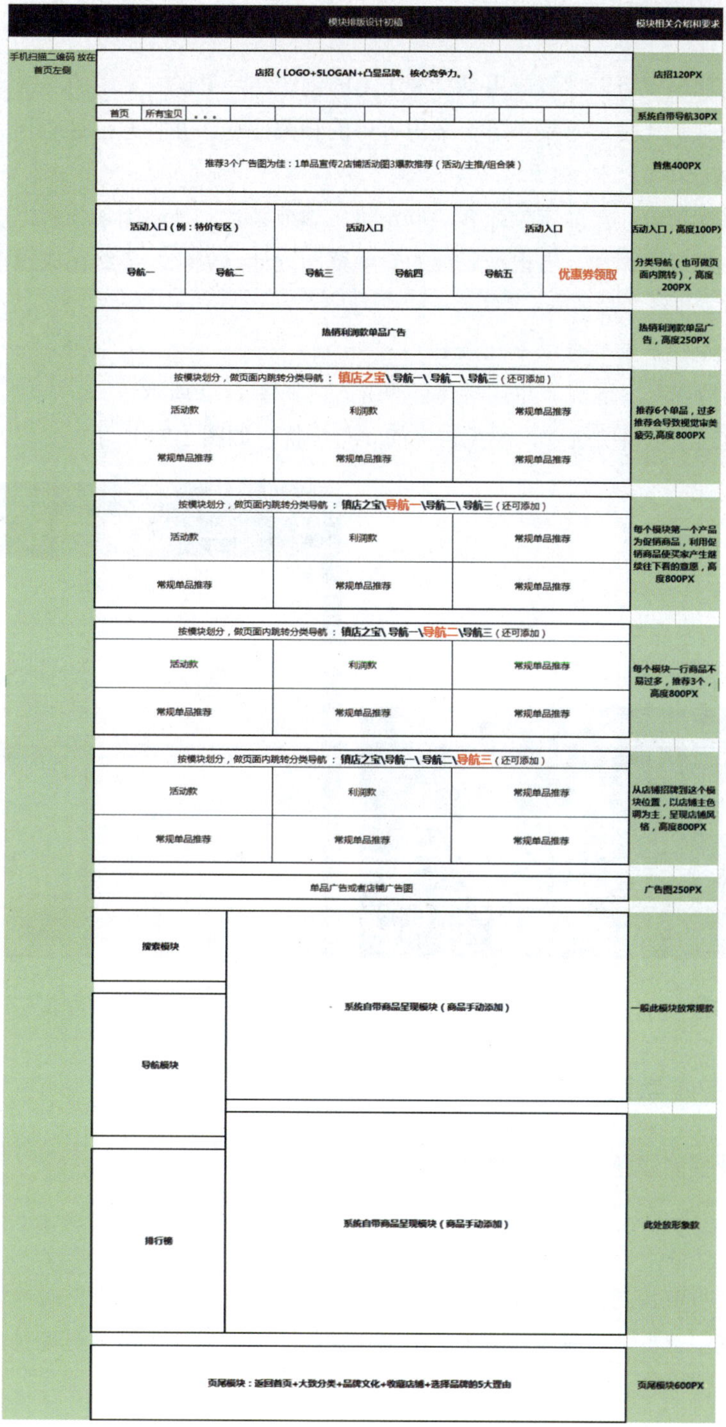

图 2-71 活动首页布局设计图

5. 文案视觉化呈现

文案的视觉化呈现可以理解成用具有冲击力的创意图片呈现文案中的文字等内容。

在做首页的视觉化呈现时要考虑文案内容中的相关信息，并且通过这些相关信息提炼出视觉化呈现所用到的内容。

例如，从品牌定位、产品定位、客户群定位、季节因素、外部因素分析提炼出店铺视觉的主色调、风格、品牌的调性，再根据店铺的轮廓草图设计、美化，最终完成预期的首页店铺视觉效果。

文案视觉化呈现需要注意以下几点：

- 视觉要呈现文案重点，并且要具有冲击力，如图 2-72 所示。
- 表达形式及风格要统一，避免过多的元素干扰，如图 2-73 所示。

图 2-72 视觉冲击力较强的广告图

图 2-73 商品表达形式及风格统一

2.1.4 特别注意事项

按首页设计稿装修到店铺上时要注意以下几个问题：

1. 链接问题

首页上的宝贝链接到相关页面时，要注意链接地址的准确性。如果链接地址出错，系统将会自动跳转至淘宝首页，形成流量跳失。所以在装修完成之后要先预览再校对，确认准确无误之后再进行发布。

2. 新页面打开问题

如果首页上的链接没有使用新窗口打开，消费者在点击到达新页面后没有进行二次点击并且关闭，此时就会形成流量跳失。因此在给首页加链接时，需要选择在新窗口中打开，这样可以降低店铺的跳失率。

3. Map 地图的使用问题

使用 DW 或者 HTML 语言给图片加形状不规则的链接时，通常会使用到热点链接。在做热点链接时比较容易出现的错误就是 Map 地图名字重复。当一个页面中出现多幅命名相同的 Map 地图时，页面下方的地图将无法实现链接功能。因此，我们需要对不同的地图进行重新命名。

4. 图片容量大小问题

为了提升网页打开速度，打造更好的用户体验，我们需要控制首页上每张图片的容量。当图片的容量大于 500KB 时，建议使用 PS 或者 FW 中的切片工具将原图切成多张图片，并且尽可能确保单张图片的容量在 300KB 以内。

5. 切片问题

通常首页是整体设计的，然而在上传的过程中却是按照每个模块来上传的。因此在安装首页之前需要对首页进行切片处理。在切片时要注意以下几点：

- 首先要确保每个模块的外轮廓都是统一完整的。
- 其次在切片时要仔细，避免出现肉眼不容易发现的碎片。如果存在碎片，将会影响整个页面的 HTML 编辑，甚至会出现整个表格的拉伸问题。

2.2 详情页设计

2.2.1 详情页的重要性

随着电子商务的普及，几乎所有的商家都知道宝贝详情页的重要性。

宝贝详情页不仅仅是介绍商品的页面，更是店铺重要的流量入口（例如自然搜索、类目搜索、直通车单品推广、钻石展位单品推广、聚划算活动等）。

宝贝详情页更是影响交易达成的关键因素。一个符合并满足买家心理需求的详情页，其转化率才会高。

1．详情页案例分析

（1）宝贝详情页不仅要清晰合理地介绍商品的信息，还要设计出商品的卖点并包装商品，通过营销去提升买家的购物欲望。如图 2-74 和图 2-75 是一个鱼竿的详情页，其设计思路已经从单纯地介绍商品转变成富含营销理念的视觉呈现。

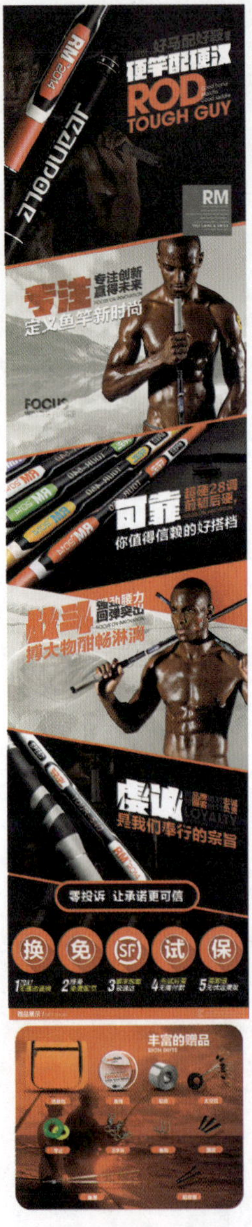

图 2-74 鱼竿详情页上半部分

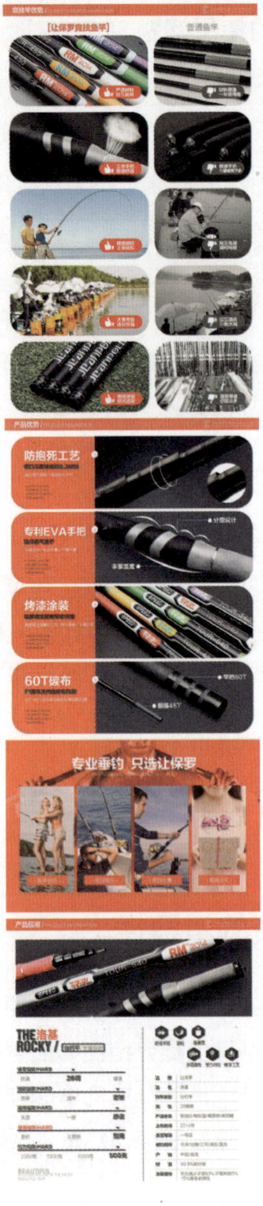

图 2-75 鱼竿详情页下半部分

2. 提升转化率

影响店铺转化率的因素非常多，其中最重要的一个因素就是宝贝详情页，详情页中呈现的内容是否能打动消费者、满足消费者的需求都会影响转化率。而转化率的数据也是考核详情页的重要依据。

3. 提升页面停留时间

详情页不是商品的说明书，而是需要通过足够吸引人的内容、符合买家心里期望值的呈现来描述商品。丰富的内容、生动的呈现可以让消费者享受阅读和购物的乐趣。从数据表现来看，优秀的宝贝详情页可以提升页面停留时间。

4. 提升客单价

通过详情页的内容呈现、关联销售都可以挖掘买家的潜在需求。一旦买家的需求被挖掘，再通过文案的营销就很容易让买家产生关联购买，从而提升客单价。

5. 降低跳失率

转化率提升之后，整个店铺的跳失率自然就会下降，所以一个高转化率的详情页就尤为重要了。

2.2.2 详情页的设计思路

为了提升转化率，我们往往会通过一些内容去加强客户的购买欲望。商品的品牌、品质、服务、性价比、价格优势、差异化优势、热销盛况等都是非常管用的内容。

根据运营情况，店铺商品可以分成新品、热卖单品、促销商品、常规商品等。然而，针对不同的商品呈现的重点是不一样的。下面我们就来讲讲这 4 种商品详情页的设计思路。

1. 新品详情页设计思路

对于刚刚研发上市的商品，在通过详情页让买家了解商品的同时，还需要把商品的设计理念准确无误地传达给买家。在设计新品的详情页时，要注意以下几点。

（1）突出差异化优势

在激烈的竞争环境中，想要让商品脱颖而出，最好的方式之一就是突出商品的差异化优势。所谓的差异化优势指的是商品的某一方面做到了极致，是竞争对手无法提出的或者无法比拟的卖点。“敌无我有，敌有我优”是对差异化优势最好的诠释。

如图 2-76 所示，植美村的 BB 霜提出了 7 小时不脱妆的差异化卖点，最终通过这个差异化优势成功切入市场。

（2）强调品牌、品质

对于新发布的商品来说，消费者会对详情页里面呈现的内容持有一定的怀疑态度。如图2-77所示，此时就需要强调产品的品质，通过品牌来加深消费者对商品的信任程度。品牌是商品的分辨器，消费者在购买产品时往往也会优先考虑品牌元素。

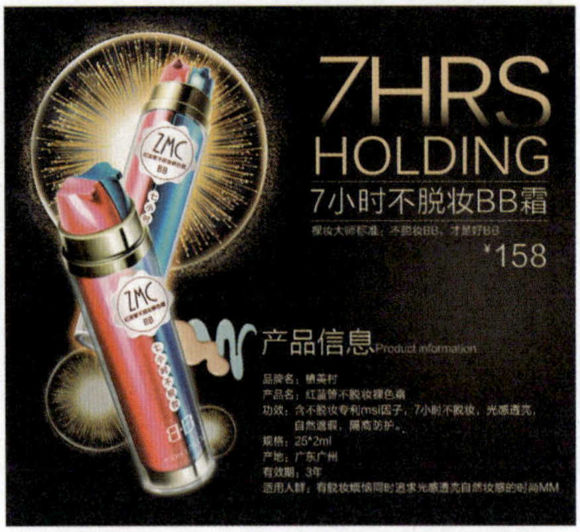
7HRS
HOLDING
7小时不脱妆BB霜
¥158
产品信息 Product information
品牌名：植美村
产品名：红蓝管不脱妆裸色素
功效：含不脱妆专利msi因子，7小时不脱妆，光感透亮，自然遮瑕，隔离防护。
规格：25*2ml
产地：广东广州
有效期：3年

图 2-76 7 小时不脱妆的植美村

蓝月亮
深谙洗涤之道的蓝月亮，秉承“一心一意做洗涤”的理念，以“轻松清洁、解放劳力”为宗旨，将国际技术融入中国人的生活，赢得亿万家庭的真诚信赖。

图 2-77 凸显品牌和商品品质

（3）运用各类营销方式

新发布的商品前期销量较低，需要使用各种各样的营销方式，为商品积累一定的基础销量，这也是新品详情页优先思考的内容，如图 2-78 所示。

新品上市
Overall low Discount
低至3折

图 2-78 新品的活动营销

2. 促销商品详情页设计思路

对于促销类商品，详情页的设计需要考虑以下几个因素。

（1）突出活动力度

通过呈现活动的力度吸引买家对商品产生兴趣和关注，如图 2-79 所示。

（2）强调性价比呈现

光靠活动还不足以让买家购买，当买家对活动和商品产生兴趣之后，再强调商品的性价比以及功能，给买家塑造物超所值的感觉，将会有效地提升整个商品的转化率，如图 2-80 所示。

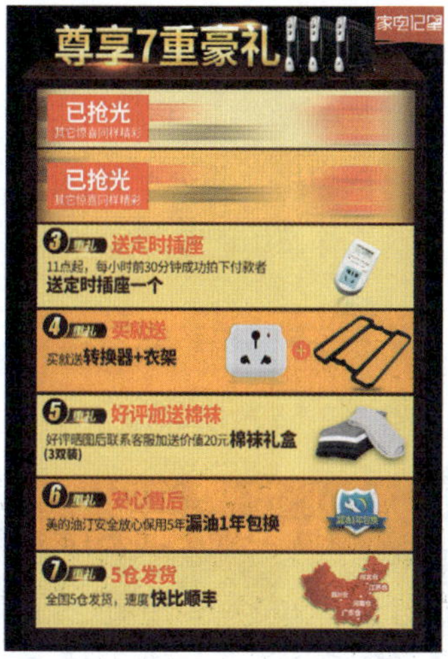

图 2-79 活动内容呈现突出优惠力度

图 2-80 聚划算活动的底价广告图

3. 热卖单品详情页设计思路

热卖单品指的是店铺销量较好的商品，对于这类商品的详情页设计，我们需要突出商品的热销盛况以及商品的优势。

（1）突出热销盛况

利用消费者的从众心理去提升商品的转化率是营销里面常用的方式之一。如图 2-81 所示，突出商品的热销状态，暗示买家商品被大众认同，降低买家的购买顾虑。

图 2-81 突出销量

（2）强调商品优势

利用商品的优势来佐证大众选择的正确性，好的商品才可以让买家下决心购买，如图 2-82 所示。

4. 常规商品详情页设计思路

常规类商品想要让买家产生购买行为，就需要给买家足够的理由让其去选择。而让买家选择这个商品的比较好的理由，通常是商品的功能、性价比以及卖家做出的各类活动营销。

（1）突出功能性优势

买家在购买商品时考虑的因素众多，其中非常关键的一个因素是商品的功能能否满足自己的需求，因此在商品的功能性这块就需要呈现得更加到位，如图 2-83 所示。

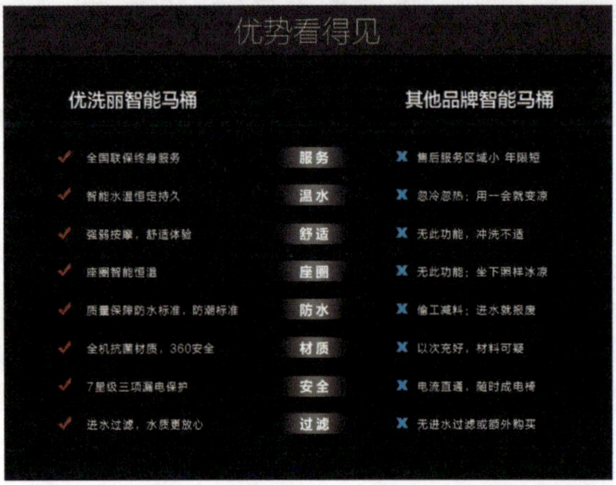

图 2-82 通过和其他商品的对比，突出商品的优势

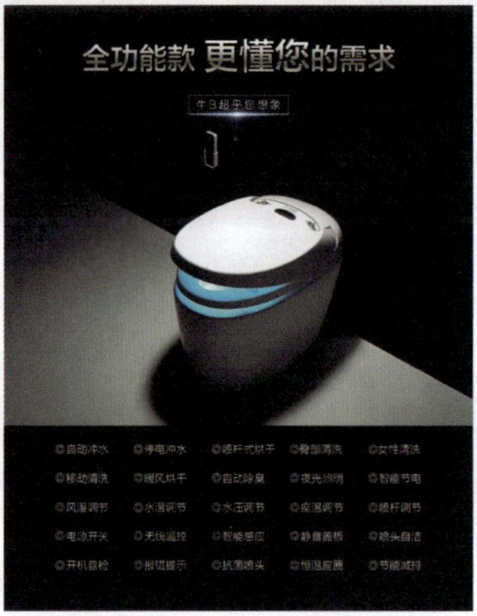

图 2-83 商品的功能卖点罗列

（2）运用各类活动营销

活动是买家选择商品的一个驱动力，优秀的商品功能加上好的活动营销可以有效地提升转化率。

2.2.3 详情页的设计执行

1. 详情页策划

（1）竞品的市场调研

① 解析竞品详情页，获取竞品的诉求点。

知己知彼，百战不殆。面对众多的竞争对手，我们需要找到竞争商品并解读和拆解宝贝详情页。从详情页中找到对手所提出的卖点、营销内容、用户群定位、页面的排序逻辑等相关内容，从而找到我们与对手的差异化，吸取对方的优点，并设计呈现在自己的详情页当中。

② 通过 SWOH 分析法找准商品的营销切入点。

SWOT 分析法是用来确定自身和竞争对手的竞争优势、竞争劣势、机会和威胁，从而将商品的营销策略与商品本身有机地结合起来的一种科学的分析方法。

- S：指的是内部竞争优势。从销售的角度找到商品的竞争优势，例如良好的品牌形象、精湛的制作工艺、优质的产品质量、较高的市场占有率、柔性供应链优势、资金周转率快、品牌曝光度高等内容。
- W：指的是内部缺乏竞争力的劣势。例如竞争力差或无核心关键技术等。
- O：指的是外部机会。例如新产品研发成功、发现并开拓细分市场、挖掘消费者新需求、竞争对手失误等。
- T：指的是外部威胁。例如传统品牌进驻电商领域成为强有力的竞争对手，市场上替代产品增多，对商品销售额产生巨大影响，由于各种原因，客户偏好改变等（如季节交替）。

SWOT 分析法的使用，仁者见仁，智者见智。利用 SWOT 分析法分析商品的市场切入点，可以分成 4 步。

第 1 步：通过分析竞品详情页描述，找到竞品核心诉求、竞品的劣势（从客户评价中获取）。

第 2 步：通过分析自身商品的优势、劣势、机会和威胁，并依照矩阵形式排列。在此过程中，需要根据对商品销售有长远影响或者直接影响的因素优先排列出来，而将那些间接的、短暂的影响因素排列在后面。最后根据事情的轻重缓急酌情处理。

第 3 步：对比竞品和自身商品的优势、劣势、机会和威胁，系统分析各种因素，找到商品的核心卖点及差异化竞争优势，利用自身的核心卖点和差异化去和竞品竞争。

第 4 步：通过分析竞品的营销策略，根据分析结果制定相应的营销策略、计划及对策等带有决策性结论。

在完成竞品分析和 SWOT 矩阵（如图 2-84 所示）的构造后，制定出相应的行动计划，如图 2-85 所示。

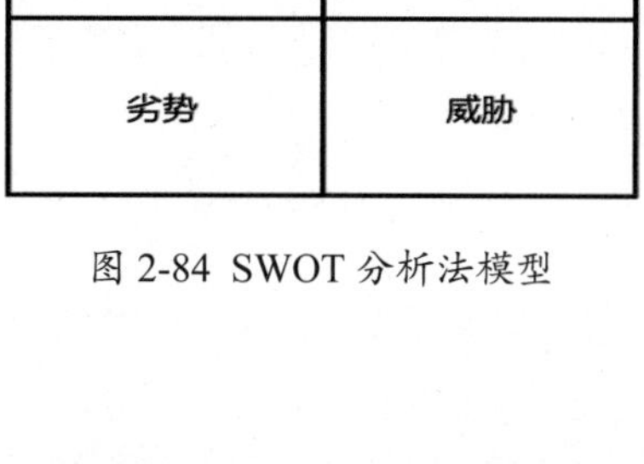

图 2-84 SWOT 分析法模型

内部能力因素 外部环境因素	优势（S） 1．较强的技术实力 2．拥有熟练的技术员工	劣势（W） 1、缺乏深层管理 2、分销渠道不均匀
机会（O） 1．该类产品消费增加 2．竞争者B的市场份额下降	SO策略： 2-1 保持技术优势，关注产品的消费动向 2-2 雇用竞争者B的熟练技术员工	WO策略： 2-1 必须满足目标市场产品消费增长的需求以保持较强的竞争力
威胁（T） 1．可能受到市场法规的限制 2．竞争者C正在强大起来	ST策略： 1-1 尽可能地进行技术开发，以避免法规的限制 2-2 不断提高劳动者的技能，并满足劳动者的需求	WT策略： 1-1 避免管理乏力而受到法规带来的限制 2-2设法减小竞争者C市场份额增长带来的威胁

图 2-85 SWOT 分析法运用案例

③ 分析买家的行为偏好，做精准营销。

买家的行为和偏好通常会反映到相关的数据上，例如买家的来源去向。想要对买家做精准营销，就必须要知道买家的行为和偏好，因此在确定了目标客户群之后，我们需要通过生意参谋等数据工具去分析买家。如图 2-86 所示就是通过店铺数据工具生意参谋获取到的店铺买家的相关数据和偏好。

（2）商品的卖点设计

所谓“卖点”，无非是指所卖商品具备了前所未有、别出心裁或与众不同的特色、特点。这些特色、特点，一方面是商品与生俱来的；另一方面是通过营销策划人的想象力、创造力“无中生有”的。不论它从何而来，只要能使之落实于营销的战略战术中，转化为消费者能够接受、认同的利益和效用，就能达到产品畅销、建立品牌的目的。

对消费者而言，卖点是商品满足目标受众的需求点；对商家而言，卖点是火爆的商品市中一个重要的思考点；而对于商品自身来说，卖点是商品自身存在于市场的理由，如图 2-87 所示。商品可以挖掘出很多个卖点，卖点大致分成三部分：

- 卖点：商品呈现出来的消费理由。
- 买点：买家愿意为之买单的卖点。
- 差异化优势：竞争对手无法提出或者是做不到、做得不完美，而我们做得非常极致的商品卖点。

这三部分的关系是卖点包含买点，买点又包含差异化优势。

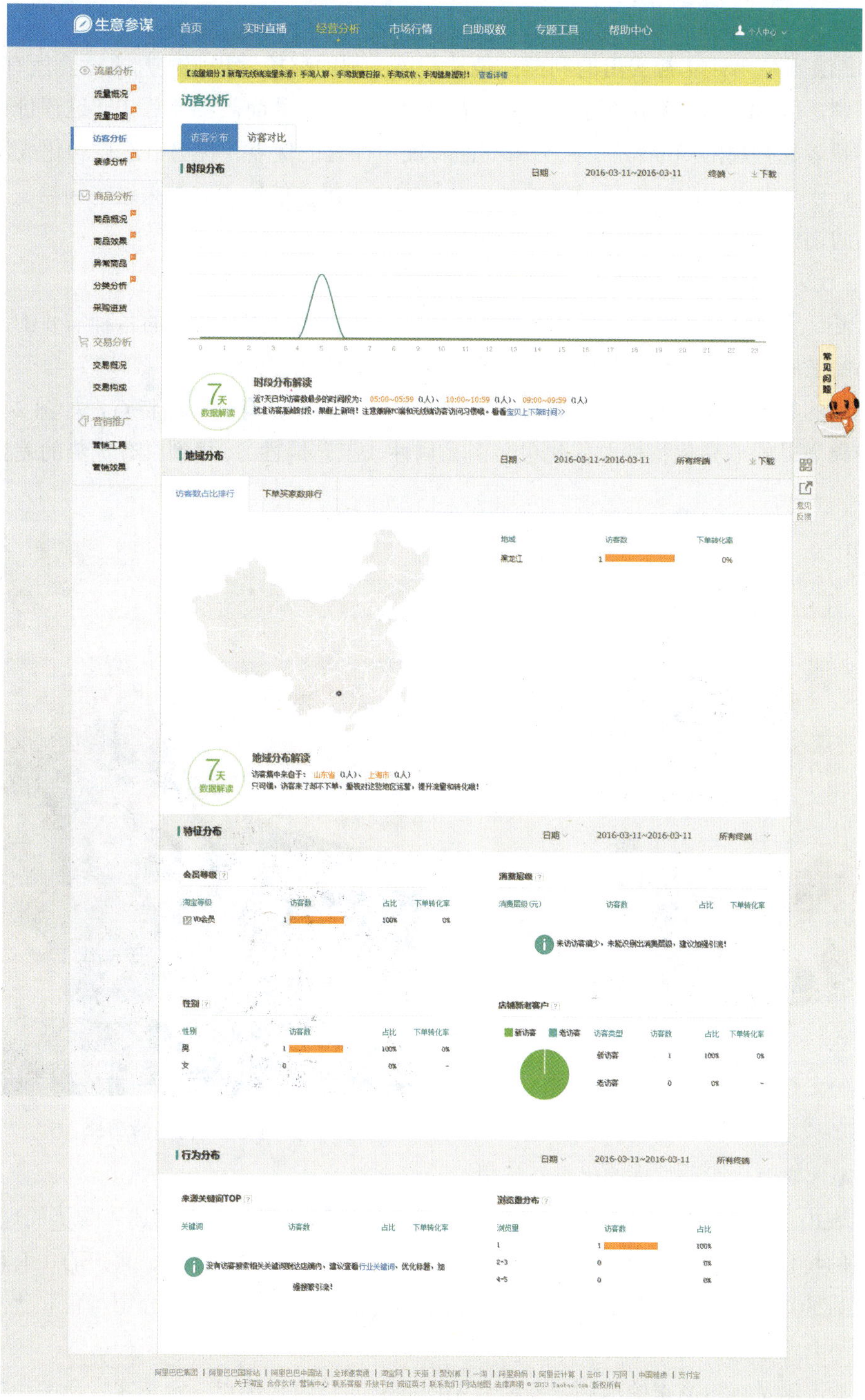

图 2-86 生意参谋中访客分析及访客对比

① 运用 FABE 法则提炼卖点。

FABE 法则是一种非常实用的利益推销法，该法则的移植性极强，几乎适合所有的商品。简单地理解，FABE 法则就是通过找出消费者所感兴趣的各种商品特征后（通过评价记录可以分析出消费者感兴趣的商品特征），分析商品特征所拥有的优点、优势，然后转化成消费者通过商品优点所能获得的收益，最后通过举证，证实产品确实能给买家带来这些利益，从而顺利实现商品的销售诉求。

- F 代表商品的特征、特点

F 代表商品的特质、特性等最基本功能，以及是如何用来满足买家的各种需要的。要发掘自身商品的潜质，努力找到竞争对手忽略的、没提出的特性。

将商品的特征详细地列出来，尤其要针对属性，写出其具有优势的特点，如图 2-88 所示。例如，挖掘商品的差异化特性，优化包装商品属性（工艺属性），找到具有优势的差异点做营销宣传。

全国实体专柜2000家
2014年全年累计销售183.6万罐
服务中国600万+家庭
好评如潮
实体同步
专柜正品
正
全家人的营养早餐
美味 · 天然 · 营养 · 方便
益元八珍
五谷磨房
益元八珍1020g
适合全家人一起分享　老少咸宜　送礼健康又体面

图 2-87 五谷磨房的销量差异化优势

原生态，无食品添加剂
经72摄氏度温水浸浮
500分钟以上高温烘烤灭菌
属性

图 2-88 商品的属性

- A 代表商品特征发挥的优点及作用

A 代表由这些特征所产生的优点及作用，通过优点和作用向客户阐述“购买的理由”。在介绍商品的特色和优点时，首先要了解客户的需求，考虑客户关心什么、客户心中有什么样的问题，然后通过阐述商品特色和优点给客户留下清晰的印象。在向客户介绍特色和优点时一定要符合如下几个原则：

- 基于满足客户需求的原则，即所介绍的商品的特色和优点一定是客户所关注的，能够满足客户的需求；否则，再好的特色和优点也不会引起客户的兴趣。

- 基于竞争对手比较优势的原则，你的商品的特色和优点是商品自身独有的，或者是比竞争对手做得更好的；否则，客户也不容易产生兴趣和购买欲望。
- 商品的特色和优点一般不超过 3 个，过多的阐述反而不能给买家留下清晰的印象。

如图 2-89 所示，从商品的无涩味、原香的优点，引发买家兴趣。

● B 代表商品优点、特性带给受众的好处、益处

B 代表这些优点能带给买家的利益，即商品的优势带给买家的好处。以买家利益为中心，通过强调买家得到的利益、好处激发买家的购买欲望，如图 2-90 所示。

图 2-89 商品的优点

图 2-90 买家的收益

● E 代表证据、证明（Evidence）

E 代表证据，包括技术检测报告、买家评价、相关认证、证书、授权书等。通过展示相关证明文件来印证上面的介绍，如图 2-91、图 2-92 所示。所有作为“证据”的材料都应该具有足够的客观性、权威性、可靠性和可见证性。

在运用 FABE 法则时我们可以这样理解：

- F，商品的特点特性、是什么？
- A，商品的特点、特性所呈现出来的作用怎么样？
- B，具体能给顾客带来什么利益？
- E，消费者凭什么相信？

运用 FABE 法则表述卖点常用的句式格式是：“因为商品具有属性（F）……从而有这样的作用（A）……对消费者而言可以获得这样的收益（B）……举例论证（E）……”

理论上，任何一个 F 都可以对应到一个 A 和一个 B，从商品的属性挖掘消费者所关注的卖点，是最常用的方法之一。注意：消费者最关注的往往是商品的作用和直接的收益。

商品：昨下午下的单，今天上午就收到了，神一样的速度啊，很好吃，买卖过N次了。
服务：很好。
今天
依******5
一直都很信赖新农哥的坚果，不用多说，看销量就知道了。直接寄回家里的，家里人都很喜欢。很大颗，很香，口感非常棒。就是我每次都剥不出一颗完整的果肉，有没什么方法，可以剥出完整的果肉哟。
今天
h*********1
商品：袋装很方便，店家也好体贴，还送了湿巾和果壳盒，最重要的还附带了一本"日行一善"，让人受益匪浅。东东就更不用说了，好吃又放心，买的都是没有添加剂的，价格也划算。谢谢咯，以后会经常光顾你家的。
服务：好
今天
章******8
N次购买啦，真的非常好吃的坚果，每天和妈妈都已经习惯吃一点！还有谢谢卖家的小礼物哟！真的很贴心的卖家，一如既往的好！反正以后坚果呀，年货呀都锁定你们家啦！！！
12:25
立*******力
NUTS SHOW
无时无刻·分享喜悦
坚果达人SHOW

图 2-91 评价和买家秀佐证卖点

新农哥
2014年获"国家诚信体系认证"
2011年获"天猫原创品牌10强"
2012年获"2012金牌十佳网货品牌"
"淘宝粉丝最喜爱的店铺"
中国坚果炒货协会会员单位
临安坚果炒货协会会长单位

图 2-92 品牌荣誉佐证卖点

② USP 卖点设计。

USP（Unique Selling Proposition）即“独特的销售主张”或“独特的卖点”，是近代广告界公认的美国广告大师罗素·瑞夫斯在 20 世纪 50 年代首创的。他认为，USP 是消费者从广告中得到的东西，而不是广告人员硬性赋予广告的东西。在广告中必须包含一个向消费者提出的销售主张，这个主张要具备 3 个要点：

- 利益承诺

强调商品具体的特殊功效，以及能给消费者带来的实际利益。如图 2-93 所示，通过呈现特殊的、买家需要的具体价值，给买家一个明确的利益承诺。

- 独特

销售主张是独特的、唯一的，即是竞争对手无法提出或没有提出的。

销售主张的独特既可以是商品的独特性、品牌的独特性，也可以是非广告方面的主张。通过独特的销售主张的传播与沟通，使商品及其广告具有了区别于竞争者的独特属性，从而实现差异化，如图 2-94 所示。

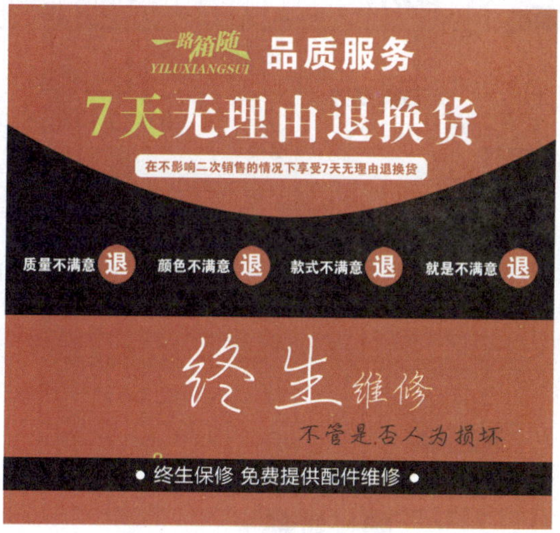
一路箱随
YILUXIANGSUI
品质服务
7天无理由退换货
在不影响二次销售的情况下享受7天无理由退换货
质量不满意 退
颜色不满意 退
款式不满意 退
就是不满意 退
终生维修
不管是否人为损坏
• 终生保修 免费提供配件维修 •

图 2-93 明确的利益承诺

收礼还收脑白金
脑白金
年轻态健康品

图 2-94 脑白金是礼品，区别于传统的保健品

- 强而有力

即这一说辞一定要强调对消费者重要并和消费者相关，有足够的说服力去刺激购买行为。

差异化信息诉求是建立在差异化商品基础上的，包括商品的核心差异、商品形体的差异以及商品附加的差异。它也是利用人们认知的心理特点，在广告中宣传商品独具的特征以及利益，使消费者注意、记住并对其所提供的利益产生兴趣，从而促成其购买决策 。这是 USP 的本质。

③ 加法减法。

任何一个商品可被挖掘的卖点都有很多，但是在做卖点呈现时，并不见得每一个卖点客户都十分关注，因此需要先挖掘商品的卖点，然后再根据买家的关注度进行筛选。

使用加法减法的方式挖掘商品的卖点，主要分成 5 个步骤。

第 1 步：将商品的属性以及已知的卖点全部罗列出来。

第 2 步：从买家的评价当中获取买家所关注的卖点。我们需要在淘宝上找到和当前商品相似或者同款的竞品，在竞品的评价当中，梳理统计买家所关注的卖点，同一个卖点提到的买家较多，说明这个卖点更重要，如图 2-95 所示。

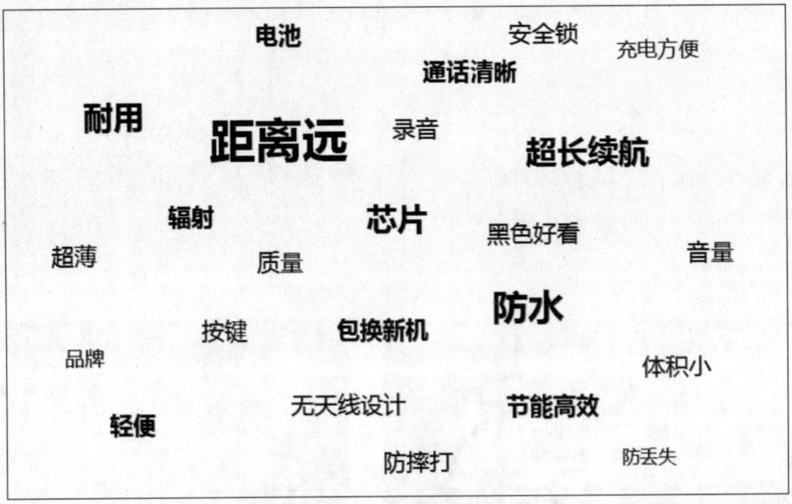

图 2-95 卖点的获取，做加法

第 3 步：将所有的卖点进行整合并且延伸和包装，按照重要程度做卖点排序，如图 2-96、图 2-97、图 2-98 所示。

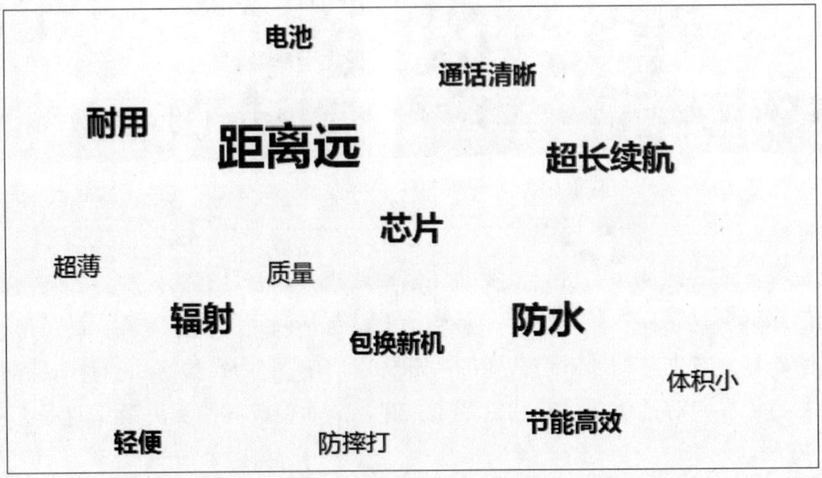

图 2-96 卖点的删减，做减法

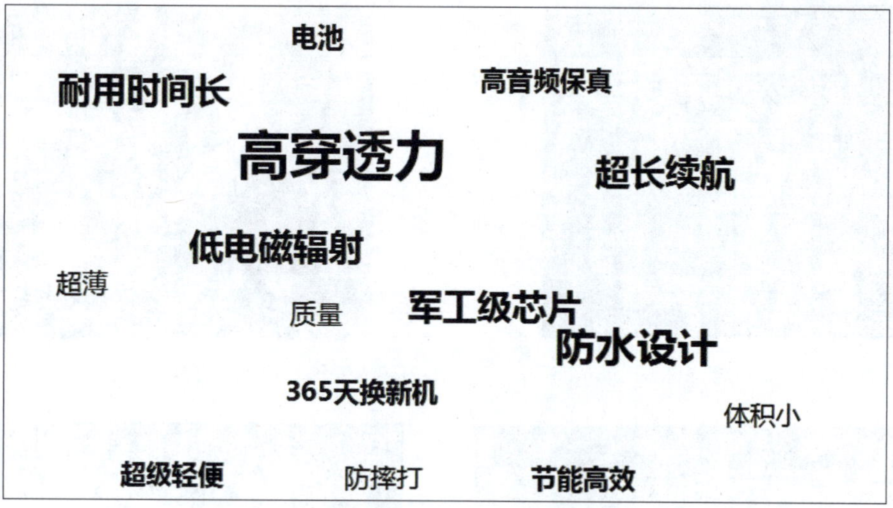

图 2-97 卖点的延伸，做包装

1	高穿透力	842人
2	低电磁辐射	413人
3	高音频保真	382人
4	耐用时间长	337人
5	防水设计	259人
6	超长续航	215人
7	超级轻便	131人
8	军工级芯片	125人
9	365天换新机	107人

图 2-98 根据卖点的关注人数做卖点排序

第 4 步：找出商品的差异化卖点以及买家最关注的卖点做包装，并用其他的小卖点去证明，如图 2-99 所示。

第 5 步：使用 USP 销售主张或 FABE 法则去描述卖点，如图 2-100 至图 2-109 所示。

穿透王
隔22堵墙话质依然!!

图 2-99 核心卖点包装

9大优势
全网唯一
为您解读9大优势!

图 2-100 9 个买家关注的卖点包装成商品的 9 大优势

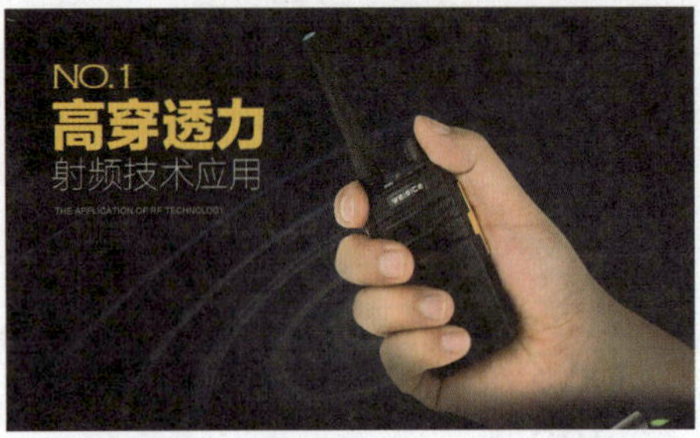
NO.1
高穿透力
射频技术应用

图 2-101 距离远包装成高穿透力

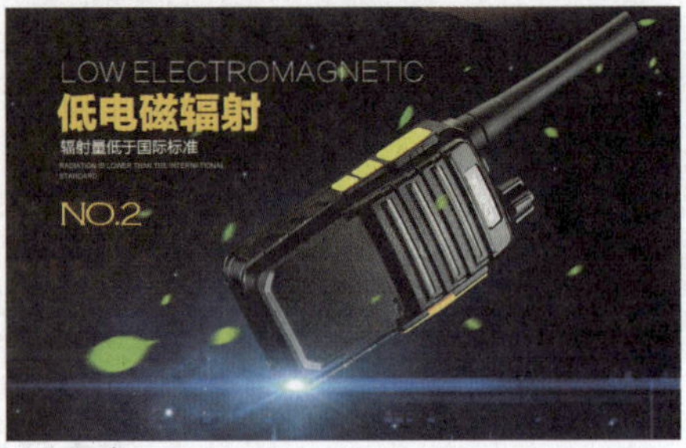
LOW ELECTROMAGNETIC
低电磁辐射
辐射量低于国际标准
NO.2

图 2-102 低辐射量

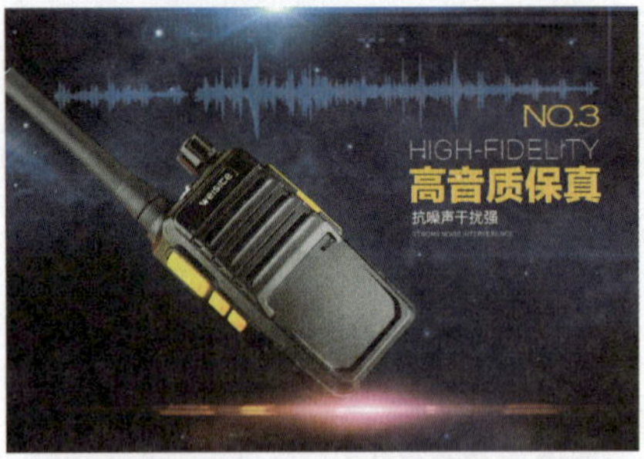
NO.3
HIGH-FIDELITY
高音质保真
抗噪声干扰强

图 2-103 高音质保真

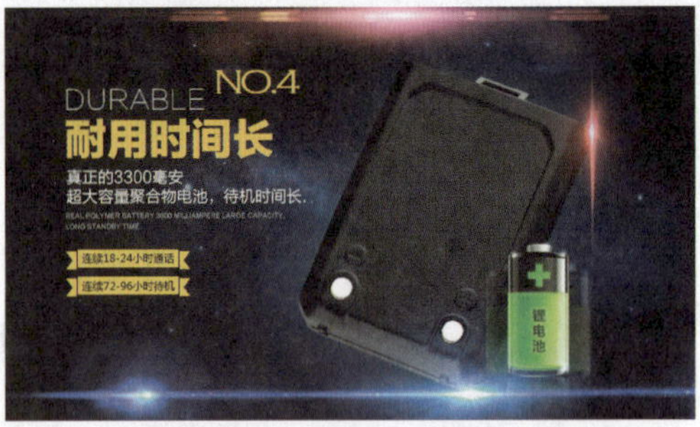
DURABLE NO.4
耐用时间长
真正的3300毫安
超大容量聚合物电池，待机时间长.
连续18-24小时通话
连续72-96小时待机
锂电池

图 2-104 耐用时间长

NO.5
DESIGN
防水设计
雨天、水灾 同样稳定

图 2-105 防水设计

HIGH
超长续航 节能高效
NO.6

图 2-106 节能高效

NO.7
EXTREMEL
极度轻使
140克重量和IPHONE4S相当

图 2-107 轻巧、方便

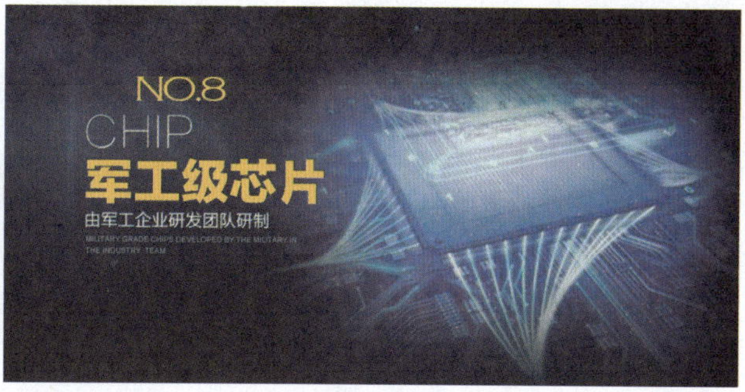
NO.8
CHIP
军工级芯片
由军工企业研发团队研制

图 2-108 军工级芯片

NO.9
365天免费更换故障机
购买无忧：
1 30天免费使用
不满意不喜欢直接退给我们，一切费用我们承担。
2 12个月免费换新机
12个月内机身出现故障免费换新机。
3 机身终身保修维护
机身终身保修维护，免收材料费用。
4 全网最低价
配件均以成本价销售，不忽悠不欺骗，全网最低价。
5 完美售后服务
完美售后服务，免费提供写频软件和调频教程，并人工电话指导。

图 2-109 利益承诺 365 天免费更换故障机

（3）产品分析

① 产品用途分析。

在实际购物过程中，商品购买者往往非商品的使用者。买家购买商品的用途会直接影响到我们的营销方向。通常我们会从买家评价中和客服的聊天记录中提取到产品的用途，从而做精准营销。

② 用户群需求分析（马斯洛需求分析模型）。

● 马斯洛需求层次理论

马斯洛需求层次理论由美国心理学家亚伯拉罕 · 马斯洛于 1943 年在《人类激励理论》论文中提出，是行为科学的理论之一。

该理论把需求分成生理需求（Physiological needs）、安全需求（Safety needs）、社交需求（Love and belonging needs）、尊重需求（Esteem needs）和自我实现（Self-actualization needs）五类，

如图 2-110 所示，依次由较低层次到较高层次排列。

图 2-110 马斯洛需求分析模型

第一层次：生理上的需要

生理需求（Physiological needs），是人最低层级、最具优势的需求，如食物、水、空气、睡眠、健康、商品的基础功能等。当人最基础的需求得不到满足时，就会花大量精力去搜寻可满足需求的东西。只有当人的生理需求得到满足后，才可能出现更高级的、社会化程度更高的需求，如社交求。

生理需求是推动人们行动最首要的动力。只有这些最基本的需求满足到维持生存所必需的程度后，其他的需求才能成为新的激励因素，而到了此时，这些已相对满足的需求也就不再成为主要的激励因素了。

生理需求满足最低需求层次的市场，买家只要求产品具有一般功能即可。如图 2-111 所示，电饭煲已经脱离了最原始的煮饭需求。

第二层次：安全上的需要

安全需求（Safety needs），同样属于低级别的需求，其中包括人身安全、生活稳定，以及免遭痛苦、威胁或疾病等。

特别是曾经经历过安全事件的消费者会对商品的安全特别在意，买家关注产品对人身安全带来的影响，如图 2-112 所示。

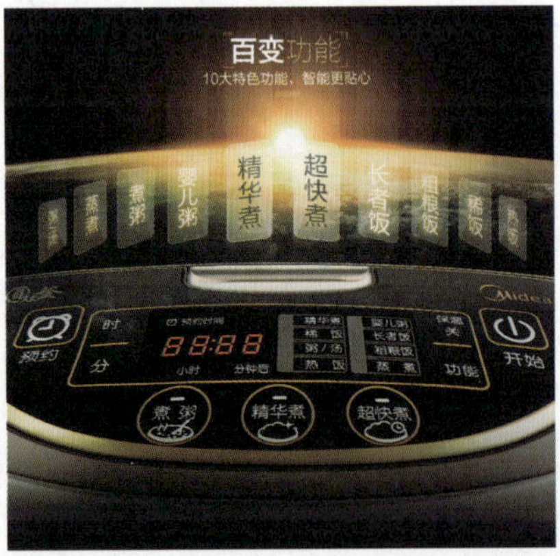

图 2-111 多功能的电饭煲对生理需求做了延伸

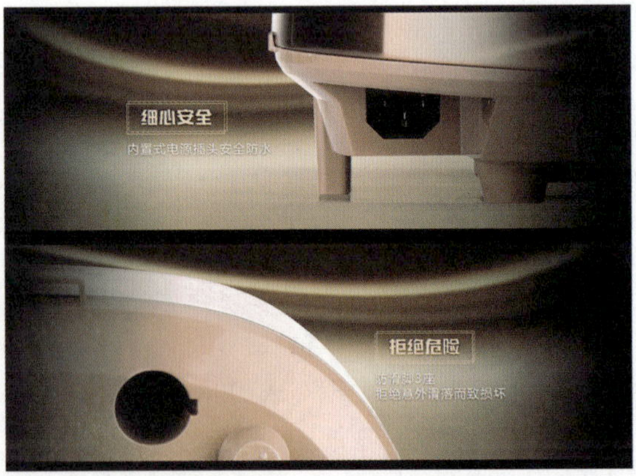

图 2-112 对人身安全的安全需求

第三层次：情感和归属的需要

社交需求（Love and belonging needs），属于较高层次的需求。感情上的需要比生理上的需要来得细致。

社交需求满足对“交际”有要求的市场，消费者往往关注商品是否有助于提升自己的交际形象，如图 2-113 所示。

松下电饭煲
帮您实现制作各类花式米饭
孩子吃得好
更安心
伴侣吃得好
更开心
父母吃得好
更放心

图 2-113 通过商品实现照顾家人的社交需求

第四层次：尊重的需要

尊重需求（Esteem needs），属于较高层次的需求。尊重需求既包括对成就或自我价值的个人感觉，也包括他人对自己的认可与尊重。尊重需求得到满足，会使人充满信心，对生活充满热情。

尊重需求满足对产品有与众不同要求的市场，买家关注产品的象征意义，如图 2-114 所示。

第五层次：自我实现的需要

自我实现需求（Self-actualization needs），是马斯洛需求中最高层次的需求。实现人生的价值，实现自己的理想和目标，发挥潜能等，如图 2-115 所示。

婆婆的好儿媳，
丈夫的好老婆。
媳妇必备神器

图 2-114 通过制造和分享美食改善人际关系的尊重需求

AOSLU 奥施洛

图 2-115 奢华的生活方式，实现人生的价值

● 马斯洛需求应用

马斯洛需求层次理论有两个基本出发点：

- 一是人人都有需求，基础需求相对满足了，就会向更高层次发展，追求更高层次的需求就成为驱使行为的动力。
- 二是在多种需求未得到满足前，首先满足迫切需求；该需求满足后，后面的需求才显示出其激励作用。

5 种需求可以分为两级，其中生理需求、安全需求和社交需求都属于低级需求，这些需求通过外部条件就可以满足；而尊重需求和自我实现需求是高级需求，通过内部因素才能满足，而且一个人对尊重和自我实现的需求是无止境的。

同一时期，一个人可能有几种需求，但每一时期总有一种需求占支配地位，对行为起决定作用。任何一种需求都不会因为更高层次需求的发展而消失。各层次的需求相互依赖和重叠，高层次的需求发展后，低层次的需求仍然存在，只是对行为影响的程度大大减小。

消费者愿意支付的价格等于消费者获得的满意度。同样的商品，满足消费者的需求层次越高，消费者能接受的商品定价就越高。市场的竞争，总是越低端越激烈，价格竞争显然是将“需求层次”降到最低，消费者感觉不到其他层次的“满意”，愿意支付的价格当然就低了。

每一个需求层次上的买家对商品的要求都不一样，即不同的商品满足不同的需求层次。将营销方法建立在消费者需求的基础之上考虑，不同的需求即产生不同的营销手段。

（4）文案策划

文案是详情页设计的重点，通过文案的描述，激起买家对商品的购买欲望，临门一脚促进成交。目标用户的购物习惯决定店铺文案调性，需求决定呈现。

产品文案需要包含三部分：产品的差异化优势、产品的情感营销、买家的痛点挖掘。

● 差异化优势

差异化优势往往是买家选择商品的理由，对于提升转化率帮助非常大。对于商家来说，差异化优势也是切入市场很好的点。找到商品的差异化优势势在必行，我们可以使用前面介绍的SWOT分析法，找到商品的差异化优势。如图2-116所示，五谷磨房通过呈现商品的销量传递商品的市场接受度、受欢迎程度，并以此作为差异化优势，提升买家的购买欲望。

● 情感营销

文案的情感，并不在于能把单个产品描绘得入木三分，而是通过场景化描绘，把情感融入到画面中，让买家在浏览时产生情感的认同和共鸣，达到传达价值的目的，如图2-117所示。

全国实体专柜2000家
2014年全年累计销售183.6万罐
服务中国600万+家庭
好评如潮
实体同步
专柜正品
全家人的营养早餐
美味 · 天然 · 营养 · 方便
益元八珍
五谷磨房
益元八珍1020g
适合全家人一起分享 老少咸宜 送礼健康又体面

图2-116 五谷磨房的销量差异化优势

IF LOVE
爱她就送她 YOU MUST TO SEND
不限年龄
送姐妹
送恋人
送老婆
送礼
给她惊喜吧!
送同事
送潮妈
送闺蜜

图2-117 商品用途的情感营销

● 痛点挖掘

这里的痛点指的是买家以往的不愉快经历，这种经历可以和商品有关，也可以和生活相关。通过触碰买家的痛点，并帮助解决这个痛点，实现买家对商品需求的提升，如图2-118所示。

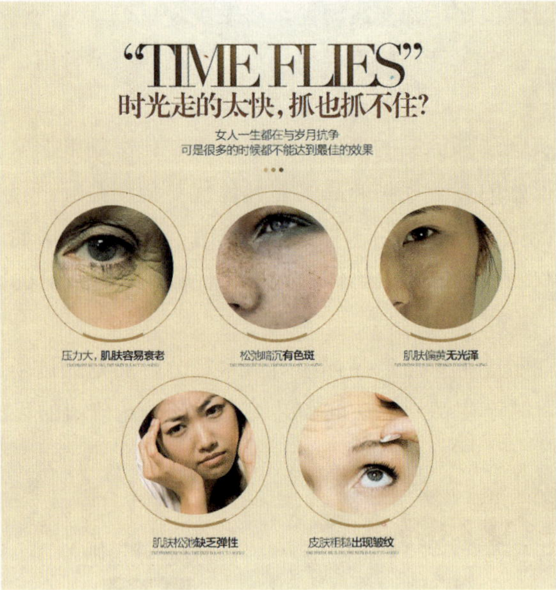
"TIME FLIES"
时光走的太快，抓也抓不住？
女人一生都在与岁月抗争
可是很多的时候都不能达到最佳的效果
压力大，肌肤容易衰老
松弛暗沉有色斑
肌肤偏黄无光泽
肌肤松弛缺乏弹性
皮肤粗糙出现皱纹

图 2-118 挖掘买家的痛点

2. 详情内容设置

根据宝贝详情页的内容，我们可以把整个详情页分成多个模块。本节我们将把宝贝详情页分成 13 个最常用的内容模块，并且解读每一个模块的内容重点以及注意事项。

（1）详情页模块介绍

● 基本信息

基本信息模块是宝贝详情页中最常用的模块之一。通常，基本信息模块用来介绍商品的相关属性、结构以及功效，如图 2-119 所示。

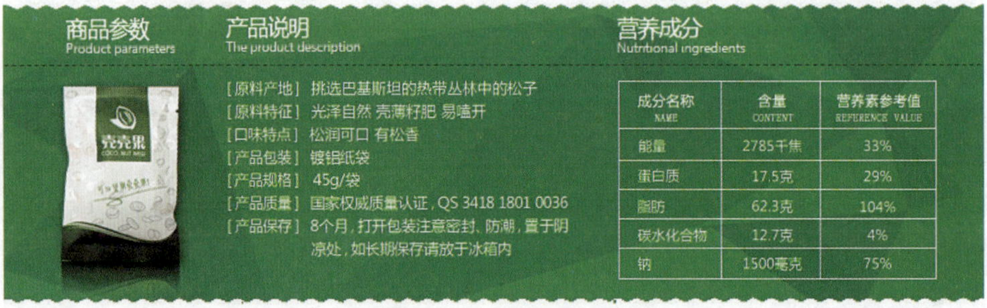
商品参数
Product parameters
产品说明
The product description
营养成分
Nutritional ingredients
壳壳果
[原料产地] 挑选巴基斯坦的热带丛林中的松子
[原料特征] 光泽自然 壳薄籽肥 易嗑开
[口味特点] 松润可口 有松香
[产品包装] 镀铝纸袋
[产品规格] 45g/袋
[产品质量] 国家权威质量认证，QS 3418 1801 0036
[产品保存] 8个月，打开包装注意密封、防潮，置于阴凉处，如长期保存请放于冰箱内
成分名称 NAME
含量 CONTENT
营养素参考值 REFERENCE VALUE
能量 2785千焦 33%
蛋白质 17.5克 29%
脂肪 62.3克 104%
碳水化合物 12.7克 4%
钠 1500毫克 75%

图 2-119 基本信息

基本信息模块的重点是用包含营销理念的文字及图片去呈现商品的相关基本信息，从而达到营销的目的。

● 产品展示

产品展示模块是每一个详情页都会有的内容，商家从各个角度、各个纬度去呈现商品。在呈现商品时，要注意以下几点：

- 要把商品的卖点喊出来，如图 2-120 所示。
- 尽量使用场景图去挖掘买家的潜在需求。
- 第三点，要塑造拥有后的感觉。

● 细节展示

细节展示模块是用细节描写来展示商品，通过展示商品的细节，侧面去展现商品的卖点，让买家有足够的理由来选择我们的商品。

细节展示模块的重点主要是通过展示商品的细节来呈现商品的品质、工艺等相关内容，如图 2-121 所示。

图 2-120 卖点和商品展示结合

图 2-121 通过商品的细节来描述卖点

● 卖点展示

为了让买家对商品产生信任，并且升华到想拥有，我们需要用商品的卖点去打动买家。

卖点展示模板通常呈现商品的核心卖点。把商品的差异化优势，以及买家愿意为之买单的买点通过非常强烈的视觉呈现给买家，再用其他的小卖点来佐证买家比较关注的买点。使用这样的呈现方式，商品的卖点将会更有说服力，如图 2-122、图 2-113 所示。

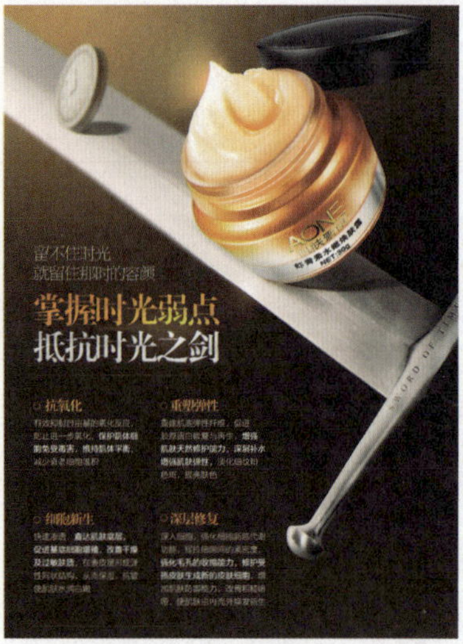
留不住时光
就留住那时的容颜
掌握时光弱点
抵抗时光之剑
抗氧化
重塑弹性
细胞新生
深层修复

图 2-122 用小卖点佐证买家关注的核心买点

创新革命
07
超强升级 全钢隔板厚度
纵出压顶 屹立不倒

图 2-123 通过震撼的视觉冲击力强化卖点

● 商品对比

买家在做购买决策时会货比三家，通常为了体现商品的品质和优点，会在宝贝详情页中做商品对比，以此强调商品的优势。在做商品对此时，要符合淘宝的规则，切莫在对比图中出现其他品牌及相关信息，避免出现纠纷。

商品对比模板分成 3 种类型：

第一种是竞品对比。单一长期的价格战是不健康的运营方式，而且市场上的商品甚至比我们的商品更便宜。基于这样的状态，需要给买家选择我们的理由。选择市场上比较流行的一个商品和我们的商品做对比，呈现竞争商品的缺点，同时展现我们商品的优点。

利用我们的优点去挑战对方的缺点，提升买家的购物欲望，帮助买家做决策，如图 2-124 所示。

优质镜头
劣质镜头
PK
X
六层全玻镜头，高透光度
成像更清晰，画面细节更完整
普通工业镜头，清晰度不够，镜头
有晃动等不稳定因素存在，视为不良品

图 2-124 竞品对比

第二种是真假对比。当商品的品牌溢价较高、客单价较高、品牌知名度较大时，市场上容易出现高仿商品，此时就有必要使用真假对比的方式，如图 2-125 所示。拿我们的商品和高仿商品的照片做对比，通过工艺、材质、外观、包装等方面的区别帮助买家鉴别商品的真伪，从而打消买家的购买顾虑，提升店铺的转化率。

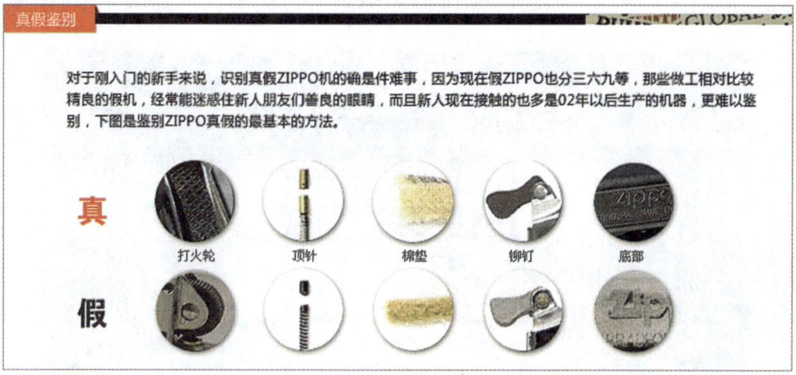
真假鉴别
对于刚入门的新手来说，识别真假ZIPPO机的确是件难事，因为现在假ZIPPO也分三六九等，那些做工相对比较精良的假机，经常能迷惑住新人朋友们善良的眼睛，而且新人现在接触的也多是02年以后生产的机器，更难以鉴别，下图是鉴别ZIPPO真假的最基本的方法。
真
打火轮
顶针
棉垫
铆钉
底部
假

图 2-125 商品的真假对比

第三种是同类商品对比。很多店铺里的同类商品价格相差较大，而买家也不知道如何选择。因此，需要在价格相对较高的商品中使用同类商品对比方式，给买家选择高单价商品的理由。同类型不同单价的商品做对比，同时呈现商品的卖点，单价较高的商品卖点会更多而且更好。

● 生产流程

买家在购买商品时难免会对商品抱有一些怀疑，而生产流程模块通过展示商品的加工过程，帮助买家了解商品，有效地打消买家的购买顾虑。此模块展示的生产流程是买家抱有顾虑的部分，无须对每个流程都做很仔细的讲解。对于追求工艺的商品，此模块的呈现就更加重要了。如图 2-126 所示，通过展示巧克力的生产过程，突出商品的卫生，打消买家的顾虑。

CHOLO
巧罗
高品质 轻手工
不让消费者替高成本费用买单
控制经营成本
专业的研发团队，省去大量代研发费用。
与进口原料商合作进行采购省去大量仓储费材料运输费
自有标准化实体工厂，大批量加工成产，更节约生产成本。
按照HACCP国际质量管控体系提高生产效率，降低成本。

图 2-126 巧克力的生产流程

● 资质证书

通过权威的资质证书来呈现商品的专业性，打消买家的购买顾虑，促进订单的成交。通常所说的资质证书包括海关报关单（如图 2-127 所示）、进货发票、质检报告、认证证书（如图 2-128 所示）等。对于集市店铺来说，营业执照、品牌授权书也可以作为资质证书来用（如图 2-129 所示）。

图 2-127 海关报关单

图 2-128 认证证书

图 2-129 品牌销售授权书

- 实力展示

对于未知的事物我们都会产生莫名的恐惧，从而影响判断。买家会更加信任有实力的企业，因此需要通过展示企业的实力，帮助买家做购买决策。企业实力一般体现在工厂规模、团队、办公环境、仓储、门店等上面。如图 2-130 所示，展现企业实力的照片有助于提升转化率，对于高单价的商品效果尤为明显。

BESTSELLER
来自北欧丹麦的时尚男装，掀起欧式风格男装浪潮
销售遍布全球19个国家
JACK JONES
2000
中国地区实体店近2000家
单日销售过亿品牌
专注设计和流行趋势，代表着都市精英一丝不苟的穿衣品味
拥有时尚商务、活力休闲两大风格，为多样人群打造不同型格

图 2-130 品牌方的实力展示

- 品牌文化

对于发展中的品牌来说，宣传品牌文化是一条必经之路。在宝贝详情页中适当地呈现品牌相关内容，例如品牌故事、品牌的成长历程、品牌的愿景、品牌的公益事业等，对和买家建立信任关系有帮助（如图 2-131 所示）。

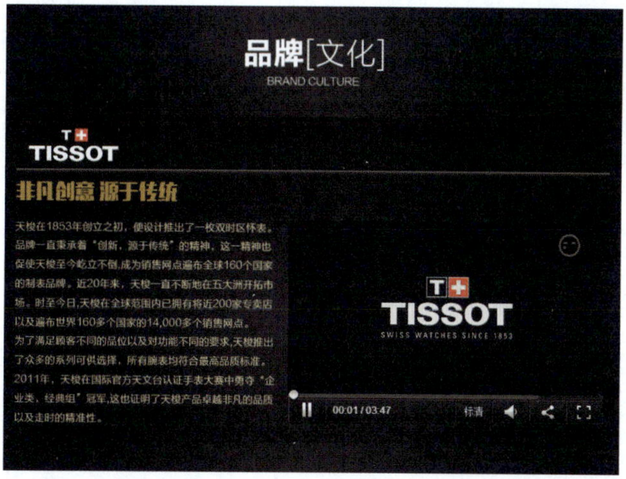
品牌[文化]
BRAND CULTURE
TISSOT
非凡创意 源于传统
天梭在1853年创立之初，便设计推出了一枚双时区怀表。品牌一直秉承着"创新，源于传统"的精神，这一精神也促使天梭至今屹立不倒，成为销售网点遍布全球160个国家的制表品牌。近20年来，天梭一直不断地在五大洲开拓市场。时至今日，天梭在全球范围内已拥有将近200家专卖店以及遍布世界160多个国家的14,000多个销售网点。
为了满足顾客不同的品位以及对功能不同的要求，天梭推出了众多的系列可供选择，所有腕表均符合最高品质标准。
2011年，天梭在国际官方天文台认证手表大赛中勇夺"企业类，经典组"冠军，这也证明了天梭产品卓越非凡的品质以及走时的精准性。
TISSOT
SWISS WATCHES SINCE 1853
00:01 / 03:47

图 2-131 详情页中的品牌文化呈现

- 承诺

为了打消买家的购物顾虑，通常我们会向买家作出一些承诺，如图 2-132 所示。

常见的承诺内容有：7 天无理由退换货、24 小时发货、假一赔三、正品保障等。商家也可以根据店铺的实际运营情况向买家作出承诺。但是切记，商人终归是诚信为主，不要轻易地作出做不到的承诺。作出承诺但又做不到引起买家投诉，按照规则将要接受淘宝的处罚，因为违背了自己的承诺。在作出承诺时，如果有前提条件的一定要和买家说明，避免未来发生售后纠纷。

● 包装展示

买家选择商品时不仅考虑商品本身的功能、性价比，还会考虑商品的包装。精美的包装有助于呈现商品的价值，对转化买家有非常重要的作用。

包装展示模块通常展示 3 种包装：

第一种是商品的外包装。通过商品的外包装把商品的价值呈现得更加到位，如图 2-133 所示。

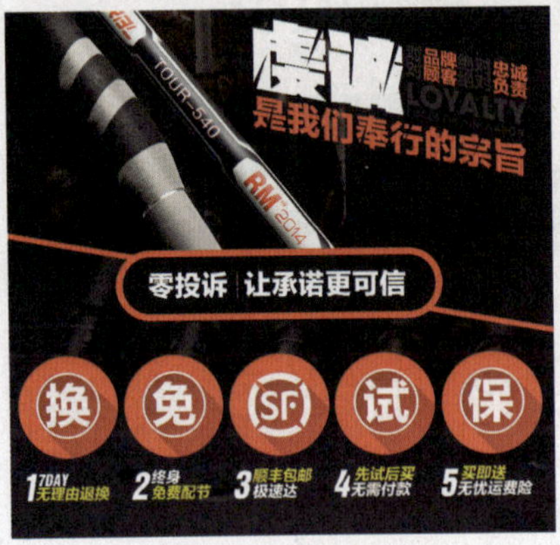

图 2-132 商家给出的承诺

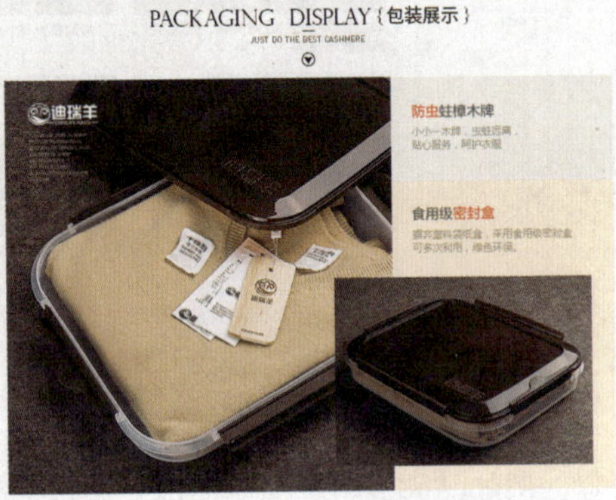

图 2-133 精美的商品外包装

第二种是物流的外包装。对于易碎的、液体的、不防震的物品，物流外包装显得尤为重要。买家购买这类商品时会有物流问题上的顾虑。如图 2-134 所示，商家可以呈现结实的物流外包装，打消买家的物流运输顾虑。

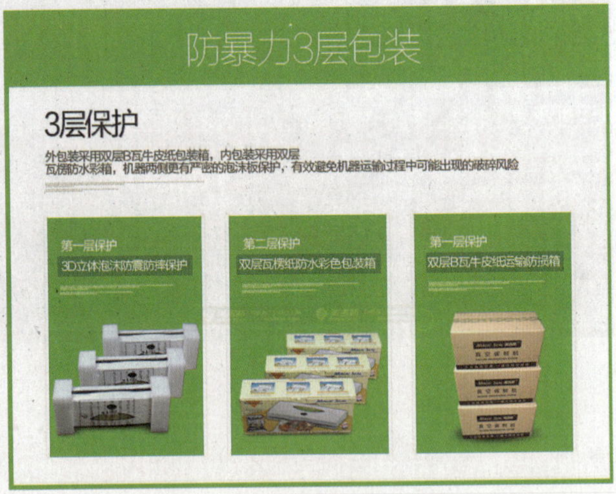

图 2-134 商品的物流外包装

第三种是商品的礼盒包装。送礼讲究面子，而高档的礼盒包装恰恰满足了买家这种心理需求。如图 2-135 所示，假如我们的商品适合送礼，建议搭配上比较高档的礼盒包装。

图 2-135 商品的礼盒包装

这三种精美包装的呈现将会大幅提升商品的价值，有效地提升买家对商品的信任度，提升买家的购买欲望，是宝贝详情页中比较重要的模块之一。

如图 2-136 所示，我们还可以展示用户体验包。用户体验包的作用是让买家享受更贴心的服务和更多的惊喜。通常用户体验包含有：感谢信、售后卡、赠品、手提袋、配件等，具体根据商家的实际情况做搭配。

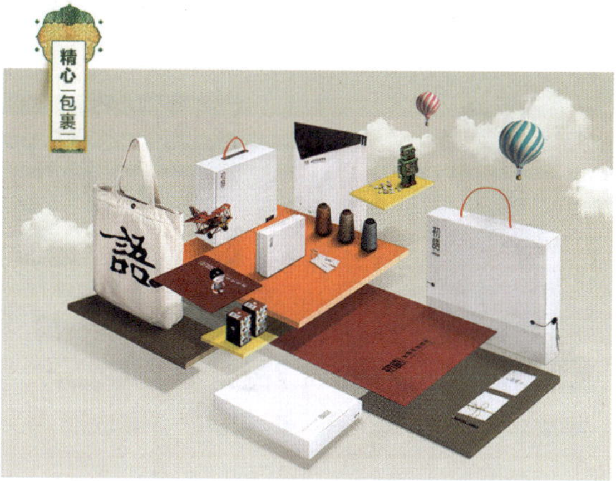

图 2-136 用户体验包

● Q&A 问答

Q&A 问答是指以问答的方式解决买家的疑问。通常从客服最近 1 ～ 3 个月的聊天记录中获取经常要回答的问题，并给出正确的答案，以一个问题一个答案的方式呈现给买家，如图 2-137 所示。

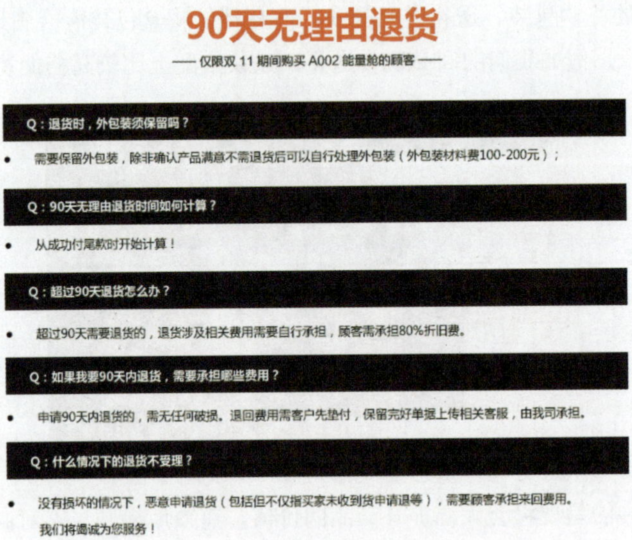
90天无理由退货
—— 仅限双 11 期间购买 A002 能量舱的顾客 ——
Q：退货时，外包装须保留吗？
需要保留外包装，除非确认产品满意不需退货后可以自行处理外包装（外包装材料费100-200元）；
Q：90天无理由退货时间如何计算？
从成功付尾款时开始计算！
Q：超过90天退货怎么办？
超过90天需要退货的，退货涉及相关费用需要自行承担，顾客需承担80%折旧费。
Q：如果我要90天内退货，需要承担哪些费用？
申请90天内退货的，需无任何破损。退回费用需客户先垫付，保留完好单据上传相关客服，由我司承担。
Q：什么情况下的退货不受理？
没有损坏的情况下，恶意申请退货（包括但不仅指买家未收到货申请退等），需要顾客承担来回费用。
我们将竭诚为您服务！

图 2-137 详情页中常见的 Q&A 问答内容

Q&A 问答模块可以有效地减轻客户的压力，提升静默下单率，让客服有更多的时间去和买家交流转化订单。

● 关联销售

关联销售模块是提升客单价的重要方式，通过关联相关商品可以有效地降低跳失率，提升客单价，如图 2-138 所示。

男户外加毛鞋
¥155.0
情侣款跑步鞋
¥88.0
男防滑耐磨户外鞋 特惠价:95.00 GO
女子轻便跑鞋 特惠价:69.00 GO
男子复古慢跑鞋 特惠价:189.00 GO
女防滑耐磨户外鞋 特惠价:149.00 GO
女子高帮加毛鞋 特惠价:145.00 GO
女子耐磨徒步鞋 特惠价:99.00 GO
男子气垫跑鞋 特惠价:149.00 GO
男子耐磨徒步鞋 特惠价:155.00 GO

图 2-138 详情页中比较常见的关联销售

在做关联销售时，要注意两点：

第一点是选择合理的关联销售呈现位置。在通常情况下，在跳失率高的商品详情页顶部放置关联销售，在详情页中间则放置相搭配的、辅助的商品做关联；在转化率高的商品详情页底部放置关联销售。关联销售具体放在哪个位置要看运营策略和规划，流量大小及特征改变了，也应该改变关联销售呈现的位置。

第二点是选择合适的商品做关联销售。可以做关联销售的商品常为4大类：第一类是活动商品，以活动引导买家点击并且成交；第二类是相搭配和辅助的商品，买家容易产生潜在的需求购买；第三类是同等价位的不同款式的相似商品；第四类是店铺主推的商品，根据运营的需要让主推商品有更高的曝光度。

美工在制作关联销售模板时，要注意尽量不要把关联销售商品设置到宝贝详情页模板里。假如设置到宝贝详情页的模板里面，那么所有使用此模板的宝贝的关联销售商品会完全一样。而事实上客户在选择不同商品时的需求是不一样的，呈现同样的关联销售商品对提升客单价的帮助并不大。例如，卖手机的店铺既销售老人手机也销售智能手机，而所有的手机商品使用的模板都是同一个，如果在模板里面设置关联智能手机的相关配件，购买老人手机的买家对这些配件的需求度是非常低的，就不容易产生点击购买行为，对提升客单价的帮助非常小。

除了上面所介绍的模块，还有一些不是非常通用的相关模块，例如好评如潮（见图2-139）、尺寸对照表、使用说明（见图2-140）、真人试用（见图2-141）、买家秀等，商家可以根据所属的行业和产品选择是否使用。美工在设计模块时一定要从买家的角度去思考，这样才可以创造出优秀的用户体验，达到更好的营销效果。

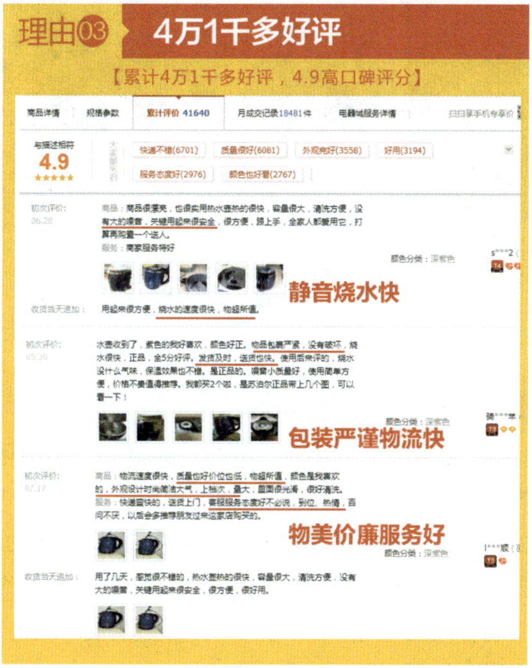

图2-139 好评如潮

皮草保养知识 MAINTENANCE KNOWLEDGE
拥有一件皮草是无数时尚人士的梦想，在时尚快速发展的今天，经典款式皮草的渐减且
日益珍贵，所以如果您已拥有的话，更需要小心保养，若保养得宜，一件可以穿上数十载，亦非常尤其价值。
防湿热
皮革的大敌是阳光是湿气，所以在放置皮草时，要避免阳光直射及闷热潮湿的地方，最好能保持室温15度，或放置防潮管。
正确的挂皮草
应用有垫肩的衣架来挂皮草，不要用钢丝衣架，以免皮草破损或变形。
呼吸良好
人要呼吸，皮草也一样，在储存皮草时，要确保透气性高，不要用塑料袋，有需要时可以用宽大的布衣袋套着皮草，隔开灰尘。
避开化学品
穿着皮草时尽量不要喷香水或者发胶，因为这些产品的化学物质含有酒精成分，会使皮草变干。
意外处理
如果不小心弄湿皮草，不要意图用吹风机吹干，因为皮草不能遇热，只需将湿了的皮草挂在干爽的地方，让它自然风干就可以了。

图 2-140 使用保养说明

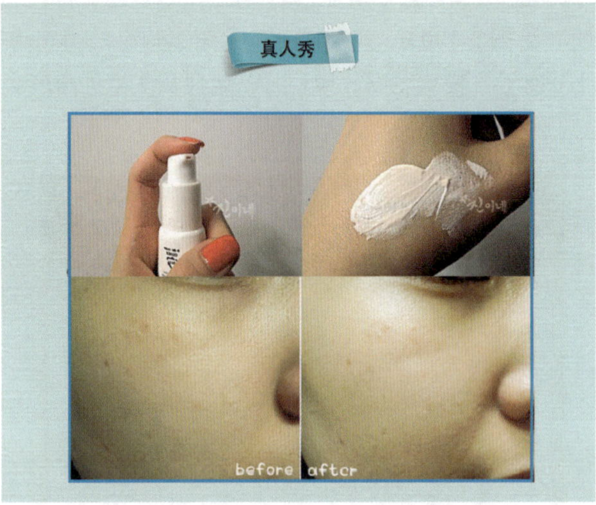
真人秀
before
after

图 2-141 真人秀

（2）详情页模块设置（页面内跳转导航模块）

上面所介绍的模块，指的是拆分宝贝详情页所得到的模块，在实际发布宝贝详情页时，并不要独立地去呈现每一个模块。

这里所讲的模块设置指的是详情页分成多个模块去发布。如图 2-142 所示，这些模块名称会以页面内跳转按钮的方式呈现在详情页顶部。在设置详情页模块名称时，要充分考虑客户群的需求，模块名称通常是买家需要了解的产品内容（例如商品展示、细节展示、我们的优势等），不能按照商家的主观意愿随意地设置模块名称。

图 2-142 页面内跳转导航

3. 详情页模块的逻辑排序

产品详情页的内容通常以模块方式呈现给买家，对于这么多的模块和内容，如果模块之间没有正确的逻辑顺序，商品的转化率就会偏低。

（1）产品说明逻辑

详情页也可以说是产品的说明书，在呈现产品的相关信息时要有主次，要遵循一定的逻辑顺序。

主要有两个重点：

- 第一，要以用户为中心来做产品说明。买家想从产品中得到什么？产品能满足买家什么需求？用户需求是客观存在的，不是被创造出来的。
- 第二，功能规格。为什么我们的产品能满足买家的需求？

（2）故事引入逻辑

通过讲述一个故事，吸引买家逗留阅读。

在讲述故事的过程中，把卖点、使用场景等和商品相关的各种营销内容植入到故事中，让买家在不知不觉中认同我们的商品，最终转化到对商品的需求上面。

（3）购物心理逻辑

AIDMA 法则（即“爱德玛”法则）是由美国广告人 E.S. 刘易斯提出的具有代表性的消费心理模式，它总结了消费者在购买商品前的心理过程。消费者先是注意商品及其广告，然后对商品感兴趣，并产生一种需求，最后是记忆及采取购买行动。AIDMA 法则的含义是“Attention（注意）—Interest（兴趣）—Desire（消费欲望）—Memory（记忆）—Action（行动）”，简称为 AIDMA。类似的用法还有去掉 Memory（记忆）一词的 AIDA，增加了 Conviction（相信）一词，简称为 AIDCA。AIDMA 法则也可作为广告文案写作的方式。

A：Attention（引起注意）——花哨的名片、提包上绣着广告词等被经常采用的引起注意的方法。

I：Interest（引发兴趣）——一般使用的方法是精制彩色目录、有关商品的新闻剪报加以剪贴。

D：Desire（唤起欲望）——比如，推销茶叶的要随时准备茶具，给顾客沏上一杯香气扑鼻的浓茶，顾客一品茶香体会茶的美味，就会产生购买欲望；推销房子的，要带顾客参观房子；在餐馆的入口处要陈列色、香、味俱全的精制样品，让顾客倍感商品的魅力，唤起其购买欲望。

M：Memory（留下记忆）——一位成功的推销员说："每次我在宣传自己公司的产品时，总是拿着别人公司的产品目录，一一加以详细比较说明。因为如果总是说自己的产品有多好，顾客对你不相信，反而想多了解一下其他公司的产品；而如果你先提出其他公司的产品，顾客反而会认定你的产品。"

A：Action（购买行动）——从引起注意到付诸购买行动的整个销售过程，推销员必须始终信心十足。过分自信也会引起顾客的反感，以为你在说大话、吹牛皮，从而不信任你的话。

在营销行业和广告行业，AIDMA 法则经常被用来解释消费心理过程。

营销行业的人员运用 AIDMA 法则，是为了准确地了解消费者的心理和行为，制订有效的营销策略，提高成交率。

广告行业的人员运用 AIDMA 法则是为了创作实效的广告。简单地说，实效的广告就是可以促进销售的广告，它对销售增长是有效的。

创作实效的广告，对消费者的心理历程和消费决策，将产生影响力和诱导的作用，也就是在"引起注意—引发兴趣—唤起欲望—留下记忆—购买行动"五个环节，实效广告的信息会一直影响消费者的思考和行为。

因此，在创作广告时，不是单纯地在进行一种设计艺术的创作，而是一种为了实现商业目标的创作。按照 AIDMA 法则，思考自己创作的广告，是不是在这五个环节能走到最后，还能发挥影响力，抑或是只做到了让消费者引起注意，但不能让消费者产生兴趣。如果在第二个环节就对消费者没有任何影响力，那么广告可以说是无效的。

购物心理指的是买家在购物过程中的内心活动，它对买家的购买行为起关键性作用。那么，买家的购物过程是怎样的呢？

第 1 步：产生第一眼印象，思考是否喜欢这个商品。买家会关注商品的整体展示。

第 2 步：仔细端详商品质量。买家会关注商品的细节、功能、品牌等内容。

第 3 步：思考商品的适合问题。买家会关注商品的功能、规格等内容。

第 4 步：观察商品与描述是否相符。买家会关注商品的销量、评论等内容。

第 5 步：是否可以享受优惠。买家会关注店铺促销活动信息。

基于买家的购物过程，我们做出有针对性的引导。首先是引起买家注意，其次是提升买家对商品的兴趣，和买家建立信任关系，消除买家的购物顾虑，最后是促进成交。

买家在购物过程中，心理变化是从感性到理性再到感性的一个过程。买家的心理处于不同阶段时，需要使用相对应的内容去提升买家的购买欲望。例如，当买家呈现感性心态时，用情感类的营销以及活动促销、品牌宣传等方式去强化买家的购买欲望；当买家的心态为理性消费时，通过商品卖点的呈现、商家承诺等方式去强化买家的购买欲望。每个模块的作用是不一样的，在引导思路中添加对应的模块，把握消费心理做针对性营销。

- 引发注意：活动信息、商品展示、商品优势、买家痛点、情感营销等。
- 提升兴趣：基本信息、卖点呈现、细节展示等。
- 建立信任：品质呈现、商家承诺、客户评价、资质证书等。
- 消除顾虑：对比模块、生产流程、品牌文化、物流安全等。
- 促进成交：营造紧迫感、活动信息、情感营销等。

这就是基于买家的心理变化对模块做的逻辑排序。

4. 文案视觉化呈现

（1）卖点的创意呈现

在展示商品卖点时，富有创意的呈现会让买家记忆深刻。

如图 2-143 所示，商家在呈现袜裤的防勾丝卖点时，巧妙地使用了一只淘气的宠物猫。猫爪勾袜裤的场景让人好笑又好气，看过之后对袜裤的防勾丝卖点也是十分赞扬的。

图 2-143 产品卖点的创意呈现

（2）整体视觉把控

详情页是店铺视觉的一部分，因此在做详情页时，要考虑和店铺的视觉风格保持统一。

2.2.4 特别注意事项

1. 图片大小

为了保证买家可以快速地打开宝贝详情页，需要对设计好的详情页做切片，并且在不损失图片色彩的情况下，单张图片容量的大小尽可能控制在 300KB 以内。

2. 页面长度

宝贝详情页的长度过长，买家关注的信息就会被分散。而且买家的耐心也会随着时间的推移慢慢丧失，很容易形成跳失。

建议大家把宝贝详情页的长度控制在 25 屏左右，并且重要的信息尽可能靠前。

3. 关联销售的测试

关联销售商品的选择不是一次性就能做到位的，商家需要对关联销售商品做测试，通过数据来判断关联效果。

使用数据工具“生意参谋”中的“热力图”来测试关联商品，经过一段周期（通常为 1 周）的测试，替换点击率低的关联商品，再进行第二轮测试，直到关联商品的点击率都比较稳定。

2.2.5 附录

常规详情页的排版逻辑草图，如图 2-144 所示。

排序	考虑购物心理变化	运用爱德玛法则排序	模块设置		模块内容（描述到场景）	模块作用	模块高度(像素)
			跳转导航模块	包含的子模块			
1	感性	引起注意					
2							
3							
4							
5		引发兴趣					
6							
7	理性						
8							
9		提升欲望					
10							
11							
12							
13		强化记忆					
14							
15	感性						
16							
17		促使行动					
18							
19							
20							

图 2-144 常规详情页的排版逻辑草图

2.3 专题页设计

2.3.1 专题页的作用

专题页在店铺中起着非常重要的作用，因为它信息量齐全，展示商品灵活、方便，而且用户体验也非常好。专题页可以分成很多种类型，例如事件型、说明型、主题型、产品型、季节型、节日型等。不论哪种类型，都有其独特的作用，凡是能被顾客关注的，都会成为一个能吸引人的主题，针对这个主题去做发散思维，并要关注同行的页面设计效果，从而挖掘到顾客的实际需求，同时达到满足自己店铺商品的营销目的。

1．案例分析

当店铺想着各种不同的新花招来吸引更多的顾客时，自然就要用到不同的手法来设计不同的页面效果，让顾客有参与感，同时让顾客感觉很划算，且机会难得。为了能让顾客更加了解店铺实际的品牌背景，会添加品牌故事说明页面；为了让顾客购物无忧，会添加购物说明页面；为了让顾客了解如何使用产品，会添加产品使用说明页面。总之，一切从顾客的需求出发，从而达到销售的目的。专题页案例如图 2-145 所示。

图 2-145 专题页案例

2．提升顾客黏度

在线下的各大商场或超市中都能办理会员卡，那是为了让顾客频繁地光顾店铺，或者用积分兑换小礼品的方法来促使顾客消费。这种营销手法照样可以在线上使用，凡是在店铺中消费的顾客，都可以成为VIP顾客，用消费金额的高低来衡量积分的高低，从而决定VIP等级的高低。VIP等级越高，享受福利越大，并用积分累计的方式促进顾客加大购买力，增长购买金额，提高购买频率。VIP页面中的各种利益和特权的诱惑，就是用来拴住老顾客的手法。

VIP页面设计要让顾客有自我存在感，感觉这是一个大家庭，顾客是其中的一分子，页面设计逻辑清晰明了，更能体现出顾客的优越感，把顾客的优势和福利体现出来，最好用喜庆的、对比度强的色彩。如图2-146所示是新人礼VIP页面。页面中用红色背景传递喜庆感，黄色代表金币辉煌，也象征着财富，红黄搭配是中国人最喜欢的喜庆颜色之一，这里对新人的福利是80元优惠券礼包，一个相对比较诱人的金钱数字，而且设计了“注册领券”红色按钮，在黄色区域特别醒目，属于视觉行为引导，起到提醒顾客立即点击的作用。页面中使用简单、易操作的方法，告诉顾客操作流程，用阿拉伯数字的方式引导顾客按指定的顺序浏览，促使顾客成为领券的新人，来增加消费黏度。当顾客成为店铺的会员后，在购买同等价格的商品时，比非会员的价格优惠更多，自然增加了顾客回购率，提升了顾客对店铺的黏度。

图2-146 新人礼VIP页面

3．提升店铺转化率

随着时代潮流的变化、季节的变化和人们喜好的变化，店铺中的商品也在不断地变化，为了寻找人们的需求，从而会增加很多新鲜商品。为了让这些新鲜商品博得更多顾客的关注，在店铺中设计成定期上新的页面。由于上新页面中都是一些新鲜商品，销量几乎为零，或者只有很低的销量，担心顾客有从众心理，没有下单的商品未必是好商品，所以要促使那些喜欢新鲜款式的人群马上购买，就需要用营销手段来提升购买率，用名额有限的免单抢购法来吸引顾客关注，或用阶梯价格购买法来促使提升购买率，也叫提升转化率。

在定期上新的页面设计中，一定要传达明确的日期信息，促使顾客珍惜购买时间，也是对店铺新品提前预热的方法之一。页面中要突出上新的优惠力度，同时搭配着店铺优惠券同步使用，提升单品转化率。上新页面如图 2-147 所示。

图 2-147 上新页面

套餐活动页面是利用活动价格的优势，吸引想占便宜的顾客，促使其购买多件。在可以多件购买时价格一定要低于原价，让顾客感觉赚到了、很划算来促其购买，提升店铺转化率。超值套餐页面如图 2-148 所示。

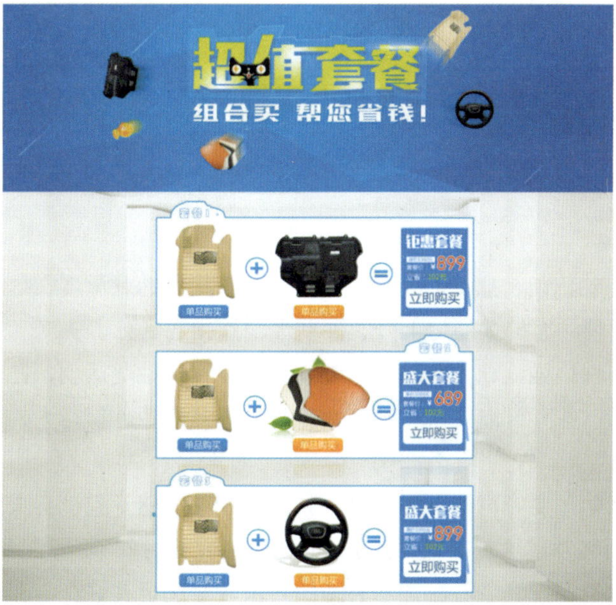

图 2-148 超值套餐页面

4. 降低店铺跳失率

正常经营的店铺，每天都会有全新顾客群体光临，为了满足这些顾客，并且让其发现有惊喜，店铺自然要经常做一些折扣活动，让顾客感觉到机会难得，从而引导顾客抓紧购买。例如店铺周年庆活动、各大节日活动，都是利用短暂的时间激发顾客潜在的购买需求。每年只有这一次机会能得到100元的优惠，并且数量有限，送完为止，顾客都有侥幸心理，尝试着点击“点击领取”按钮，得到100元优惠券，再将这个优惠券想办法使用出去，兑换成商品是顾客的目的，而经营店铺的目的是提升转化率，同时降低店铺跳失率。周年庆页面如图2-149所示。

图2-149 周年庆页面

2.3.2 专题页的设计思路

1. 活动页面

活动页面的主题要新颖、独特，并且在视觉上要有很强的刺激度，这样才能吸引买家的注意力、产生兴趣，促使顾客的关注度上升、冲动性消费指数上升。

活动页面的参与性很强，让顾客很容易参与其中，例如抽奖活动，在轻松拿到奖品的同时浏览了店铺其他商品，并有可能同时产生消费行为，提升消费欲望行为，达到销售目的。预售活动页面如图2-150所示。

设计策划活动页面，要考虑活动的气氛、氛围，让顾客感觉到机会来之不易，并且要有轰轰烈烈的场面，让顾客发现这是众人的选择，也是正确的选择。要考虑到愿意凑热闹的顾客，促使其参与其中，对于抱有好奇心或侥幸心理的人群，要满足其好奇心和幸运感，让他们得到奖品或优惠才是更有效的营销策略。

图 2-150 预售活动页面

正常店铺活动页面设计的折扣力度很大，只有大于店铺常规折扣，才更具有吸引人的效果。在设计折扣的视觉传达信息时，考虑将数字放大化，产生更强的视觉冲击力。另外，要体现出热销盛况，或者说把销量摆在眼前，同时可以制造紧张气氛，例如使用数量有限，送完为止，限时折扣等表现手法。抽奖活动页面如图 2-151 所示。

图 2-151 抽奖活动页面

2. VIP 页面

在 VIP 页面设计中应考虑 VIP 会员的优越性，体现出尊贵身份象征着对顾客的尊重，通常根据顾客在店铺中消费的金额、次数或者累计积分，把会员分成不同的等级，例如黄金会员、铂金会员、钻石会员等级别。所以在做页面设计时，划分不同的会员等级，通过视觉让顾客知道不同等级的会员，享受不同的优惠标准。会员页面如图 2-152 所示。

图 2-152 会员页面 1

在页面中为了激励老顾客消费，要降低价格或者加大折扣力度，比新顾客享受更多的特权优惠，体现出等级身份的尊贵性。另外，对阶梯式积分要策划缜密，既让顾客感觉到很容易上升一个会员级别，享受诱惑的免费礼品，又创下了新的消费记录。会员页面如图 2-153 所示。

老带新会员制度，可以理解成淘宝客的营销思路，在页面中多多展示老带新有福利。例如，利用大大的福袋体现出诱惑性，或者利用礼品图片及其他方式，促使老顾客带新顾客，从而扩大店铺的消费群体。

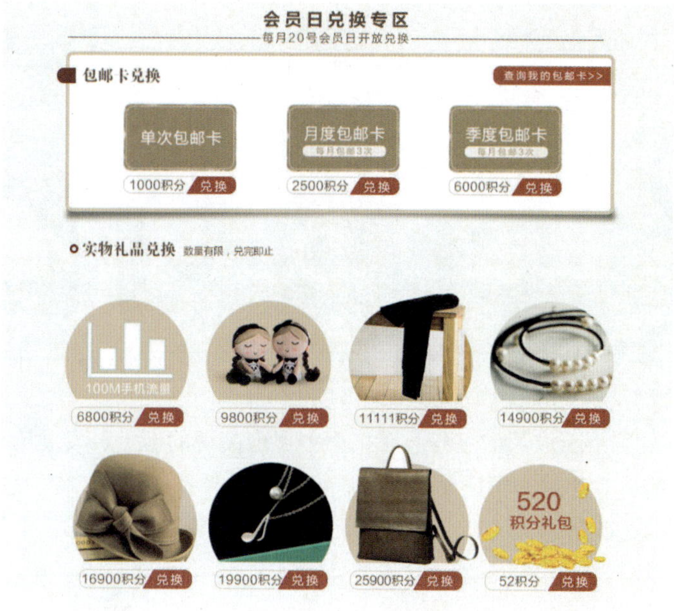

图 2-153 会员页面 2

3. 品牌文化页面

品牌文化页面最常用的四大模块是：品牌背书、品牌价值、品牌发展、品牌愿景。

以一种明示或者暗示的方式对原先品牌的消费承诺作出再一次的确认和肯定，从而提升顾客对店铺的信任度，提升店铺转化率。这种品牌营销策略，称为品牌背书，页面如图 2-154 所示。

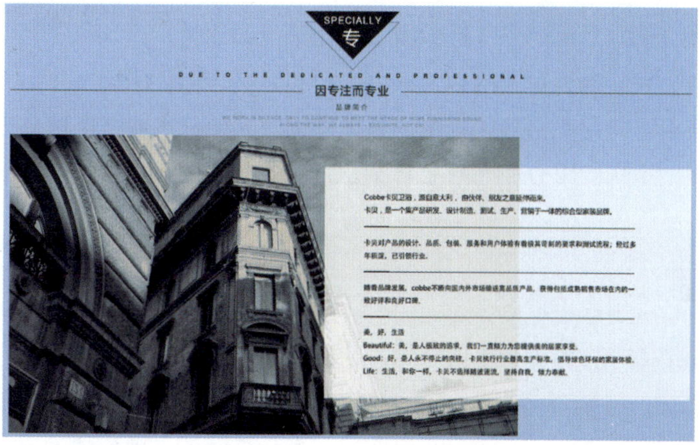

图 2-154 品牌背书页面

品牌价值是品牌管理要素中最核心的部分，也是品牌区别于同类竞争品牌的重要标志，是提升商品溢价空间的核心要素，让顾客认为值得购买。品牌价值页面如图 2-155 所示。

图 2-155 品牌价值页面

品牌发展是指品牌不断成长的过程。在页面中展现品牌的诞生、发展历史，以及一路走来的大事件、公司荣誉等，都是为了证明某品牌、某公司的严谨正规性，促使顾客放心购买商品。品牌发展页面如图 2-156 所示。

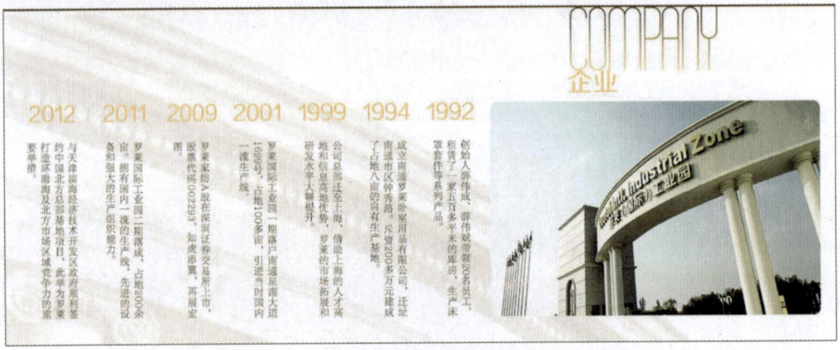

图 2-156 品牌发展页面

品牌愿景是指一个品牌为自己确定的未来蓝图和终极目标，明确地告知人们品牌今天代表什么、明天代表什么，其主要由品牌蓝图、品牌范围、品牌价值观三个部分组成。通过这样的设计页面，让顾客知道我们用心做好产品、做好服务，促使顾客相信我们的承诺、相信我们的产品，放心购买有品牌的商品。品牌愿景页面如图 2-157 所示。

4. 售后服务页面

售后服务页面给人一种温馨提示的感觉，让顾客不经意间知道购物无忧，同时要让顾客相信我们的服务与承诺，给顾客带来安全感。无忧售后，在解释说明页面上用强而有力的文案，让顾客知道如果买错了商品，或者对已买下的商品不满意时，店铺都会全力、热情地解决售后问题，无论是退货退款还是换货，都会让顾客满意。在该页面中一定要展示退换货流程图，以便让顾客明确退货与换货的操作方法。有些店铺有一定的实力，会在全国各地设定服务网点，帮助顾客了解其强大实力，并建议顾客实地考察服务网点，从而证明其服务能力和服务范围。售后服务页面如图 2-158 所示。

SAVE the BLUE
雪肌精，让地球之美永续
你与地球，共生之美。
KOSÉ
SAVE the BLUE
SAVE the BLUE 雪肌精，让地球之美永续
2009年，雪肌精参与日本KOSÉ发起的SAVE the BLUE守护蓝色地球的公益活动。
这项由KOSÉ所长期资助、推行的环保活动，倾注了KOSÉ对然环境的厚爱和珍惜，影响整个亚洲。
雪肌精特别推出SAVE the BLUE限量款，以蓝色海洋生物作为设计灵丹，旨在让纯净的生态之美永续，后世的人类依然能畅享蓝色生命力。

图 2-157 品牌愿景页面

SOUL
心
HEART STAR SERVICE
用心，才是星级服务
你知道吗?
something
Cobbe 致力于提供高品质卫浴五金产品，传递一种追求美好生活的理念
用心，才是星级服务
无忧退换货
7天无理由退换货
五年质保
承诺5年质保/品牌售后
闪电发货
72小时内发货/重效率/更重质量
承诺100%
承诺5年质保 保障升级
星级售后 购物无忧

图 2-158 售后服务页面

5. EDM 页面设计

（1）邮件主题

发送邮件的目的有很多种，主要可分为 4 类。

- 活动类 EDM：如“双十一”大促预告、品牌团通知、团购通知、互动活动等。
- 产品类 EDM：如新品推荐、热卖款推荐、关联推荐、商品专题、商品咨询等。
- 关怀类 EDM：如节日邮件贺卡、客户回馈、感谢信、产品使用指导、物流信息等。
- 调研类 EDM：如客户满意度调研、客户信息收集、产品需求调研等。

（2）图片大小

- 宽度：一般宽度为 600~750 像素，控制在 750 像素以下，比较容易在邮箱中顺利打开。
- 高度：根据邮件内容来定，但是以 2.5~3 屏为最佳，不建议做得太长。
- 大小：邮件正文的 HTML 文件大小（不包含图片）尽量控制在 20KB 以内，内含图片的邮件包含图片在内，文件大小应控制在 500KB 以内，过大的邮件打开过慢，甚至无法打开。
- 无线端：无线端呈现页面时，由于屏幕的大小会影响页面的视觉效果，以免文字和图片不清晰，导致视觉阅读障碍，中文字号建议大于等于 30 号，英文和阿拉伯数字字号建议大于等于 20 号。

（3）关于字体

在邮件版面制作中，文字占有面积一定要小于图片占有面积，通常文字与图片的占比为 1 ∶ 3。假如没有文字而全是图片，则会被误认为这是一封不正常的邮件。尽量使用系统文字，使用中文系统字体时，最小字体尺寸应该大于或等于 12 像素，并且使用系统默认的宋体或者黑体，避免使用其他中文字体。

（4）敏感关键词

在邮件内容中避免出现敏感关键词（如果一定需要，请把敏感文字设计在图片里）。

常见的中文关键词有：企业邮箱、礼品、免费、大奖、奖品、中奖、优惠、特价、低价、便宜、廉价、视频、赚钱、群发、发财、致富、代开、薪水、交友、支付、商机、法宝、宝典、秘密、情报、机密、保密、绝密、神秘、秘诀等。

以上 4 点都是在做 EDM 页面设计时要注意的内容。EDM 页面设计如图 2-159 所示，为每年的大促活动（“双十一”全球狂欢节）做活动前的准备工作。

图 2-159 EDM 页面设计

2.3.3 专题页的设计执行

1. 活动页面的营销

店铺内活动页面的营销方式有很多种，例如产品营销的聚划算活动页面设计，就要突出聚划算的主题，文字、价格的颜色设计非常突出，如图 2-160 所示。

左图中，使用金黄色的超大文字来强调聚划算活动与实际时间的紧迫感，买就送、超值优惠券、收藏有好礼等诱惑信息，都是用来突出聚划算活动的利益所在，更多地诱惑顾客购买。

图 2-160 聚划算

右图中，“全场 89 元起”，使用红色超大文字来提醒顾客，同时强调活动时间，并且有加入购物车的按钮，提醒顾客点击加入购物车，为活动做好预热准备工作。另外，领优惠券，再有好礼相赠，都是用红色的矩形和粗大的阿拉伯数字来表达视觉的冲击性；用一把价值 219 元的雨伞，诱惑顾客单笔实付 399 元，就可以免费拿到这把雨伞。

说起店铺营销的大活动时，一定要提到“双十一”活动，近两年来，线上的光棍节和线下的光棍节已经同步了，各大商场也在做用支付宝付款的奖励活动，线上的预热活动变得日益激烈起来，所以在店铺的活动页面中一定要体现出活动的气氛，增加紧张和狂热的效果。如图 2-161 所示这“双十一”大促页面。用暗红色的背景来增加视觉冲击力，一枚大红色的火箭炮弹发射后，带出“双 11 来了”白色的文字，并且倾斜 45°。这是第一主题，在视觉上用一个向上的冲击力来突出主题。第二主题是针对想占便宜的顾客，用大大的黄色 68 元来吸引顾客的注意力，同时利用 4 个小红包来展示运费险、买一送六、包邮送货、收藏立减。在该页面中，除了主推商品之外，第三主题是“一年苦等这一回”传达给顾客机会难得，右下角展示的是活动当天卖出的台数，用阿拉伯数字来激发顾客对购买人群的认知度，从而相信该店铺的商品是热卖商品。

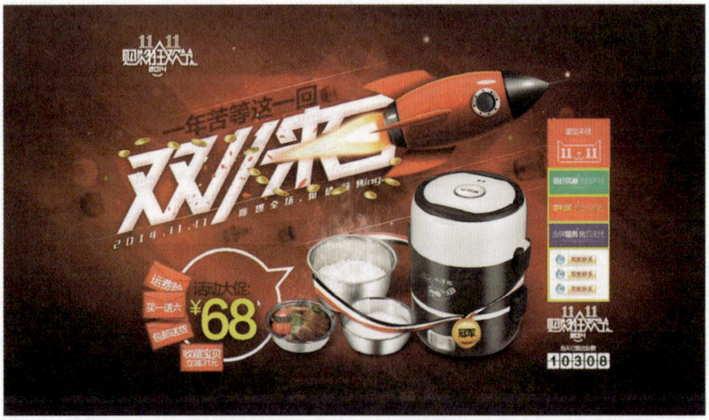

图 2-161 “双十一”大促页面

活动营销主题要明确且突出，如图2-162所示是利用母亲节作为活动主题，“献给最美的妈妈”这样大大的标题文字非常明确。背景是窗外明亮色，为了使背景画面的明暗对比度不强，而文字识别性较强，所以用最深的颜色来突出显示，这是一级主标题。下方有一行“献给母亲节，全场低至6.9元”，行文字比一级标题的字号小了很多，这是二级标题，也叫作副标题。主标题与副标题的字体都比较圆滑，适合女性浏览，跟店铺营销人群方向一致。有条不紊的画面中还有像邮票一样形状的红色优惠券，引导顾客领取且使用。

图2-162 母亲节大促页面

2. 活动页面的用户体验

在设计活动页面时，要注意用户体验，方便顾客浏览页面需求，从上到下的视觉呼应，以及色彩与文字都有很强烈的对比性。如图2-163所示，在页面上方设计了大大的文字“马上有奖”并展示了各种奖品的样貌，这都是为了吸引顾客参与。在页面下方有转盘抽奖，并在右侧排列出中奖名单，让顾客增强信任感，并加深了诱惑力度，促使顾客有马上参与的冲动，增加用户体验乐趣。

在页面中人性化设计了按钮选项，“登录”和“注册”按钮用来提醒顾客立即参与，尽快拿到奖品，有了这样的按钮，顾客很容易找到入口方便点击操作，增加了参与的可能性。另外，在页面下方还用红色做底，用黄色金币加钱袋子进行引导，突出“开始抽奖”红色按钮，增强顾客的参与感和乐趣性。可见，提升用户体检非常重要。

3. 活动页面的布局

活动页面的布局非常重要，直接影响到店铺中活动商品的曝光率，它涉及商品展示位置、款式、价格等方面。

活动商品的分类布局应该清晰，按照从上往下浏览的顺序，应该有主题海报、主推款、销量高的爆款，不同款式的分布区域决定了页面设计长度。如图 2-164 所示为主题海报。这是聚划算专题页面，通过红色的优惠券来衔接下面的商品分类及主推款商品页面，如图 2-165 所示。

图 2-163 马上有奖页面

图 2-164 主题海报

图 2-165 主推款商品页面

活动商品款式布局，如图 2-166 所示。当时季节是夏天，短袖上衣和短裤都是热卖商品，所以上面一排都是上衣，下面一排都是短裤，这样视觉清爽便于顾客选择商品，更能体现出商品的穿着搭配视觉效果。此页面中一排有四件商品，这是整个页面展示商品较多时使用的布局，如果商品不多则可以采用一排摆放两件或者三件商品的布局。这样可以保持整体活动页面的长度，不能过长，以免顾客失去耐心导致跳失。

图 2-166 款式布局

商品价格区间布局，如图 2-167 所示。秒杀活动特殊设计几款 9 元价格的商品，作为“秒杀专区”来诱惑顾客准时开抢，在同一页面下方依次排放“五折包邮专区”价格有所提升的热销商品，以及“高价位专区”促进顾客购买商品。利用递增商品价格区域，可以根据顾客的消费水平进行划分，选择不同价位的商品非常明确自己的位置。这样更加有利于顾客下单购买，提升购买率。

图 2-167 商品价格区间布局

综上所述，对于专题页面的设计执行，无论什么样的活动主题，都要考虑整体页面的视觉营销效果，给顾客带来很好的用户体验，更要注意商品在页面中呈现时的布局是否合理。

4. 其他页面的设计执行

无线端专题页如图 2-168 所示，其中，左图是用 10 万红包和开始抽奖作为诱惑，让顾客打开页面有点击的冲动；中图是聚划算活动页面，用新品首发且 199 元创新低价的营销主题，刺激顾客的眼球；右图是淘抢购活动页面，用最炫丽的红黄色经典搭配来突出活动主题。这三个页面的共同特点都是画面狭窄，但文字清晰可见，活动气氛浓烈，主题突出醒目，色彩对比度强，能抓住人的眼球。

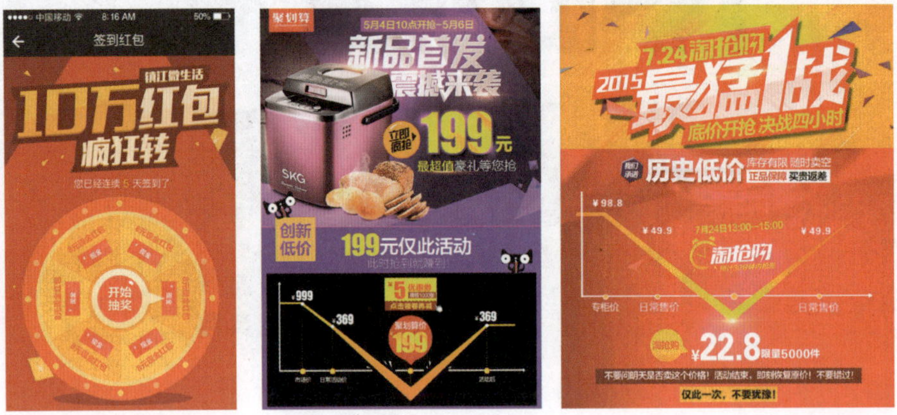

图 2-168 无线端专题页

2.3.4 特别注意事项

1. 商品链接跳转交互网

让每个页面都有出口，顾客进入专题页面，从上到下浏览完商品或者其他信息后，一定要让顾客看到有能点击的按钮跳转到其他页面或者商品上，以有效地降低顾客流失率。例如，在品牌故事的页面下方设置一排产品分类导航，让顾客根据自己的需要来选择喜欢的页面，提升页面的访问深度；也可以添加“点击收藏”类似的按钮，帮助店铺积累粉丝。

店铺中任何一种促销活动的页面都是可以用来展示商品的区域，除了参加活动的商品之外，在页面下方添加“回到首页”按钮，可以促使顾客去首页看店铺中更多的商品。在店铺的各种不同的页面下方都可以放上不同类型的按钮来促使顾客点进入，从而增加页面的访问深度，增加顾客在店铺的停留时间，同时降低跳失率。

2. 背景色的使用与呈现颜色符合店铺视觉 VI

专题页面设计要注意整体页面的色彩搭配性，特别是背景色的呈现要与店铺视觉 VI 保持一致，通常图形是视觉记忆，而颜色也是视觉记忆，所以 VI 体系起着非常重要的作用，特别是品牌故事说明页面一定要与店铺视觉 VI 保持一致。如果是季节性或者节日型活动页面，则可以使用热情、火热的颜色，但活动结束后应即刻恢复店铺的视觉风格。

本章总结

本章首先讲解了在不同情况下店铺首页的设计思路、首页的布局，以及首页每个模块的解读和设计执行。然后讲解了商品的卖点提炼方法、详情页的内容解读。最后利用爱德玛法则对详情页的逻辑顺序进行了梳理和排序，从而打造出更符合买家心理的高转化率的宝贝详情页。

本章练习题

1．请列举本章中讲解的用于提炼商品卖点的三种方法。

2．请列举爱德玛法则的 5 个步骤。

第3章

图片设计篇

图片设计的本质就把要传达的信息用可视化形式表达的过程。

不尽如人意的设计，或者是设计师在表达过程中没有经过思考，在色彩、构图、字体选择方面太随意，使得画面不符合大众的视觉审美；或者是设计师对于要传达的内容含糊不清，图片传达的信息定位不精准。设计师首先思考的并不是要传达的主题，而是构思用什么样的形式去表达，这样的图片会让大家看后不知所云。

所以，在图片设计中思维是第一步，要清晰地知道所要传达的内容，给图片一个明确的内容定位，然后再通过对色彩、构图、字体选择和排版方面的精心策划和布局，这样才会得到一张符合大众审美、对店铺销售有正能量提升的好设计图！

3.1 图片设计的基本方法

3.1.1 色彩篇

1. 色彩心理学

当我们在辨别众多物体时，最先看到的是“颜色”，不同的色彩会给人不同的感觉。白色让人感觉纯洁无瑕，而黑色会让人感到严肃、暗沉。心理学家曾做过许多实验，他们发现在红色、橙色的暖色系环境中，人的脉搏会加快，血压有所升高，情绪容易兴奋冲动；而处在蓝色环境中，脉搏会减缓，情绪也较沉静。色彩理论套用在网店设计中，红色和橙色系确实能给予买家紧迫感和兴奋感，有促进下单的心理暗示。在淘宝和天猫的各个大型促销活动中，如年终大促、“双十一”大促等活动，不论平时店铺定位是什么色彩，都会重新换成红色系的促销装修模式。因为红色系不但能给人带来喜庆的欢快感，更重要的是在心理上会有促使快速下单的心理暗示。由此可见，淘宝橙色和天猫红色的色彩定位并不是顺手拈来的，也是通过色彩心理学来运用色彩和全网整体的色彩定位。

2. 色彩搭配

（1）配色基础概念

在色彩搭配中，对颜色之间的相互作用、融合的不同程度的理解，都会影响到图片的表现，巧妙、和谐的色彩搭配，令人赏心悦目，而且会增加买家对产品的喜爱，留下深刻印象，进而促成成交。

首先我们来了解一下色彩的三个基本要素：色相、饱和度、明度。

色相：是指能够比较确切地表示某种颜色色别的名称，是区别各种不同色彩的最准确的标准，如大红、普蓝、柠檬黄、银灰、橙黄等。事实上任何黑、白、灰以外的颜色都有色相的属性。色相即各类色彩的相貌，是色彩的首要特征，如图 3-1 所示。

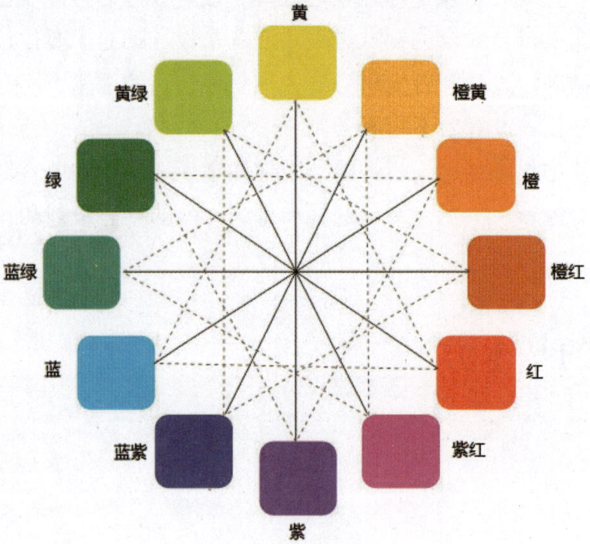

图 3-1 色相

饱和度：是指色彩的鲜艳程度，也叫色彩的纯度或彩度。饱和度的高低取决于该色中含色成分和消色成分（灰色）的比例。含色成分越多，饱和度越高；消色（灰色）成分越多，饱和度越低。纯的颜色都是高饱和度的，比如鲜红、鲜绿。低纯度不饱和的颜色，是混杂上白色、灰色或其他色调的颜色，如绛紫、粉红、黄褐等、完全不饱和的颜色根本没有色调，如黑白之间的各种灰色。如图 3-2 所示，同样颜色左边饱和度高，右边饱和度低，形成对比。

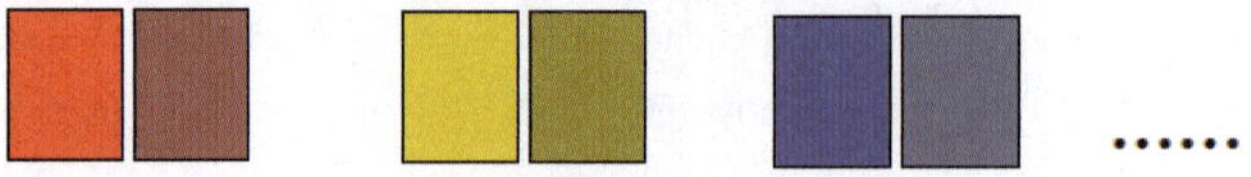

图 3-2 饱和度对比

明度：是指色彩的深浅、明暗变化，也叫色彩亮度。在色彩中，白色是明度最高的颜色，黑色是明度最低的颜色。相对于黑白色，每一种纯色也都有与其对应的明度。纯色中黄色明度最高，蓝紫色明度最低，红、绿色为中间明度。色彩的明度变化往往会影响到饱和度，如红色加入黑色以后明度降低了，同时饱和度也降低了；如果红色加白则明度提高了，饱和度却降低了。如图 3-3 所示，同样的颜色，亮一些的明度高，暗一些的明度低，形成明度对比。

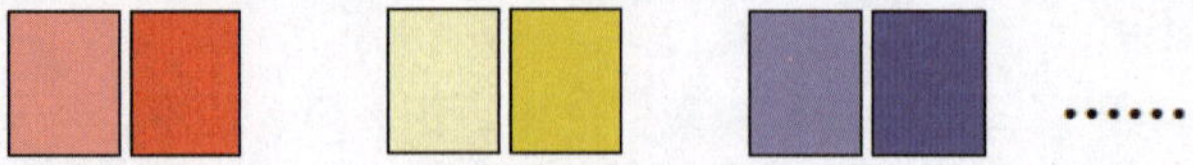

图 3-3 明度对比

小结：色彩的色相、饱和度和明度三个特征是不可分割的，我们在进行图片设计时必须同时考虑这三个要素。如图 3-4 所示是这三个要素在 PS 拾色器中呈现的直观图。

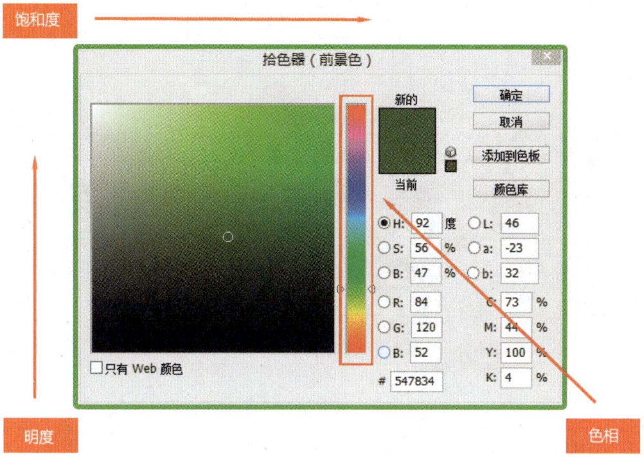

图 3-4 PS 拾色器直观图

（2）色彩搭配方法

在图片设计中，配色思路是先决定主色，然后再确定配色方式。上面我们初步了解了色彩的三要素，接下来我们结合案例学习色相差配色、对比配色和色调调和配色的几种常见的配色方式，如图 3-5 所示。

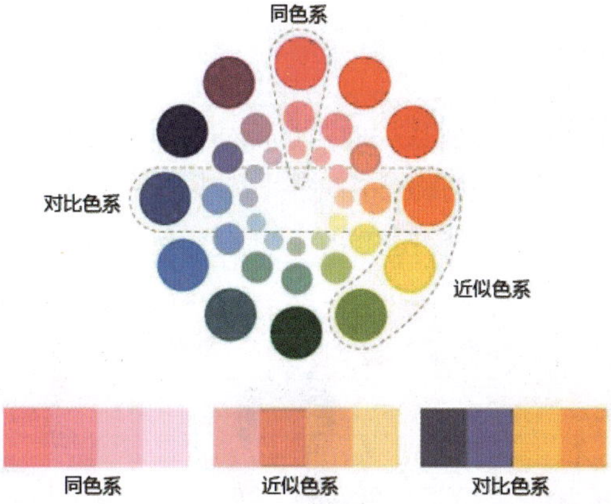

图 3-5 色彩搭配

① 色相差而形成的配色方式。

这是由一种色相构成的配色方式。即由一种色相主导、统一画面的配色方式，如果不是同一种色相，相邻的类似色也可以形成相近的配色效果。根据主色与搭配色之间的色相差不同，可以分为以下几种类型。

● 同色系配色

同色系配色是将相同色系的不同颜色搭配在一起形成的一种配色关系。同色系的颜色、色彩的纯度和明度具有共同性，明度按照色相略有变化，不同明度会产生不同的色彩印象，如图 3-6 所示。

图 3-6 同色系配色案例

观点：同色系配色是指主色和搭配色都在统一色相上，如图 3-7 所示，主色部分粉色、浅粉和深粉色，就是同色系配色的方法，这种配色画面会给人一致、统一的感觉。

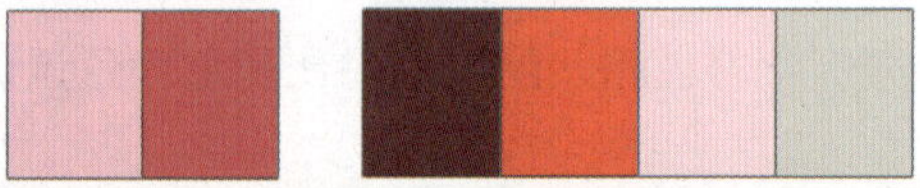

图 3-7 同色系配色图谱

● 类似色配色

类似色配色即将色相图中相邻或接近的两个或两个以上色彩搭配在一起的配色方法。类似色配色的特征在于色彩与色彩之间有微妙的差异，较同一色彩有变化，不会产生呆滞感。鲜艳色调和强烈色调再加明亮色调，便能产生鲜艳、活泼的色彩印象，如图 3-8 所示。

图 3-8 类似色配色案例

观点：类似色配色也是常用的配色方法，如图 3-9 所示，橙色主导页面，色彩对比不强，画面给人平静、和谐的感觉。

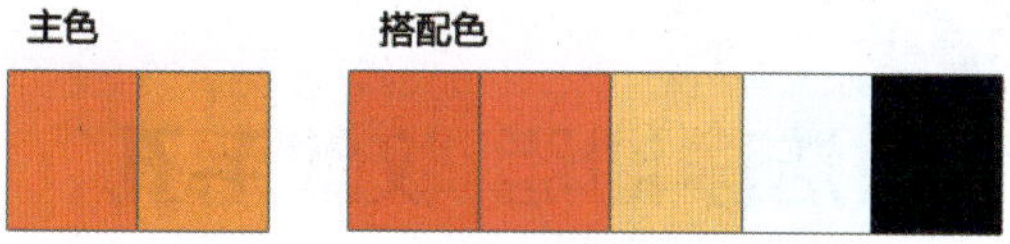

图 3-9 类似色配色图谱

② 对比配色而形成的配色方式。

由对比色相互对比构成的配色，可以分为互补色或相反色搭配构成的色相对比效果和色彩的明度差异构成的明度对比效果等。

- 互补色配色

在色彩中，红色与绿色、蓝色与橙色、黄色与紫色是最常见的互为补色的色彩组合，互补色配色需要精准地控制色彩搭配和面积，其中主导色会带动页面气氛，产生强烈的心理感受，如图 3-10 所示。

图 3-10 互补色配色案例

观点：如图 3-11 所示，色彩中蓝色和橙色互为补色，在案例中蓝色作为背景，黄色系偏橙色字体的点睛使用，使图片在整体页面中的表现十分醒目。

图 3-11 互补色配色图谱

- 明度对比配色

明度对比接近生活实际反映，通过环境远近、日照角度等明暗关系，设计更趋于真实和生活化，没有生硬的距离感，如图 3-12 所示。

观点：如图 3-13 所示，明度对比使页面显得更单纯、统一，而高低明度差可产生距离关系。明度对比构成画面的空间纵深层次，呈现远近的对比关系，高明度突出近景主体内容，低明度表现远景的距离。而明度差使人的注意力集中在高亮区域，呈现出产品的真实写照。

图 3-12 明度对比配色案例

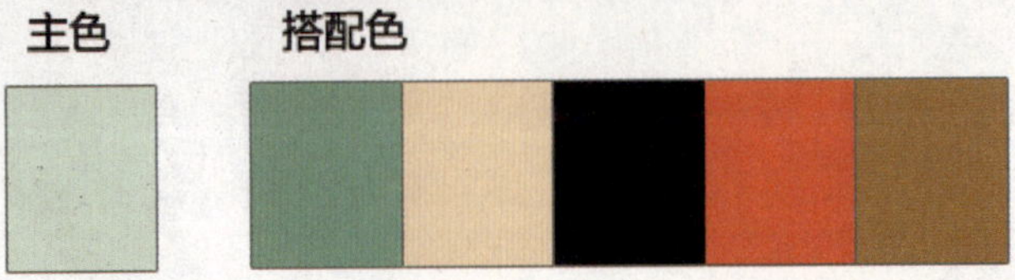

图 3-13 明度对比配色图谱

③ 色调调和而形成的配色方式。

色调是将色彩中的明度和饱和度结合在一起来表达色彩的总体倾向，是整体的色彩效果。色调是配色中的一个重要概念，更易于表达色彩的情感。根据色彩的情感，不同的色调会给人不同的感受，在大自然中，我们经常会看到这样的现象：夕阳下，我们身边不同颜色的物体都裹上了橘黄色的落日余晖，整体画面色调温馨又温暖；冬雪时，一片银装素裹的景象，天地万物都躺在银白色之中。在不同颜色的物体上笼罩着同一种色彩，使不同颜色的物体都带有同一色彩偏向，这样的色彩现象就是色调。由同一色调调和构成的配色方式，即使出现多种色相，只要保持色调一致，画面也能呈现出一致性、整体性。

● 明亮色调配色

在所有的颜色中，能一瞬间吸引眼球的非亮色莫属。明亮色调还能很好地营造欢乐的气氛，有更加轻松、惬意、无压力的心理暗示，是特别适合糖果产品、卡通类产品和粉嫩系产品的搭配方案，如图 3-14 所示。

观点：如图 3-15 所示，明亮的颜色活泼清晰、色彩甜美，图片很好地营造了轻松和欢乐的氛围，进而让买家在潜意识中对产品有了喜爱和想亲近的感觉，这种配色方式把产品的活泼和调性发挥得淋漓尽致。

图 3-14 明亮色调配色案例

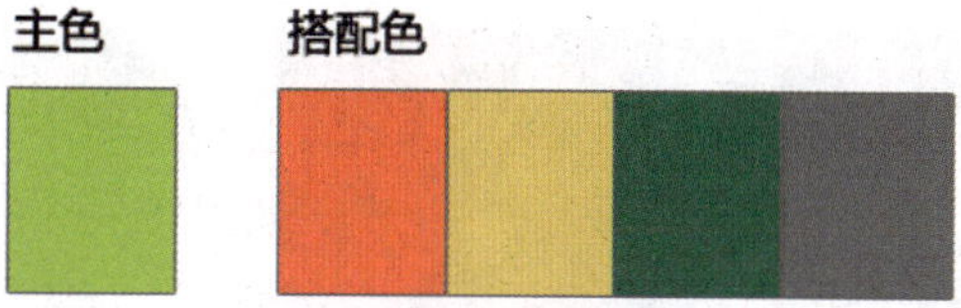

图 3-15 明亮色调配色图谱

● 柔和色调配色

柔和的色彩饱和度低，可以营造出放松和平静的氛围，而且不同色相的调和组合也仍然柔和明快。柔和的调子使页面显得明快温暖，就算色彩很多也不会造成视觉负担，如图 3-16 所示。

图 3-16 柔和色调配色案例

观点：如图 3-17 所示，页面的同色调搭配，颜色作为不同模块的信息分类，不抢主体的重点，还能衬托出不同类型载体的内容信息。同色调不同色彩的模块，就算承载着不同的信息内容也能表现出很和谐。

图 3-17 柔和色调配色图谱

● 暗系色调配色

在画面上表现叛逆个性思想、感情所使用的暗淡色彩。常用的暗色调有紫色、黑色、灰色。在图片设计中，一般用暗系色调表现另类、个性和叛逆，如图 3-18 所示。

图 3-18 暗系色调配色案例

观点：如图 3-19 所示，阴暗的色调渲染场景氛围，通过不同色相的色彩变化丰富信息分类，降低色彩饱和度，使各色块协调并融入场景中。多色彩经过统一色调处理，区域间非常协调，也不影响整体页面的暗系气氛呈现。

图 3-19 暗系色调配色图谱

总结：色彩是最能引起情感共鸣和情绪互动的元素，色彩搭配更是千变万化。在设计图片时，要通过配色方法和规律进行配色，不可胡乱用色，以免图不达意，影响视觉效果；要了解设计背后要传达的信息，思考色彩对页面场景呈现、情感传达等的作用，从而有理、有序、有技巧地构建色彩搭配方案。

3.1.2 字体篇

文字和图片是广告图设计中的两大元素。字体是文字的外在形式特征，展现着文字的风格。在视觉传达中，字体的选择与编排直接影响着信息的传达与表达，文字好比音符，字体编排设计就像是指挥者指挥着字体、大小、粗细、颜色的变化一起演奏一篇优美的文字乐章。

1. 字体的选择和设计

中国的文化博大精深，中文字体从书法角度主要分为正、草、隶、篆、行书五种。英文字体的类型更是繁复，比如我们熟知的 Arial、Verdana、Georgia 等字体，这些都是微软公司的网页核心字体之一。从广告设计的角度，我们也可以把中文字体和英文字体按字体类型分为四种：宋体、黑体、书法体、创意体。

（1）宋体类型

宋体，是为适应印刷术而出现的一种汉字字体。它产生于雕版印刷，成型于明朝。宋体是生而俱来的印刷体。如图 3-20 所示，宋体的笔画有粗细变化，一般是横细竖粗，点、撇、捺、钩等笔画有尖端，一般用于书籍和报纸等印刷品的正文排版。

图 3-20 宋体字体示例

观点：在商业设计中，宋体一般只会出现在标题中，在正文内容中运用得比较少。因为宋体笔画横笔较细，不好识别，所以在海报、画册类的正文中运用得也比较少。

（2）黑体类型

黑体是现代汉字体系中最重要的字体之一。黑体的特点是：笔画粗壮，带有纤细笔触，字形紧聚，不用弧线。黑体汉字抹掉了汉字手书体的一切人为印迹及其造字渊源，没有手写的起始和收笔，各种笔画很均匀，使人易于阅读，常用于标题、导语、标志中等，如图 3-21 所示。

图 3-21 黑体字体示例

观点：Windows 系统中自带的黑体笔画较细，不太适合直接用于广告设计中。目前，标题、导语等大多采用粗黑、大黑、中黑、雅黑加粗等。

（3）书法体类型

书法体如行楷、隶书、篆书等字体，其传统韵律比较强，所以在中国式传统类设计对象中运用得非常广，但是通常不会用于前沿时尚类广告设计中。书法体示例如图 3-22 所示。

图 3-22 书法体示例

（4）创意体类型

创意体也叫艺术字体，创意体如华文云彩、雪峰体等字体，其形式比较多变，造型风格不一，因此常应用于特定人群或节日等创意型、个性型设计中。创意体示例如图 3-23 所示。

注意事项：我们在使用字体时要注意有关字体的使用版权，在常规情况下，Windows 自带的字体是可以直接使用的，而其他下载字体理论上都需要授权后才可以使用，尤其是不能直接应用于企业店铺标志中，以免造成日后版权纠纷。

图 3-23 创意体示例

2. 文字层次布局

在淘宝的视觉营销设计中，文字也是一种素材，字体的布局对画面空间、结构、韵律等都有很重要的影响力。

在平面设计中，信息的呈现是有主次的，因此便存在层次关系。例如，杂志中的文章、标题、提要、正文等都是有层次的。而在平面广告中，要传达的信息也是有主次的，设计师的一个重要任务就是指引受众阅读作品的顺序。这个顺序就是要表达的“信息层次”，是以设计师分配给文本各个部分的重要性级别为依据的。而其重要性级别就是指“这个内容是最先要让受众阅读到的，这个是第二个，这个是第三个……”

如图 3-24 所示的淘宝钻石展位的首焦图，其主要设计焦点就是在字体应用和布局上，它仅采用了创意体类型的字体，却呈现出“多姿多彩”的感觉。居中巨大的“限量疯抢”，除了突出热销情景外，应用字号的大小组合，富有层次感，突出重点，让顾客一目了然该图片要传达的核心信息。

图 3-24 文字层次布局案例

3. 文字的区别和统一

在编辑字体时，文字的字体、大小、颜色在搭配组合上会有一种关联的感觉。读者在感知字体编排的微小变化时，会根据相近的关系进行统一式阅读，会认为采用相似方式处理的文字元素是有所联系的，排列在一起的字体间的对比是至关重要的。改变字体的主要原因就是要获得一种对比效果，这样字体组合所产生的对比效果才能清晰地传达出来。通常的做法是改变字重（如粗细对比）、字宽、字体样式，形成整体对比效果。

如图 3-25 所示的首焦图，中间的文字组合同样错落有致，黑体和宋体字体搭配组合，字号大小呼应，同时结合文字颜色的不同，让受众第一时间了解主要信息，传达视觉重点。图中所示为一系列同一鲜艳颜色的字体，传达第一层注意意思，然后再让读者从其他区别组合文字中阅读到细节信息。

图 3-25 文字的区别和统一案例

4. 字体与风格的搭配

字体与不同风格的图片搭配，会更加突出图片想要表达的核心韵味，使图片和文字在风格上彼此呼应，相得益彰。

图 3-26 宋体字广告图案例

宋体案例浅析：如图 3-26 所示，宋体字体搭配图片会呈现出现代、中规中矩的效果，它不适合与古典和卡通风格的图片搭配。大家想一想，什么样的图片环境和宋体搭配会有很好的效果呈现？

黑体案例浅析：如图 3-27 所示，黑体是海报设计中最常用的字体之一，比如淘宝网的字体定位就是微软雅黑，是黑体的一种，现代感十足又不失雅致，是非常经典的字体之一。

图 3-27 黑体字广告图案例

书法体案例浅析：如图 3-28 所示，书法体是模拟真人手写的笔画而形成的字体系列，更适合搭配在古代及原创设计的环境中，整体和谐统一，中国风浓郁。

图 3-28 书法体广告图案例

创意体案例浅析：如图 3-29 所示，通过变形设计的艺术字体，活泼、另类，不走寻常路的字体呈现，和图片整体的运动风格十分搭调。

图 3-29 创意体广告图案例

总结：一般来说，在广告设计中不是字体越多越好，最多使用两、三种字体。如果只使用一种字体的话，则可以通过变化字号、粗细及其斜体等来展示外形效果。字体太多不但没有突出阅读重点，反而会分散注意力，产生视觉疲劳。值得注意的是，在广告图设计中，把字号设置多大，是因字体而异的。12px 对于英文字体 Verdana 来说已经完全足够了，但是要能轻易地阅读隶书，可能需要 24px 以上才行。设计师在创作中要考虑不同的字体适合不同的场景和风格呈现，字体的使用直接影响到设计内容的整体风格传达。根据设计的需要，有效地应用字体和图文排版，能让你的设计与众不同，有效提升图片点击率。

3.1.3 构图篇

“构图”一词来源于古老的拉丁语，其本来意思是结构、组成或者联结。摄影构图大师布勒松就曾说过：“一幅照片，要把题材尽量强烈地表达出来，必须严格地建立起形式之间的联系。”这也是在淘宝图片设计中，图片构图的意义，通过构成图片的各个素材的组合和联结，把我们想要传达的内容尽量强烈地表达出来。

1. 视觉均衡构图

均衡式构图，可以给人宁静和平稳的感觉，又避免了呆板、无生气，是比较经典的构图方法。要使画面均衡，形成均衡式构图，关键是要选好均衡点（均衡物）。

什么是均衡点呢？这要从艺术效果上去找，只要位置恰当，小的物体可以与大的物体均衡，远的物体也可以与近的物体均衡，如图 3-30 所示案例的远近处理和大小处理。视觉均衡构图图形示例如图 3-31 所示。

图 3-30 视觉均衡构图案例

图 3-31 视觉均衡构图图形示例

2. 对角线构图

对角线构图其实很简单，就是把主体安排在对角线上，利用画面对角线来整体统一画面元素，同时也使陪衬体与主体发生直接关系。这种构图的特点是富于动感，显得活泼，容易产生线条的汇聚趋势，吸引人的视线，从而突出主体，如图 3-32 所示。对角线构图图形示例如图 3-33 所示。

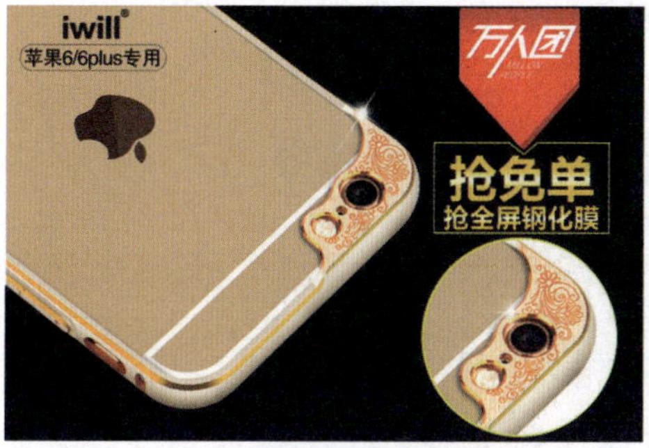

图 3-32 对角线构图案例

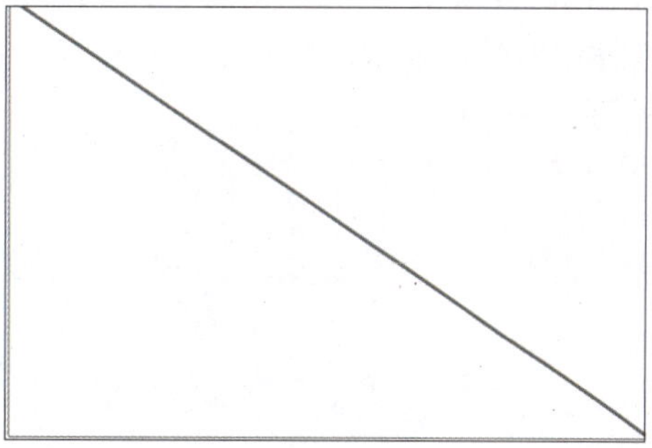

图 3-33 对角线构图图形示例

3．特写式构图

特写式构图是将主体以特写的形式加以放大，使其以局部布满画面，具有紧凑、细腻、微观等特点，细节特写，如图 3-34 所示。特写式构图图形示例如图 3-35 所示。

图 3-34 特写式构图案例

图 3-35 特写式构图图形示例

4．九宫格构图

九宫格构图是最常见的构图方法之一，如果把画面当作一个有边框的面积，把左、右、上、下四条边都分成三等分，然后用直线把这些对应的点连起来，画面中就构成一个“井”字，画面面积分成相等的九个方格，这就是我国古人所称的“九宫格”，“井”字的四个交叉点就是视觉中心。简单地说，就是把主体放在四个点上（或者线上）；把画面分成三份，不要让主体在正中间，就会很美，如图 3-36 所示。九宫格构图图形示例如图 3-37 所示。注意，在构图实践中要根据表达内容的需要不断追求新颖的构图形式，不能生搬硬套。

图 3-36 九宫格构图案例

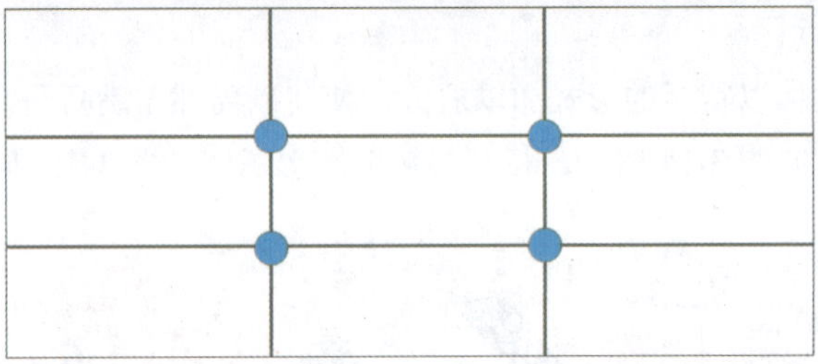

图 3-37 九宫格构图图形示例

5. 三角形构图

三角形构图就是以三个视觉中心为景物的主要位置，有时是以三点成面几何构成来安排景物的，形成一个稳定的三角形。这种三角形可以是正三角，也可以是斜三角或倒三角，其中斜三角较为常用，也较为灵活。三角形构图具有安定、均衡但不失灵活的特点，如图 3-38 所示。三角形构图图形示例如图 3-39 所示。

图 3-38 三角形构图案例

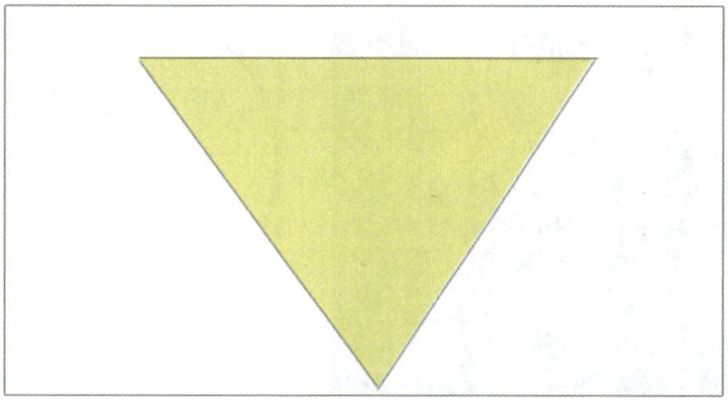

图 3-39 三角形构图图形示例

6．黄金分割构图

“黄金分割”是由古希腊人发明的一种几何学公式，遵循这一规则的构图形式被认为是“和谐”的，又称黄金律，即整体画面按 1 ： 0.618 的比例切割。我们所熟知的蒙娜丽莎（见图 3-40），据考证在主要位置都运用了黄金分割比例，所以给人的感觉总是那么和谐、优美，有着最迷人的微笑。

图 3-40 蒙娜丽莎案例

黄金分割构图是最经典的构图方法之一。下面我们来看一下通过黄金分割比例设计的淘宝广告图案例，感觉画面非常和谐统一，如图 3-41 所示。黄金分割构图图形示例如图 3-42 所示。

图 3-41 黄金分割构图案例

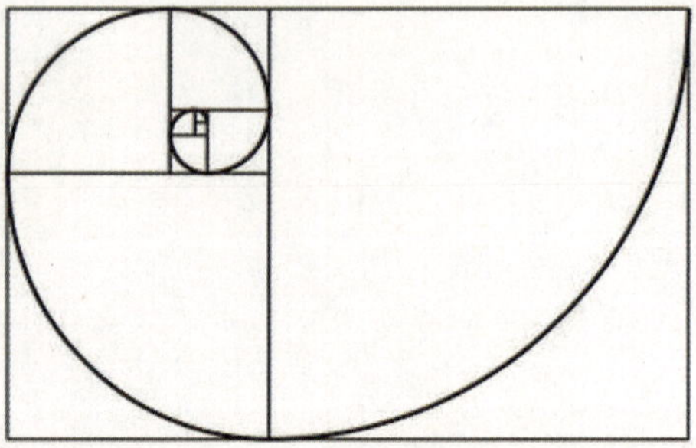

图 3-42 黄金分割构图图形示例

7. 画面中心构图

画面中心构图是最简单的构图方法之一，把要表达的主元素放在画面中心。这样的构图给人以稳定、庄重的感觉，不过这种构图的弊端是容易使画面显得呆板，所以使用这种构图方法时，要注意一些细节上的点缀设计，使画面有所变化，如图 3-43 所示。画面中心构图图形示例如图 3-44 所示。

图 3-43 画面中心构图案例

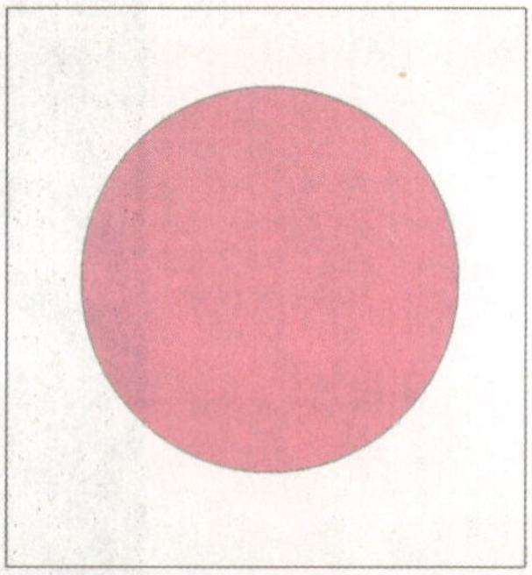

图 3-44 画面中心构图图形示例

总结：上面几种构图是在淘宝广告图设计中经常用到的构图方法。当然，在图片设计中，可能在一张图片中会同时使用多种构图方法，但是只要画面和谐统一，有利于画面布局的美观度，多种构图方法的合并运用也是图片效果呈现的形式之一。

3.2 广告图片的设计标准和制作步骤

3.2.1 广告图片的设计标准

淘宝店铺的视觉设计，最终是为了配合店铺的营销活动，所以和传统印刷行业的图片设计有本质的区别。淘宝图片设计的标准分别是：目标明确、主题突出、风格统一、形式美观、布局合理。

接下来我们逐个进行分析。

1. 目标明确

不同的目标人群的审美标准和风格喜好是不一样的，针对不同的目标人群，我们的设计思路也是不一样的。在图片设计之初，我们要根据产品属性和特征对目标人群进行精准定位，进而根据目标人群特性进行品牌风格定位、店铺页面风格定位，落地到最后一层就是通过图片设计来表达产品主题。下面我们通过案例来看一下两张画面版式几乎一模一样的图片，目标人群定位不同，图片的呈现有什么不同，如图 3-45 所示。

图片A

图片B

图 3-45 不同目标人群的设计案例

图片 A 和图片 B 是两张画面版式几乎一模一样的图片，从目标人群上分析，图片 A 是针对 OLAY 一族，在图片 A 呈现过程中，背景用了大面积的浅紫色，营造高贵和魅惑的氛围，少量黄色字体的运用，与背景的浅紫色对比犀利，版式构图同样简约、大气，画面整体格调非常迎合 OLAY 一族简约、个性的审美喜好。而图片 B 是针对学生妹，橙色系和红色系的相邻色搭配，让暖色调的色彩呈现更柔和；文案内容以及文字的呈现都更活泼和动感，显然如此处理的图片效果更加迎合学生妹一族的审美喜好。

由此可见，我们在着手设计之前，一定要把握好整体图片呈现的方向，通过可视化表达向目标人群传达我们的产品和服务，最终要和我们的营销内容无缝对接，通过图片设计达到对目标人群精准营销的目的。

2. 主题突出

主题突出是图片设计中非常重要的标准之一。主题就是让消费者通过图片一目了然你要干什么，图片主题的呈现过程就像一次陈述，所有元素都围绕主题展开。在图片设计中，图片主题一般是有关价格、折扣和建立信任等，主题信息要放在视觉焦点上，而且要从设计形式上被突出和放大。

（1）主题突出之促销折扣主题

案例如图 3-46 所示。

图 3-46 主题突出之促销折扣主题案例

通过放大和加粗字体，从形式上强化主题，但是要注意形式不可大于内容，对于所呈现的内容，应该同样清晰地呈现出来。比如案例中瓷肌品牌的聚划算活动和开始时间同样一目了然，这样才是一个完整的主题。

（2）主题突出之组合主题

有时候出于营销的需要，一张图片会表现出多个主题，比如折扣和满立减两个主题同时出现，如图 3-47 所示。

我们把这个案例和前一个案例进行对比，不难看出，对于主题的表达，画面中只表达一个主题的图片信息传达更有优势，多主题组合形式要求区分信息传达的层次结构，分清主次关系，多个主题次第展开，避免平均分配造成主要信息弱化。

图 3-47 主题突出之组合主题案例

3. 风格统一

简单地说，风格统一就是色彩、字体、素材、标签和按钮各个元素之间的搭配要和谐，不能有违和感。下面我们通过几个不同风格的图片案例来感受一下。

（1）风格统一之民族风

如图 3-48 所示，这是淘品牌素萝的一张广告图，具有浓郁的复古民族风，从背景运用，到模特衣饰及发型，都符合民族风的格调，中国红的运用以及古风文案和手写体的搭配相得益彰，整个画面民族风格和谐统一、赏心悦目。

图 3-48 风格统一之民族风案例

（2）风格统一之潮系

如图 3-49 所示，这是一张十分火爆并且有调性的广告图，潮系风格浓郁。从背景的不同黑白色系过渡效果到夸张的红色大箭头，以及模特的服饰和眼镜佩戴，放大加粗字体及画面色彩的反差运用，各个元素相互呼应，整个画面潮爆另类、调性十足。各元素的运用同样达到了和谐统一。

图 3-49 风格统一之潮系案例

（3）风格统一之大气简约

上面两个案例从女性视角呈现了民族风和潮爆系的不同，而本案例呈现的则完全是男人视角的审美和喜好，黑白两色的夸张对比运用，大面积的留白处理，以及模特表情的沉稳和线条的刚硬，很好地衬托出产品经典、高贵的格调，文字的少量运用不抢风头却画龙点睛，以及皮质沙发背景的运用，呼应了西装产品的低调、品质的内涵，整体画面的质感和档次感非常好，如图 3-50 所示。

图 3-50 风格统一之大气简约案例

小结：在淘宝店铺的图片设计中，如果风格不能统一，我们很难想象在一张传达民族风的图片中运用夸张大箭头和繁复的背景，也不能想象在品质男装的呈现中用童稚的字体画面是多么的不和谐，所以在设计中一定要注意各个元素的呼应和和谐。另外，还要注意风格的统一，不仅要在一张图片中呈现统一的风格，整个店铺的图片都实现统一的风格，更利于店铺品牌化呈现。

4．形式美观

我们经常说一张美图胜过千言万语。从摄影的角度来说，一张形式美观的图要求拍摄清晰、背景干净、主体物突出，在淘宝店铺的图片设计中，形式美观常常用来判断一张广告图从元素构成到文字、色彩等是不是符合视觉审美要求。笔者发现个别店铺的广告图设计存在多、乱、差的问题，有些广告图文字一大堆，有些广告图的文字特效千变万化，有些广告图的文字五颜六色，视觉体验非常不好，不能给买家形成很清晰的品牌记忆，还会影响对产品的直观感受。下面给大家讲讲在图片视觉诊断上常用并且简单易记的“3333”原则。

（1）第一个“3”，图片中的三元素：背景、文案、产品信息

老子在《道德经》中说：“道生一，一生二，二生三，三生万物”。在一张广告图中，同样要具备最基本的三元素：背景、文案、产品信息。图片中的其他细节都是由三个基本元素衍生出来的，如果图片看上去不满意，一定是这三个方面出了问题。常见的问题是背景明度太高或太复杂，如蓝天、白云、绿草地做背景，导致背景色彩多而且明度高，很可能会减弱文案文字及图片主题的呈现；反之，背景和文字及主题之间对比很明显，整个画面看上去就会很简洁、大气。大家看案例体会一下，如图 3-51 所示。

3-51 图片中的三元素案例

（2）第二个“3”，三段文字

此处三段文字是指在广告图三元素之文案元素中，主要文字信息有：主标题、副标题、附加内容。在设计时可以把主标题、副标题、附加内容分为三段，但是注意段间距要大于行间距，上、下、左、右也要有适当的留白，这样构图会比较漂亮。如图 3-52 所示是淘宝 UED 部门的一张海报设计规范，大家可做参考。

图 3-52 图片设计中的三段文字案例

（3）第三个“3”，三种字体

需要注意的是，此处的三种字体不是说在广告图设计中一定要用三种字体，而是不能超过

三种字体，很多看上去乱的广告图就是因为字体不统一，导致视觉体验很差，影响整体效果。在前面的“字体篇”中我们说可以通过变化字体的大小和粗细来区分信息分层，一般来说针对主标题可以用粗大的字体，副标题小一些，附加内容更次之。另外，字体不要有过多的描边等，或者使用与主体风格不一致的字体。如图 3-53 所示，图片中只用了一种字体，字体文案运用和谐统一，视觉体验很好。

图 3-53 图片设计中的字体案例

（4）第四个“3”，三种颜色

在一张广告图以及同一位置的多张图片中，不要使用超过三种颜色（黑白灰除外），并且主色和搭配色按照 6 ∶ 3 ∶ 1 的比例分配。比如主色是红色，那么其面积应该占到 60%，我们可以参考前面介绍的 7 种经典配色方案来搭配和用色。另外，在广告图设计中，我们还可以针对重要的文字信息，用对比明显的颜色来强调，如图 3-54 所示。

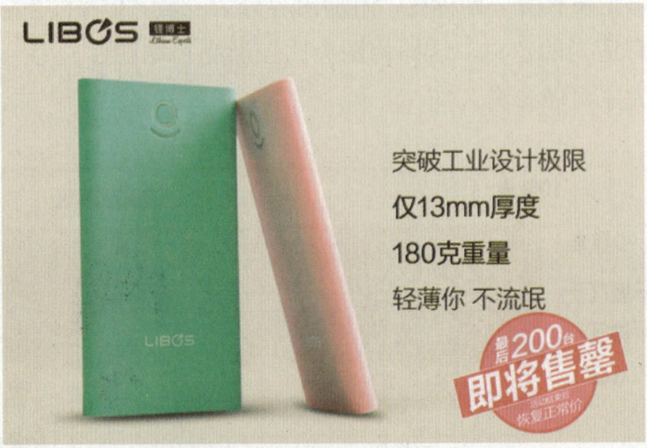

图 3-54 图片设计中的颜色案例

小结：按照广告图的“3333”原则去制作，一定会得到一张美观度很好的图片。当然，此原则并非绝对，如果是美术专业人士，深谙配色之道，即使打破常规也同样可以表现非凡。所以在应用时也不要墨守成规，积累丰富的经验形成清晰的设计思路后，可以根据实际情况进行调整和细化，让我们的设计更加趋于完美。

5. 布局合理

（1）布局合理之构图平衡

画面的平衡感取决于各元素的“视觉重量”。视觉心理学告诉我们，人在读取图片时会把横向边框看成水平线，竖向边框看成垂直线，画面中心看成重量的重心，所以在构图上对“画面的重量”的把握很关键，如图 3-55 所示。

图 3-55 构图平衡案例

（2）布局合理之势能

势能就是对平衡的有意识破坏，以增加注意力。势能分动态势能和静态势能。

动态势能案例，如图 3-56 所示。案例中动态势能的运用、运动的方向、冲出画面之外的气势，很好地增加了买家的感官注意力。

图 3-56 势能之动态势能案例

静态势能案例，如图 3-57 所示。画面的倾斜设计，形成了重心偏移的势能，给人耳目一新的感觉，放在周围都是中规中矩的页面中，这样的巧妙构思足够吸引眼球。

图 3-57 势能之静态势能案例

（3）布局合理之集群

人们总是把位置靠得近的信息看成一体。把关联性高的信息组合在一起成为集群，信息会被一次性读完，便于信息的传达。而分散的信息会暗示读者，它们是不同内容的信息。如图 3-58 所示的促销文案就很聚集，便于一次性读完图片要传达的信息。

图 3-58 信息集群案例

如图 3-59 所示的鞋子广告图的促销文案就很分散，不利于一次性读完。

图 3-59 信息分散案例

我们在图片设计中要注意应用集群效应，不要把信息分散，让买家对信息接受不清晰，从而影响图片信息的传达。

（4）布局合理之留白

留白就是要敢于浪费更多的空间，让设计更有气势。

高端、大气、上档次是我们口头对设计的要求，可是什么是大气呢？如图 3-60 所示是耐克的一张广告图，画面中只有一个 LOGO 和品牌文字，其他都留白，整体视觉冲击力极强。其实空白就是气，要想大气就要多留白。在常规的图片设计中，至少要保证 30% 的留白，这样的图片从视觉上看更高端、更有气势。

图 3-60 广告图的留白

如图 3-61 所示，这样的海报还有气势吗？要精减到让客户在 0.3 秒内阅读完图片信息。

图 3-61 没有留白的广告图

有人说，留白就是浪费，要敢于浪费更多的空间，有更多的留白，让我们的设计更加有气势。

小结：目标明确、主题突出、风格统一、形式美观、布局合理，这是设计图片的基本标准，每个点都很重要，不可缺失，大家在设计中要注意运用和实施，勤学多练。

3.2.2 广告图片的制作步骤

在制作广告图片之前，要耐心地揣摩产品，读懂运营部门的策划方案，并且进行充分的沟通和准备充足的素材，这是做好图片设计的前提。下面我们来看一下广告图片的具体制作步骤。

1. 解析工单

（1）美工工单之设计规范解析

为了让美工能快速理解设计任务，高效、准确地完成任务，一定要建立设计规范。规范内容有字体、布局构图、常用色彩（品牌主色、辅助色）、统一标准，这样即使是不同的美工做出来的促销图片也会风格一致，不会南辕北辙。如图 3-62 所示案例是淘品牌 ARTKA 阿卡家不同产品的钻展图片，虽然产品、背景以及文案各不相同，但是从风格传达、画面两边图中间字的布局以及文字的字体和位置等上看，给人的感觉是十分统一，品牌感十足。

图 3-62 统一素材的不同设计图

点评：由此可见，在派发美工工单之前，就要把促销图片设计规范制定出来，这样做出来的促销图片风格统一、品牌感浓郁。有了规范以后，因为有了明确标准，美工的工作效率也会大大提升。

（2）美工工单范例

如图 3-63 所示，这是我们在工作中使用的美工工单范例。

美工设计工作单					
提交部门/人员				提交时间	
任务类型		紧迫程度		特急单经理签字	
类别				期望完成时间	
任务接收人				任务接收日期	
设计风格及调性需求					
设计中必须出现的元素					
制作规范	图片尺寸				
	字体				
	色彩				
	图文排版布局				
参考范例					
任务完成日期			任务完成人签字确认		
			项目经理签字确认		

图 3-63 美工工单范例

在工单中，建议提前给每个任务制定相应的工分，同样的工作，时间紧迫的追加工分，和最终绩效挂钩，这样可以让工作更有动力和期望值，也不会造成紧迫工作无人愿接、耽误整体进度的情况。如果之前项目已经完成，但发现还有需要追加的任务，那么任务类型可以更改成追加。设计中必须出现的元素有 LOGO、广告语等。最后，建议大家在给美工分配任务时，最好提供参考范例，可以是图片或者手绘的草图，毕竟图片比语言和文字的表述更加直观，有利于美工更好地理解任务内容。

提示：在设计中最常见的几种图文排版方式是，左图右字（如图 3-64 所示）、左字右图（如图 3-65 所示）、两边图中间字（如图 3-66 所示），大家在设计时可以参考

图 3-64 左图右字

图 3-65 左字右图

图 3-66 两边图中间字

2. 选择素材

选择素材的首要标准是目标明确。在本章的广告图设计标准部分，不同的目标人群其审美标准和风格喜好是不一样的，针对不同的目标人群，图片最终呈现的效果也是不一样的，所以在选择素材环节注意素材风格要与目标人群特征吻合，也要和产品特点吻合。

（1）素材选择之模特投射效应

心理学上的投射效应告诉我们，所有画面中的模特都会产生一种投射效应，人会不自觉地把自己想象成画面中的人物，体验画面中的场景。所以我们在素材选择上要注意应用这个原理。如图 3-67 所示，看着模特穿着红色的休闲 T 恤，搭配牛仔裙，我们也会不自觉地联想穿在自己身上并从心理上感受同样休闲惬意的舒适，这就是投射效应的代入感。

图 3-67 投射效应之代入感

投射效应不仅会让消费者产生代入感，同时要求选择模特时要符合目标人群的心理期望年龄。例如，目标人群为十三四岁的小女孩，模特要选十五六岁的少女；目标人群是四十岁以上的，要选三十岁左右更年轻化的模特。如图 3-68 所示的妈妈装，模特虽然庄重、典雅，但是实际比较年轻，让人有一种穿上这件妈妈装也能像穿衣人这样年轻、漂亮的代入感，这就是投射效应的代入感和期望值的心理作用。

图 3-68 投射效应之期望值

（2）素材选择之通感效应

人能通过视觉的感知对触觉、味觉、听觉产生联想，心理学上把这种能力叫作通感。例如，中国有句成语“垂涎欲滴”，意思是看到美味的食物，就馋得口水都要滴下来了。这就是非常形象的通感描述。同样，我们在挑选素材时，也要利用视觉上的通感效应。比如做食品类目的店铺要使用能引起味觉通感的图片，即使再多的言语也不能清晰描述的味道，一张好图足以让客户蜂拥而至。如图 3-69 所示，左图的牛轧糖，笔者在写稿的同时，要强忍马上跑出去买一包来吃的欲望，重新坐下来继续和大家分享图片设计的知识；而面对右边的牛轧糖图片，则完全没有抑制不住食欲的感觉。相信你们和我的感觉也是一样的，这就是通感效应。

点评：在视觉上，一般我们用微距放大化的图片来展示产品。大家在选择素材时要注意通感效应的应用，不止是食品类目，通感效应在其他类目中也同样适用，比如皮质产品可以近距离拍摄皮质纹理，以触发买家的触觉通感等。

（3）素材选择之信噪比

信是指画面当中的信息，这些信息是设计画面的人想要传达给接收人的信息。而画面当中一定还会存在噪，即噪音，这些是在画面制作过程中客观存在的其他因素。如图 3-70 所示，我们来对比一下，左图对信噪比的控制相对较弱，首先画面中奥迪的标志是噪音点之一，买家的眼光会不自觉地被车标吸引，而不会把全部目光放在手表上；从色彩角度分析，手表和背景的颜色接近，不能很好地从背景中凸显色彩，反而左上角的品牌标识和整个画面颜的色差异化，又吸引了买家的注意力，在画面中不同元素分别吸引注意力的同时，就不能很好地突出产品（信）的表达，反而降低了对想表达的产品手表的识别。右图对信噪比的控制比较好，场景的营造和模特的手势都指向产品，使买家的目光不自觉地被引导向手表产品；而且在色彩的运用上，整个背景和品牌标识的颜色不会很凸显，淡化了指向性，降低了“噪音”，手表的差异化色彩很容易从画面中跳脱出来，产品轮廓分明，吸引眼球，整个画面对产品的干扰控制得非常好，如图 3-70 所示。

图 3-69 通感效应案例

图 3-70 信噪比案例

点评：在实际店铺运营操作中，关于对信噪比控制的步骤最好在拍摄素材之前，在设计方案中有思路呈现。如果前期和拍摄部门没有进行过很好的沟通，后期也要考虑信噪比这个标准去挑选和整理素材，以利于后续图片设计效果的最佳呈现。

3. 确定尺寸

淘宝用到的图片，在相同位置图片尺寸都是固定的，比如钻展首焦图的尺寸是 520px

*280px，天猫商城店首页通栏是 990px，天猫商城详情页是 790px，淘宝集市店铺首页通栏是 950px，淘宝集市店铺详情页是 750px，这些都是通用的尺寸，在美工工单中，尺寸数据也是直接给出的。即使对于尺寸指令不够清晰，我们也要能够自主获取图片的尺寸。常用的尺寸获取方法如下：

（1）在网页中，单击鼠标右键，选择“检查元素”，如图 3-71 所示。

图 3-71 右键选择“检查元素”

打开 DOM 资源管理器，其中红框中蓝色阴影部分就是图片尺寸，如图 3-72 所示。

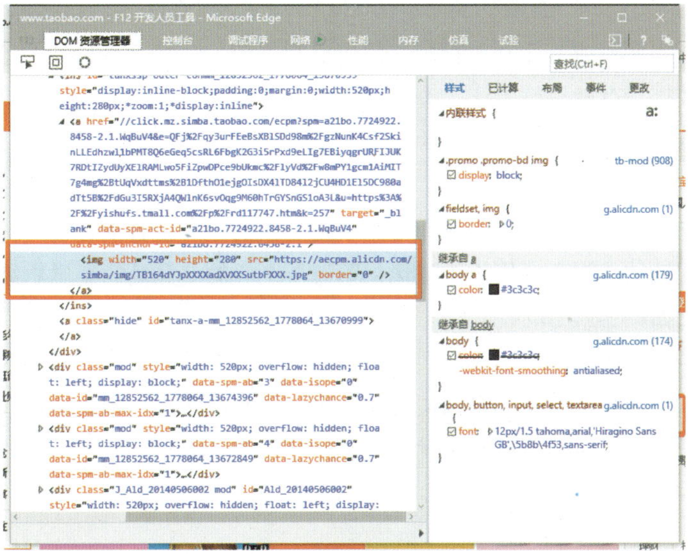

图 3-72 检查元素中的图片尺寸

（2）将网络图片下载到本地存储，右键单击本地图片，选择“属性”，打开属性对话框，如图 3-73 所示。在“详细信息”中，红框中的数值就是图片尺寸。

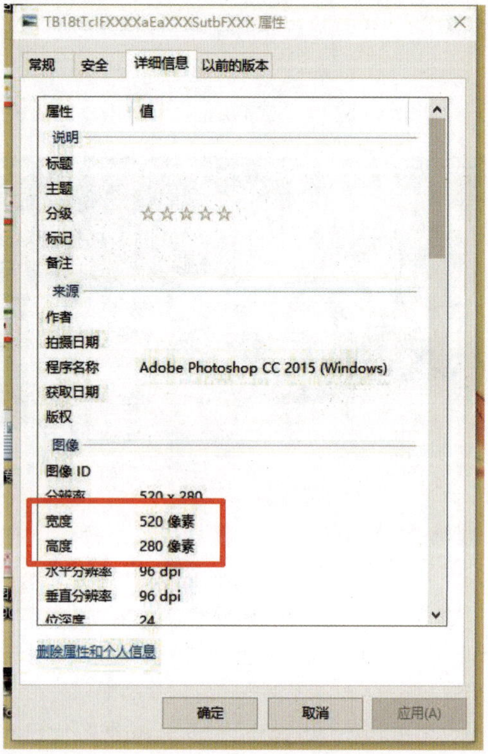

图 3-73 本地图片属性中的图片尺寸信息

小结：除了以上两种方法，还有很多方法可以获得图片尺寸，这里就不一一列举了，只要获得的图片尺寸数据精准就是好方法。

4. 信息分层

在图片设计中信息的传达也是根据内容来设定层次的，和语言的逻辑一样。第一层、第二层信息是需要被阅读的，属于逻辑思维记忆；第三层之后的信息是靠视觉思维记忆的，一般起到的是暗示作用，如图 3-74 所示。

第一层的卖点文案和产品主体是需要被记忆的；第二层的次卖点、促销内容和赠品是需要被阅读的；而第三层的品牌标识和第四层的花朵等，这些因素不会被直接注意到，但是会衬托整体风格和有助于提升产品的格调。这就是信息分层的意义所在。

图 3-74 图片信息分层

5. 设计构图

在“构图篇”中我们学习了 7 种最常见的构图方法，分别是：视觉均衡构图、对角线构图、特写式构图、九宫格构图、三角形构图、黄金分割构图和画面中心构图。在图片设计中最常见的无非是正方形主图和长方形广告图，下面我们就根据图片形状比较一下构图的适用性。

在主图设计、颜色图设计和直通车图设计中，我们使用的都是正方形图片；而在店内海报、聚划算、钻展等中使用的都是长方形图片。下面通过案例比较一下哪些构图方法适合正方形图，哪些方法适合长方形构图。

（1）适合正方形构图案例

画面中心构图，如图 3-75 所示。

图 3-75 画面中心构图

视觉均衡构图，如图 3-76 所示。

图 3-76 视觉均衡构图

对角线构图，如图 3-77 所示。

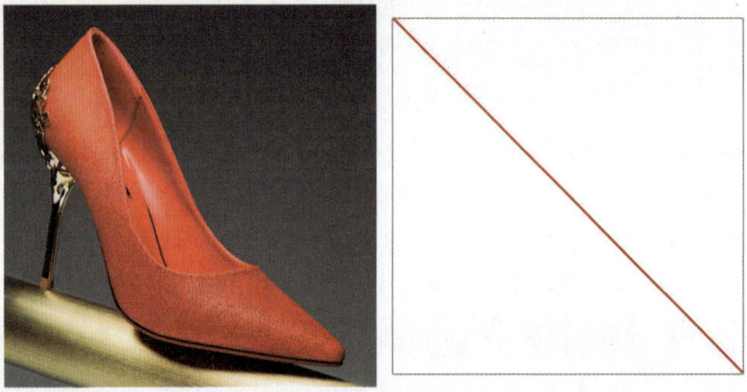

图 3-77 对角线构图

特写式构图，如图 3-78 所示。

图 3-78 特写式构图

提示：关于画面中心构图和特写式构图，一个是展示画面中心的主体产品，一个是展示局部放大的产品更利于体现细节。

（2）适合长方形构图案例

视觉均衡构图，如图 3-79 所示。

图 3-79 视觉均衡构图

对角线构图，如图 3-80 所示。

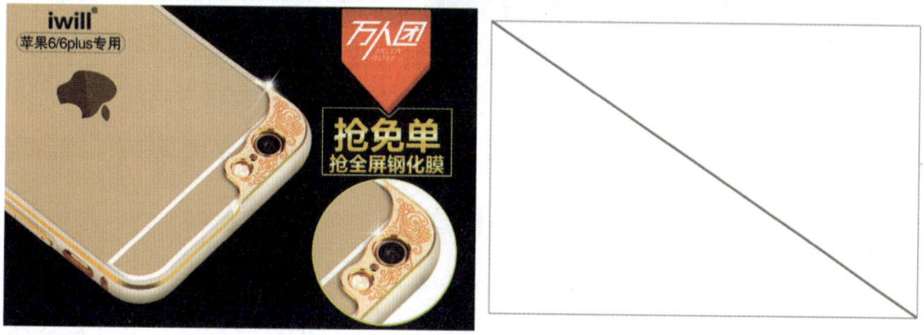

图 3-80 对角线构图

三角形构图，如图 3-81 所示。

图 3-81 三角形构图

九宫格构图，如图 3-82 所示。

黄金分割构图，如图 3-83 所示。

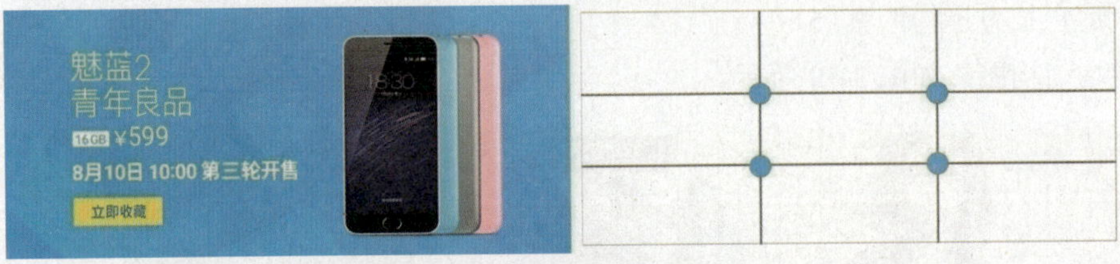

图 3-82 九宫格构图

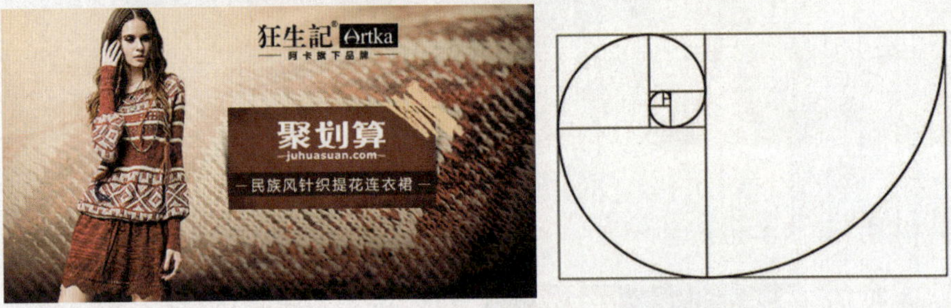

图 3-83 黄金分割构图

小结：以上构图方法是笔者在日常应用中总结的使用技巧。当然，构图不仅要参考图片形状，还要根据不同产品的不同外形最终确定构图方法的使用，以图片和谐美观、布局合理为准，并非绝对，大家在运用中要多维度考虑，不要教条主义。

6. 气氛渲染

有人说：上帝在细节中。说的是细节的重要性，在淘宝图片设计中，图片气氛的营造一般都从细节上烘托和渲染。下面我们通过案例感受一下。

如图 3-84 所示，文字、色彩、构图以及图片素材和文案等元素已经具备，但是整体表现中规中矩，总感觉缺点什么，其实在图片设计中视觉张力和氛围的塑造是依赖于细节的。我们试着把背景的纯色换成光晕效果，底部加了产品倒影和模拟舞台光的后期处理，如图 3-85 所示。

图 3-84 细节渲染前

图 3-85 细节渲染后

整个画面立刻高端上档次，产品格调得到大幅提升，这些都是细节渲染的效果。在图片设计中同样需要大处着眼、细处落笔，对图片的精细之处多加斟酌，通过细节的精心设计来衬托产品和烘托整体氛围。

7. 保存格式

如图 3-86 所示是 PS 的存储界面，这是我们常用的存储方式。

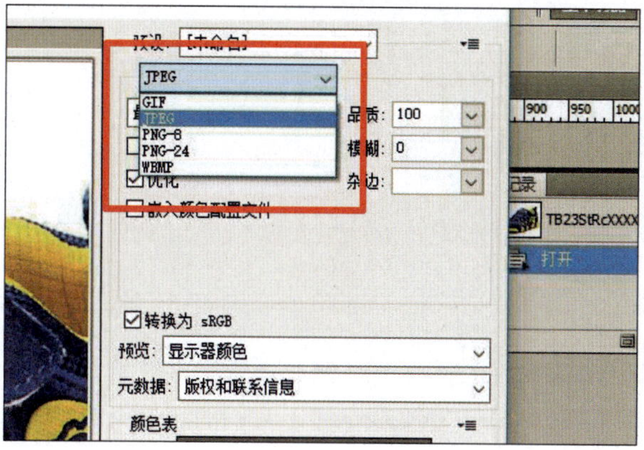

图 3-86 PS 的存储界面

各格式的区别和在淘宝中的应用：

- JPEG/JPG：最常见的图片文件格式。有损压缩，不支持动画，不支持透明色。
- GIF：网上常见的小动画大多是 GIF 格式的，常用于网页动画，无损压缩，支持单一透明色。
- PNG：无损压缩，可调半透明色，不支持动画。
- WBMP：移动设备使用的一种标准图像格式，这种格式特定使用于 WAP 网页中。WBMP 支持 1 位颜色，即 WBMP 图像只包含黑色和白色像素，而且不能制作得过大，目前此格式使用极少。

三种图片格式简单比较：

- JPEG 与 PNG 图片格式对比：JPEG 在图片压缩方面有很大的优势，但是 JPEG 是有损压缩，图片画质会有损失。一般屏幕截屏用 PNG 格式。JPEG 格式质量高，而且文件更小。
- GIF 与 PNG 图片格式对比：GIF 在简单动画领域有优势，没有动画需求时，PNG 完全可以取代 GIF。总的来说，GIF 分静态 GIF 和动画 GIF 两种，扩展名为 .gif，是一种压缩位图格式，支持透明背景图像，适用于多种操作系统，“体型”很小，在很多网页中应用的小动画都是 GIF 格式。GIF 是将多幅图像保存为一个图像文件，从而形成动画。和 JPG 格式一样，GIF 也是一种在网络上非常流行的图片格式，所以一般在网页中看到的动态图片都是 GIF 格式的。

- 在网络中小图标大多都采用 PNG 图片格式，PNG 是一种图片存储格式，可以直接作为素材使用，因为它有一个非常好的特点，就是背景透明。

在图片设计完成后，选择什么格式输出，主要是根据后台图片格式要求和图片格式特性来选择最佳输出的。

提示：建立素材库

建立常用的素材库，可以极大地提高效率，以适应淘宝活动的快速反应要求。常用的素材库包括 PSD 分层图库、常用符号、形式语言库和图片素材库。

3.3 网店常用图片设计

3.3.1 主图设计

我们一直在说，主图非常重要，那么什么是主图呢？其位置和展现有什么特点？现在我们来模拟平时网购时的购物流程。比如要买咖啡杯，我们的第一个动作是在淘宝搜索框中输入关键词“咖啡杯”，单击“搜索”按钮，搜索结果页面如图 3-87 所示。在搜索结果页面中，笔者用红框标出来的图片，也就是展现在我们眼前的产品图片，就是产品主图。

图 3-87 搜索结果页面

如图 3-88 所示，这是卖家店铺发布产品的后台，主图一共有 5 张，其中第一张图片是呈现在买家眼前的。

第一张图片是要在搜索结果页面中展现的。也就是说，主图的位置和展现特点，是决定产品能不能被点击的重要因素之一，所以我们说主图的重要性非同一般。在主图的制作中，5 张主图建议从不同的角度展示产品，比如服装类目建议从正面、侧面、背面、细节、包装分别进行展示。下面我们以咖啡杯的第一张主图为例，大家跟随所介绍的步骤动手制作一张主图。

图 3-88 主图发布后台

1. 主图设计之美工工单解析

美工部门接到工单之后，解析工单，如图 3-89 所示。

美工设计工作单				
提交部门/人员	运营部小白		提交时间	9月1日
任务类型	常规	紧迫程度	特急单经理签字	
类别	主图		期望完成时间	9月3日
任务接收人			任务接收日期	
设计风格及调性需求	白底主图和图片背景主图各一张，简约风格			
设计中必须出现的元素	品牌LOGO			
制作规范	图片尺寸	700像素*700像素		
	字体	无		
	色彩	由美工设定		
	图文排版布局	由美工设定		
参考范例				
任务完成日期		任务完成人签字确认		
		项目经理签字确认		

图 3-89 美工工单之主图

我们从工单里提取的设计主图任务的要求是白底主图和图片背景主图各一张，尺寸是 700 像素 *700 像素，在制作规范中关于字体、色彩和排版布局没有相关指令。解析工单之后，我们开始着手制作主图。

2. 主图设计之选择素材

如图 3-90 所示，从清晰度和照片曝光方面比较，它们都是符合基本要求的图片；从主体突出角度比较，显然图片 C 和图片 D 不符合。那么图片 A 和图片 B 比较，图片 B 的产品主图突出，而且产品完整性很好；图片 A 没有加盖子，产品整体表现不完整。所以通过多个素材对比，最终我们选择图片 B 来作为制作主图的素材。

图 3-90 主图素材

3. 主图设计之确定尺寸

根据工单提供的尺寸 700 像素 *700 像素新建主图文件，如图 3-91 所示。同时我们要知道图片的这个尺寸对于主图的呈现是最佳效果，而且在主图尺寸大于等于 700 像素 *700 像素时，系统会自动提供放大镜功能，更有利于产品呈现（放大镜功能见后文详解）。

4. 主图设计之信息分层

信息分层工作可以先用书稿形式区分，然后直接应用到 PS 制作当中。基本思路是陈列素材，根据目标区分信息传达的层次关系。案例中主图信息分层如下：

- 第一层：图片—产品主体
- 第二层：产品 LOGO
  图片—产品倒影
- 第三层：图片—背景图片（白色背景或者图片背景）

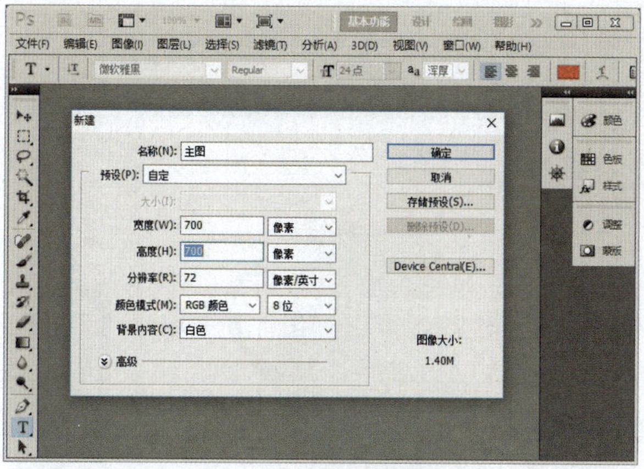

图 3-91 新建主图文件

5. 主图设计之构图

根据以正方形呈现图片和产品外形的综合比较，选择使用画面中心构图方法来制作主图。由于素材 B 是画面中有多个产品主体，对画面中心的呈现不够清晰，所以先把产品主体从素材中抠出来，如图 3-92 所示。

图 3-92 抠图

新建尺寸为 700 像素 * 700 像素的白底图片，导入刚才抠出来的产品主体，如图 3-93 所示。

导入素材后，调整产品主体的大小，微调产品主体在画面中的占比，并且放入画面中心，完成画面中心构图，如图 3-94 所示。

图 3-93 新建白底图片，导入素材

图 3-94 微调产品主体的画面占比及位置

6．主图设计之细节渲染

对于部分类目，淘宝后台有要求必须是白底图片。比如在天猫商城就有相关规定，在这种情况下则不能加背景或场景渲染，只需要白底图片加 LOGO 就可以了。在淘宝集市店铺对主图背景没有明确的规范，可以加背景或其他场景图渲染整个图片氛围。但是会对部分单纯为了提高醒目程度放大字体，甚至遮盖商品主体而影响买家消费体验的牛皮癣图片，淘宝会给以不同程度的搜索排序处罚。关于牛皮癣图片的界定，会在本节最后通过案例进行说明。现在我们继续介绍主图细节处理。

如图 3-95 所示，在图片的左上角加 LOGO，再给产品加一个很有档次感的倒影，经过简单的几个步骤，我们已经得到了一张符合后台要求的白底主图。

图 3-95 主图细节渲染

如果没有图片背景要求，则可以再加一个能够很好地衬托主体的背景，如图 3-96 所示。

图 3-96 加背景图层

7. 主图设计之保存主图

在添加背景之前，保存图片，如图 3-97 所示。

图 3-97 保存白底图片

这样我们就得到了一张纯白背景的主图，如图 3-98 所示，可以将该图片应用到店铺中了。

图 3-98 白底主图效果

如果需要一张有背景渲染的主图，则只需要在添加背景之后再保存一次就可以了，如图 3-99 所示。

图 3-99 保存加背景图片

加背景主图比白底主图在色彩对比上更醒目，如图 3-100 所示。

图 3-100 加背景主图效果

小结：主图设计注意事项

- 发布产品时，淘宝后台会提示主图文件大小不能超过 3MB，否则不能上传。
- 主图尺寸在大于等于 700 像素 *700 像素时，系统默认提供放大镜功能，如图 3-101 所示。
- 商品主图要清晰，文字和色块不能太多，不能干扰商品主体。

图 3-101 主图的放大镜功能

下面简单说一下牛皮癣图片。

目的：

进一步提升用户体验，同时提高卖家商品的点击转化率，给卖家带来更多的优质流量。

措施：

将牛皮癣的严重程度作为一个排序因素参与到排序中，不同的严重程度会对排序有不同的影响。在价格排序下，会对严重牛皮癣的商品默认不进行展示。

严重牛皮癣图片范例，如图 3-102 所示。多个文字区域，大面积铺盖，干扰正常查看宝贝。

图 3-102 严重牛皮癣图片范例

不影响搜索排序的标准图片范例，如图 3-103 所示。

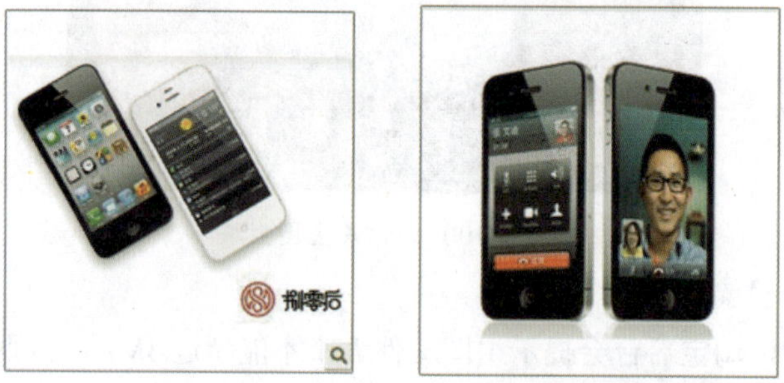

图 3-103 不影响搜索排序的标准图片范例

3.3.2 颜色图设计

颜色图在详情页面中主图的右侧，针对产品的颜色进行直观的效果展示。如果没有颜色图，系统自动显示文字，不如图片直观，如图 3-104 所示。

图 3-104 详情页面中的颜色图呈现

颜色图的使用对一些非标准颜色的产品展示更直观，而且形式上更具美感，加了品牌 LOGO 的颜色图更是对品牌印象的加深和提升。下面我们来看一下设计步骤。

1. 颜色图设计之美工工单解析

美工部门接到工单之后，解析工单，如图 3-105 所示。

我们从工单里提取的设计颜色图任务的要求是四张颜色图，尺寸为 700 像素 * 700 像素，在制作规范中关于字体、色彩和排版布局没有相关指令。解析工单之后，我们开始着手制作颜色图。

2. 颜色图设计之选择素材

使用颜色图最主要目的是为了很好地展示产品的颜色，让买家对产品颜色有更直观的感受。如图 3-106 所示，这两组素材对于产品主体的呈现和色彩表达方式基本一致，但是从信噪比角度考虑，B 组图片中非白底的背景和拍摄道具的使用，使其综合效果不如 A 组图片，所以我们选择 A 组图片作为颜色图的素材。

3. 颜色图设计之确定尺寸

对于颜色图的尺寸，淘宝后台没有相关的规范，图片能完成颜色展示即可，所以在制作时可以自定义尺寸，比例是 1 ：1 正方形就可以了。工单中尺寸是 700 像素 * 700 像素，笔者推荐大家沿用主图的 700 像素 * 700 像素尺寸，这个尺寸的图片效果呈现最佳，而且便于图片规范和存储管理。下面我们新建一个 700 像素 *700 像素的颜色图文件，如图 3-107 所示。

美工设计工作单					
提交部门/人员	运营部小白			提交时间	9月1日
任务类型	常规	紧迫程度		特急单经理签字	
类别	颜色图			期望完成时间	9月3日
任务接收人				任务接收日期	
设计风格及调性需求	四张颜色图，简约风格				
设计中必须出现的元素	品牌LOGO				
制作规范	图片尺寸	700像素*700像素			
	字体	无			
	色彩	由美工设定			
	图文排版布局	由美工设定			
参考范例					
任务完成日期			任务完成人签字确认		
			项目经理签字确认		

图 3-105 美工工单之颜色图

A组

B组

图 3-106 颜色图素材

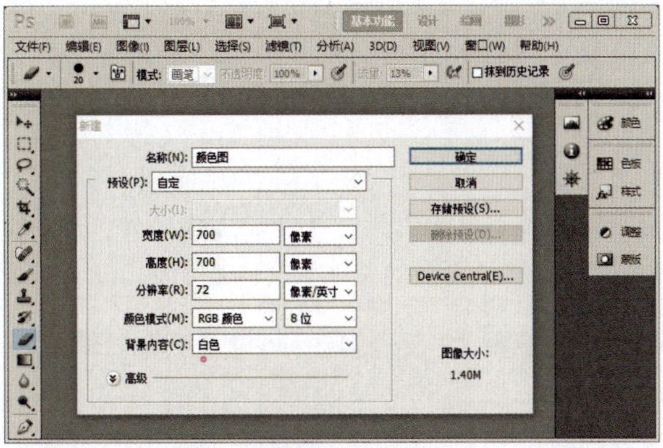

图 3-107 新建颜色图文件

4．颜色图设计之信息分层

由于颜色图画面简洁，信息一共分三层。

- 第一层：图片—产品主体
- 第二层：颜色文字
  产品 LOGO
- 第三层：图片—白底背景

5．颜色图设计之构图

颜色图构图非常适合使用画面中心构图方法，可以很好地呈现主体，又不会局部展现过多而影响买家对整体色彩的视觉体验，如图 3-108 所示。

图 3-108 颜色图构图

素材图抠图后放入新建的白底颜色图中，调整主体在画面中的大小占比，并且移动到画面中心，完成构图设计。

6. 颜色图设计之细节渲染

白底图能更清晰地展示产品的真实色彩，在产品主体之外，加入 LOGO 和颜色文字，如图 3-109 所示。细节部分已经足够，再多的修饰只会画蛇添足，影响最终效果的呈现。

图 3-109 颜色图设计之细节渲染

7. 颜色图设计之保存格式

颜色图存储为 JPEG/JPG 格式，如图 3-110 所示。

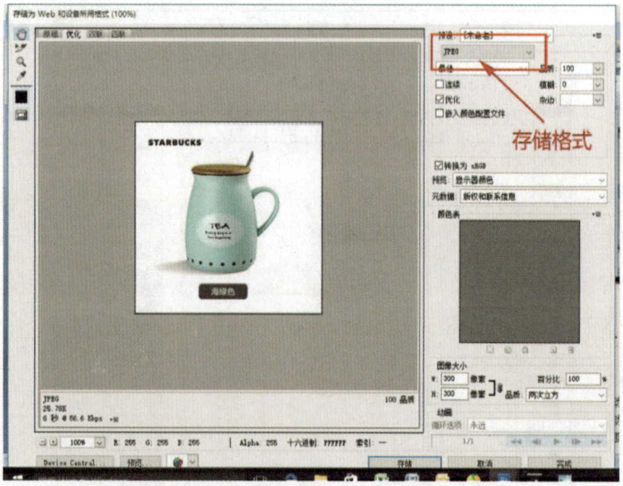

图 3-110 颜色图存储格式

至此，颜色图制作完毕，如图 3-111 所示，可以将该颜色图应用到店铺中了。

图 3-111 颜色图效果

做好一张颜色图之后，重复上面的步骤，依次做出不同颜色的图片，分别上传到发布后台对应颜色的图片入口，就会在前台呈现出整齐划一的系列颜色图，如图 3-112 所示。

图 3-112 系列颜色图效果

注意事项：在制作产品颜色图时，图片的风格、背景、构图和 LOGO 位置都要保持一致，以保证发布到页面中形式统一、直观的效果。

3.3.3 店内海报图设计

从功能上店内海报图一般分两大类：整店海报图和单品海报图。整店海报图是店内促销活动的整体呈现，图片素材要选择能体现店铺风格的场景图，文案要体现整店促销活动和信息。单品海报图是针对单品的卖点促销宣传，文案和素材注重突出单品风格和卖点。目的不同制作思路也不尽相同。下面我们以单品广告图为例进行介绍。

1. 店内海报图设计之工单解析

美工部门接到工单之后，解析工单，如图 3-113 所示。

美工设计工作单					
提交部门/人员	运营部小白			提交时间	9月1日
任务类型	常规	紧迫程度		特急单经理签字	
类别	店内海报图			期望完成时间	9月3日
任务接收人				任务接收日期	
设计风格及调性需求	展示产品档次感和促销力度				
设计中必须出现的元素	品牌LOGO、促销信息、引导标签				
制作规范	图片尺寸	750像素*400像素			
	字体	无			
	色彩	背景图已经提供，搭配色彩由美工设定			
	图文排版布局	由美工设定			
参考范例					
任务完成日期		任务完成人签字确认			
		项目经理签字确认			

图 3-113 美工工单之店内海报图

我们从工单里提取的设计店内海报图任务的要求是一张海报图，尺寸为750像素*400像素，要求图片能很好地展示产品档次感和促销力度，在制作规范中关于字体、搭配色彩和排版布局没有相关指令。解析工单之后，我们开始着手制作店内海报图。

2. 店内海报图设计之选择素材

提供给美工部门的原始素材如图3-114所示。背景图是搭配LOGO颜色选定的，我们需要从图A和图B中选择一张图片作为产品主体。从拍摄角度和清晰度来看，两张图片都是符合标准的，但最终选定图A是因为产品的摆放更有层次感和视觉立体感，而图B过于一马平川，视觉冲击力不够。

3. 店内海报图设计之确定尺寸

这里以淘宝集市店铺详情页海报图为例，尺寸设定为750像素*400像素，如图3-115所示。

图 3-114 店内海报图素材

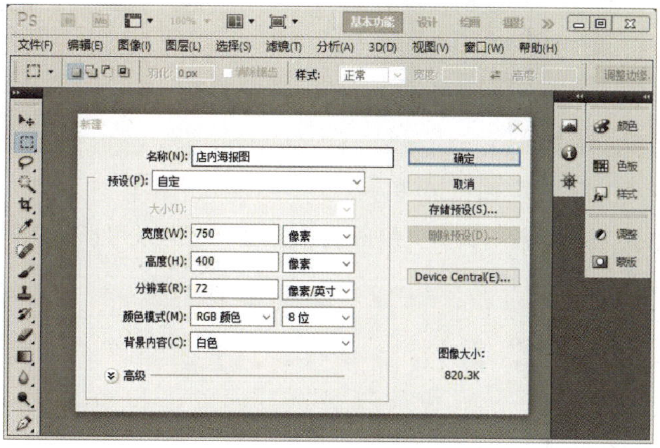

图 3-115 新建店内海报图文件

4. 店内海报图设计之信息分层

设计店内海报图的目的是为了展示产品卖点，同时突出促销信息。在制作过程中，精准第一层信息后，其他层信息依次罗列。信息分层如下：

- 第一层：图片—产品主体
- 第二层：文案—促销信息
- 第三层：文案—产品卖点
- 第四层：图片—背景图片 + 细节渲染

5. 店内海报图设计之构图

尺寸为 750 像素 *400 像素的海报图，长方形，结合产品主体和文案素材的内容，初步确定使用九宫格构图方法——先尝试按九宫格构图方法排版，如果不合适，再测试其他构图方法。大家在实际操作中也要这样，对于多元素的图片设计，在构图方面要多测试、多比较，以确保最后呈现效果完美。下面我们按九宫格构图方法进行操作，把素材导入图片中后，向左移动，如图 3-116 所示。

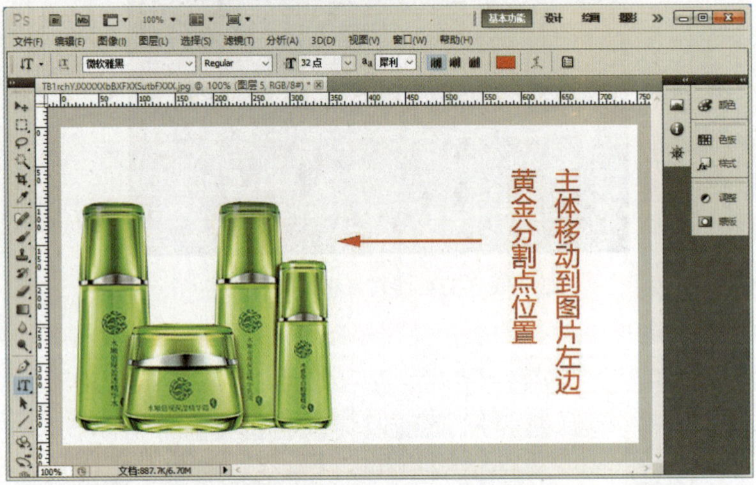

图 3-116 店内海报图设计之构图步骤 1

图片主体位置确定之后，输入文案文字和促销信息，这时候可以拉出模拟九宫格的参考线做内容排版位置参考，如图 3-117 所示。

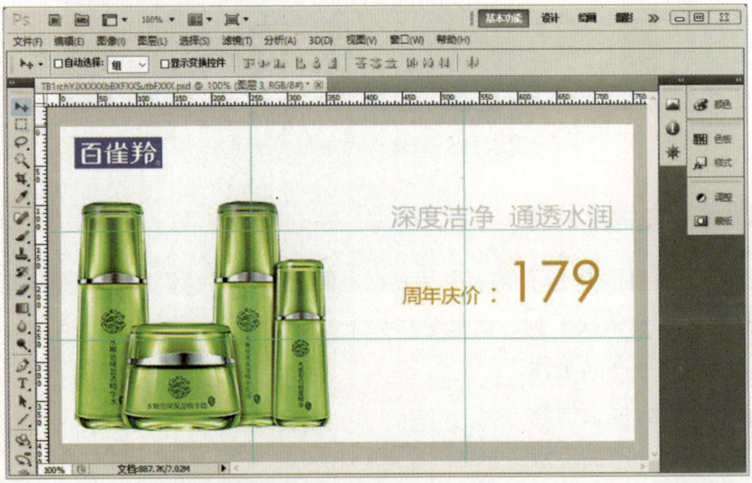

图 3-117 店内海报图设计之构图步骤 2

6. 店内海报图设计之细节渲染

继续上面的步骤，产品主体、文案和促销信息以及LOGO等基本信息已经具备，但是图片还远未完成，图片的精髓在于细节的渲染和烘托。在之前的基础上首先加入背景图层，整个画面豁然开朗，氛围有了质的变化，然后对字体粗细、颜色、大小对比等进行精细的编辑，尤其对促销价格的字体放大加粗，并且使用了和背景的蓝色反差极大的橙色系颜色，醒目突出，从形式上突出了促销的主题，如图3-118所示。

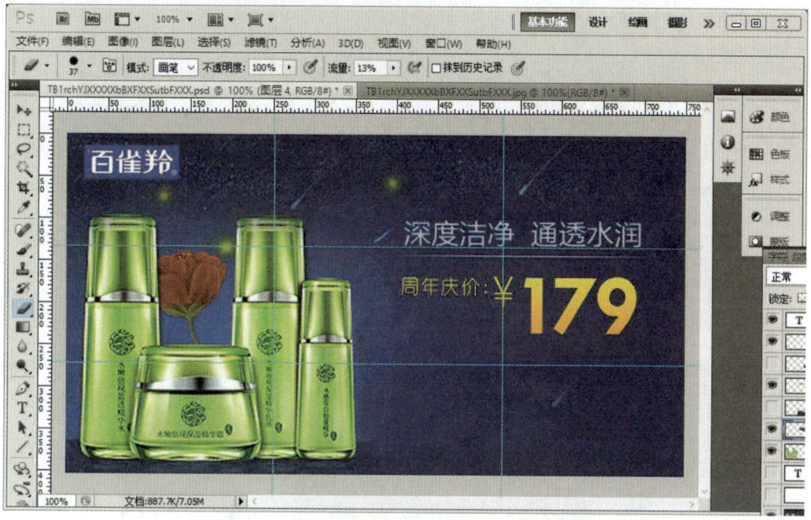

图3-118 店内海报图设计之细节渲染

操作到这个步骤，相信很多同学会说我们已经做完了，接下来保存图片吧。但是想一想，在图片上还可以加什么样的细节修饰？你想到的是明暗效果，还是字体排版微调，抑或是有关色彩调整？接下来看笔者的操作，看在图片中加了什么内容，如图3-119所示。

是的，加入了引导标签，而且还是颜色醒目的引导标签！大家不要小看引导标签的作用，心理学告诉我们，对于页面或图片中一些引导性的词语或图形，人们会更有点击的欲望。所以在海报图制作中，不但要呈现出产品的卖点和促销信息，还要对买家进行点击引导，以增加产品的浏览量，进而提高转化率，最终让销售额得到提升，从而达到图片设计的最终营销目的。

7. 店内海报图设计之保存格式

海报图一般用JPEG格式保存，如图3-120所示。

图片存储成功，一张精美的详情页海报图制作完成了，如图3-121所示。

小结：添加引导标签会有效地提升图片的点击率，进而增加产品的浏览量。所以这个步骤很重要，大家在设计细节时要注意。

图片尺寸、文件大小和保存格式要根据使用的位置因地制宜，以呈现最佳效果。

图 3-119 加入引导标签

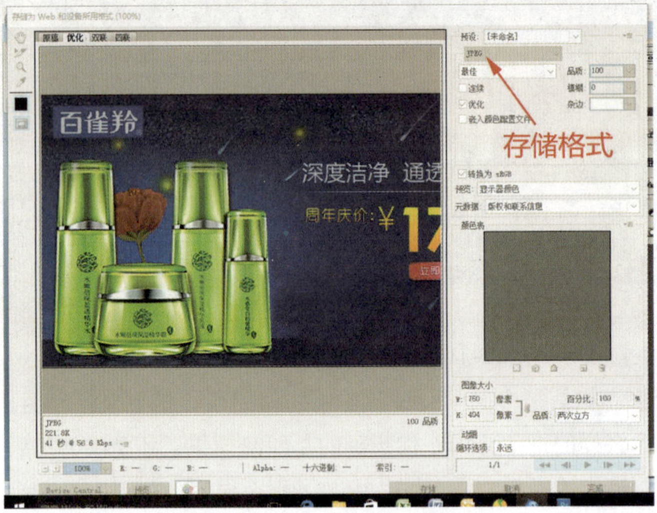

图 3-120 店内海报图存储格式

图 3-121 店内海报图效果

3.3.4 直通车图设计

直通车是淘宝付费推广的一种，是按点击收费的。在搜索页面中，PC 端直通车展示位置如图 3-122 所示。

图 3-122 PC 端直通车展示位置

直通车主图主要包括两种类型：一种是最常见的单品直通车图，即针对单品推广的直通车主图；另一种是店铺直通车图。这两种直通车图的意义及作用是不一样的。单品直通车图更侧重于单个产品的信息传递或销售诉求，以销售转化为最终目的；店铺直通车图更侧重于品牌传递，通过集中引入流量在店内分流的方式，实现流量的价值最大化。店铺直通车图一般会以整店促销或类目专场的方式呈现。

考虑到单品直通车图应用的广泛性，下面就以单品为例，制作一张单品直通车推广图。

1. 直通车图设计之工单解析

美工部门接到工单之后，解析工单，如图 3-123 所示。

美工设计工作单

提交部门/人员	运营部小白			提交时间	9月1日
任务类型	常规	紧迫程度		特急单经理签字	
类别	直通车单品图片			期望完成时间	9月3日
任务接收人				任务接收日期	
设计风格及调性需求	产品主体及促销醒目、整体有视觉冲击力				
设计中必须出现的元素	品牌LOGO				
制作规范	图片尺寸	800像素*800像素			
	字体	由美工设定			
	色彩	由美工设定			
	图文排版布局	由美工设定			
参考范例					
任务完成日期			任务完成人签字确认		
			项目经理签字确认		

图 3-123 美工工单之直通车图

我们从工单里提取的设计直通车图任务的要求是一张直通车单品图，尺寸为 800 像素 * 800 像素，要求图片产品主体及促销醒目，整体有视觉冲击力，在制作规范中关于字体、搭配色彩和排版布局没有相关指令。解析工单之后，我们开始着手制作直通车单品图。

2. 直通车图设计之选择素材

首先我们分析一下摄影部门提供的原始图片，如图 3-124 所示。虽然图 B 和图 C，可以很好地呈现产品的颜色特征和包装外形的档次感，但是对于产品的独立完整呈现稍逊色些。

图 D 和图 E 都符合主体突出的特征，如果是制作主图，这两张图片非常合适，至于是不是适合做直通车图片，我们继续往下看案例。图 A 和图 F 在很好地呈现产品主体的同时，图 F 用了创意性近景呈现的拍摄手法，感觉新奇、另类，图 A 用了层叠摆放的方式，使图片有很强的视觉冲击力。在很好地展示产品主体的前提下，这两张图片比其他几张更有创意和视觉冲击力。在工单中我们看到有文案部分呈现，如果用图 A 做产品主体，那么图片中势必没有更多的空间预留给文案部分。所以最终我们选择图片 D 做素材。

图 3-124 直通车图素材

3. 直通车图设计之确定尺寸

直通车后台推荐的图片尺寸是 800 像素 * 800 像素。经过淘宝工作人员的综合多维度测试，发现图片尺寸在 800 像素 * 800 像素下，直通车展位图片能在网页中有最佳表现，所以将直通车图片尺寸设定为 800 像素 * 800 像素。新建直通车图文件如图 3-125 所示。

4. 直通车图设计之信息分层

首先确定产品主体是第一层信息，因为直通车广告图的目标人群对产品主体比较关注；然后确定第二层信息是，促销折扣，因为页面版式的关系，价格部分不是十分醒目，而关于产品价格又是买家比较关注的点；最后确定第三层信息是产品广告语和品牌 LOGO，第四层信息是背景层，用于渲染气氛。信息分层如下：

- 第一层：图片—产品主体
- 第二层：文案—促销信息 :55 包邮

- 第三层：文案—美国原装进口（突出品质），品牌信息
- 第四层：图片—背景图片 + 细节渲染

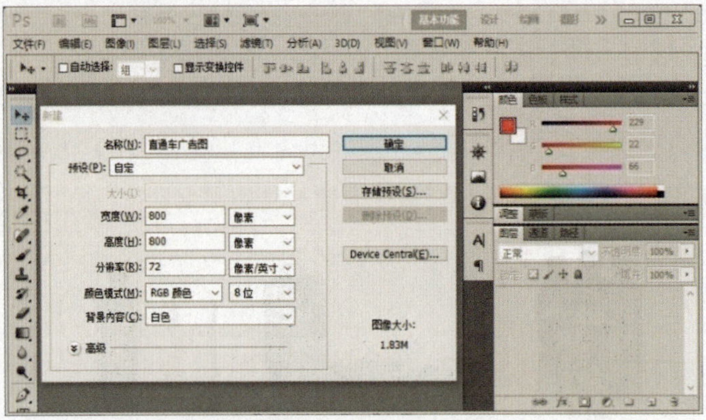

图 3-125 新建直通车图文件

5. 直通车图设计之构图

根据瓶身形状，以及要在画面中更多地营造突出视觉冲击力，如果将产品主体放在正中间的话，那么文案和促销信息就无从落笔了，所以把主体右移，放在视觉最舒适的黄金分割点上（如图 3-126 所示），左侧的留白可以写入文案和促销信息，这样是比较和谐的构图（如图 3-127 所示）。

图 3-126 直通车图设计之构图步骤 1

图 3-127 直通车图设计之构图步骤 2

6. 直通车图设计之细节渲染

经过信息分层和构图的图片已经初具雏形，产品主体和文案表述都很清晰明了，只是整体图片气氛还没有从画面中呈现出来，下面我们就对图片做一些细节处理。首先加一个同样黑白色系的水波背景，和产品的黑水相呼应，并且把文案部分的字体做粗细和颜色变化，包括对品牌 LOGO 的字体放大化处理，和瓶身的 LOGO 相呼应，整体效果更加大气，而且让人印象深刻。最终呈现效果如图 3-128 所示。

图 3-128 直通车图设计之细节渲染

7. 直通车图设计之保存格式

直通车图目前不支持动态图片，所以保存为 JPEG 图片格式，如图 3-129 所示。

图 3-129 直通车图存储格式

至此，直通车图制作完成，最终效果如图 3-130 所示。

图 3-130 直通车图效果

注意事项：单品图和整店图对推广图片大小没有限制（店铺展示位上的推广图片会被压缩成 210 像素 *315 像素尺寸），从形状维度上看，单品图为正方形，整店图为高大于宽的长方形，所以在构图时要注意形状区别，并参考素材呈现选择最合适的构图方法。综合各类目优秀图片的特征，建议图片中产品的面积占比至少为30%或以上，同时文字/水印的数量尽量减少，不建议有边框；建议产品文案突出宝贝的属性、功效、品质、信誉、价格优势等。

3.3.5 活动图片设计

淘宝官方活动，比如聚划算、淘抢购、天天特价等是免费或付费资源，我们需要区分各个活动和店铺的相关性，符合相关规定就可以报名参加官方活动，一般活动规定图片和产品相关参数必须符合后台要求才能通过审核，因此图片规范与否尤为重要。我们以天天特价活动为例，在制作图片之前要知道天天特价活动对图片的要求和规范，如图3-131所示。

参加其他活动也是一样的步骤，要了解相关平台的图片规范，并严格按照要求来制作。下面我们来制作一张天天特价活动图片。

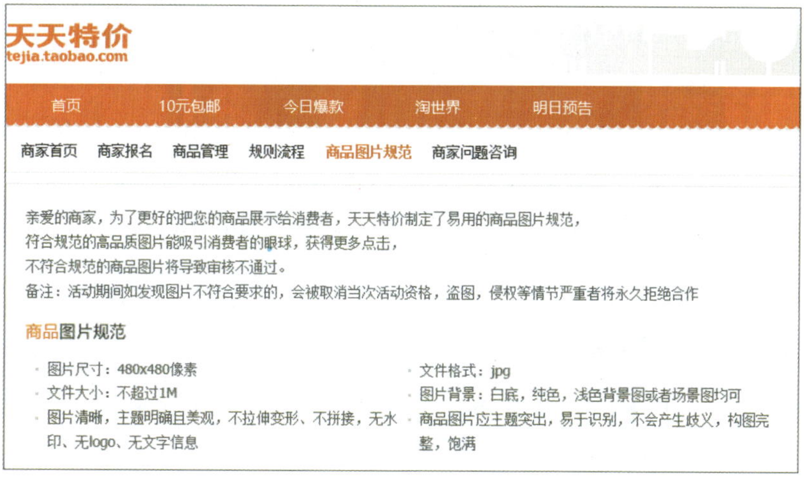

天天特价
tejia.taobao.com
首页
10元包邮
今日爆款
淘世界
明日预告
商家首页
商家报名
商品管理
规则流程
商品图片规范
商家问题咨询
亲爱的商家，为了更好的把您的商品展示给消费者，天天特价制定了易用的商品图片规范，
符合规范的高品质图片能吸引消费者的眼球，获得更多点击，
不符合规范的商品图片将导致审核不通过。
备注：活动期间如发现图片不符合要求的，会被取消当次活动资格，盗图，侵权等情节严重者将永久拒绝合作
商品图片规范
图片尺寸：480x480像素
文件格式：jpg
文件大小：不超过1M
图片背景：白底，纯色，浅色背景图或者场景图均可
图片清晰，主题明确且美观，不拉伸变形、不拼接，无水印、无logo、无文字信息
商品图片应主题突出，易于识别，不会产生歧义，构图完整，饱满

图 3-131 天天特价活动商品图片规范

1. 活动图片设计之工单解析

美工部门接到工单之后，解析工单，如图3-132所示。

我们从工单里提取的设计活动图片任务的要求是一张天天特价活动图，尺寸为480像素*480像素，要求图片主体醒目，符合活动图片的要求，在制作规范中关于字体、搭配色彩和排版布局没有相关指令。解析工单之后，我们开始着手制作天天特价活动图片。

美工设计工作单					
提交部门/人员	运营部小白			提交时间	9月1日
任务类型	常规	紧迫程度		特急单经理签字	
类别	天天特价活动图			期望完成时间	9月3日
任务接收人				任务接收日期	
设计风格及调性需求	按天天特价活动要求制作				
设计中必须出现的元素	无				
制作规范	图片尺寸	按天天特价活动要求制作			
	字体	由美工设定			
	色彩	由美工设定			
	图文排版布局	由美工设定			
参考范例					
任务完成日期			任务完成人签字确认		
			项目经理签字确认		

图 3-132 活动图片设计之工单

2. 活动图片设计之选择素材

如图 3-133 所示，素材分实拍图和模特图。首先从产品颜色上选择，在色彩中蓝色和橙色互为补色，相应的蓝黄搭配色彩对比也非常醒目，在页面中呈现很容易抓住买家的眼球，而红黑色系的搭配虽然从色彩角度看也和谐统一，但是对比反差不够强烈，不如蓝黄搭配更醒目，所以我们初步确定素材选择用蓝黄搭配的鞋子。然后从模特图和实拍图中选择，大家可以在天天特价上线后的页面中观察一下图片的显示大小，实际显示的尺寸是很小的，而模特图在小尺寸图片模式下不能很好地呈现产品主体，所以最终我们选择图 A 作为天天特价活动图片素材。

3. 活动图片设计之确定尺寸

天天特价活动规范中有很明确的尺寸规定：480 像素 *480 像素，新建文件如图 3-134 所示。

图 3-133 活动图片素材

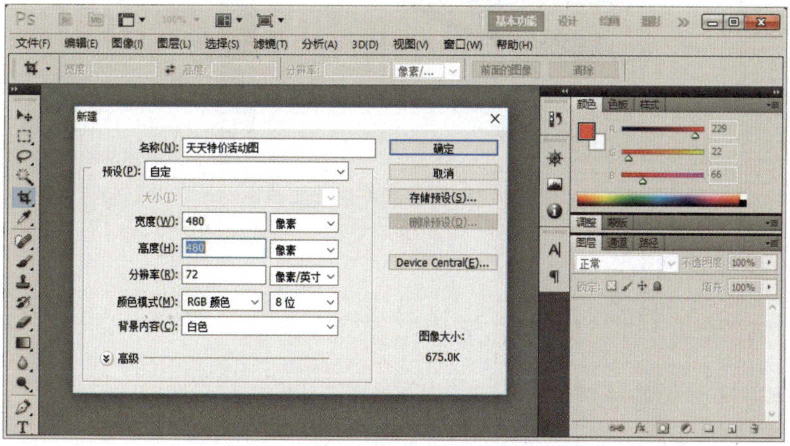

图 3-134 新建天天特价活动图片文件

4. 活动图片设计之信息分层

一般来说，除了个别活动平台，比如聚划算，其他大部分活动都要求使用白底图片，天天特价活动要求使用白底图片。信息分层如下：

- 第一层：产品主体
- 第二层：白色背景

5. 活动图片设计之构图

活动图片构图也要区分是长方形还是正方形图片，比如聚划算就是长方形图片，天天特价活动是正方形图片，根据素材的外形特点，此处我们选择使用对角线构图方法。首先对素材部分进行抠图处理，然后把抠图处理的主体部分放在白底图片中，合成一张符合要求的白底图片，最后微调产品的角度，从视觉上更符合对角线构图的结构，如图 3-135 所示。

图 3-135 活动图片设计之构图

6. 活动图片设计之细节渲染

天天特价活动要求图片无 LOGO、无水印、无文字信息。

7. 活动图片设计之保存格式

活动图片的保存格式严格按照活动报名要求来选择，活动要求是 JPG 文件，那么就要按照要求保存为 JPG 格式（JPEG 等同于 JPG 格式），文件大小小于 1MB，如图 3-136 所示。

天天特价活动图片制作完成，效果如图 3-137 所示。

注意事项：上面我们了解了天天特价活动的图片要求，下面给出图片的正确示范、错误示范以及后台相关要求。

- 正确示范，如图 3-138 所示。
- 错误示范，如图 3-139 所示。

图 3-136 天天特价活动图片存储格式

图 3-137 天天特价活动图片效果

图 3-138 正确图片示范

小结：天天特价活动的图片规范是比较典型的案例，在淘宝中除了天天特价平台，还有淘抢购、淘宝清仓等活动平台，其他活动的图片规范和制作流程与天天特价活动相似度极高，这里不再一一举例说明，大家参照活动后台即可。

图 3-139 错误图片示范

- 活动图片之聚划算相关

因为聚划算活动的火爆盛况受到更多的关注，下面就介绍一下聚划算活动相关的图片规范。

聚划算平台为了使商品能更好地展示给消费者，拟定了关于标题及图片的规范，主要是在画面主体、元素、色彩、氛围等构成是否和谐、构图形式、元素的取舍及构成、画面品质感等方面进行优化。

商品图片优化的四个方面：

（1）建议图片背景只选择真实拍摄的实景或者单色背景其中一种（包括同一色调的渐变），不建议使用多色或者多个实拍背景，不建议出现水印。

（2）建议不要使用画中画，商品图片需要展示多个主体（模特、商品）时，建议保持同类主体（模特、商品）之间比例一致且背景统一，不建议多色商品展示与色卡展示同时使用。

（3）原则上，商品图片不建议添加任何文字内容（除 LOGO 以外）。若一定要添加文字内容，文案不得显示在模板规定范围（300 像素 *300PX）之外。不得使用规定以外的任何其他字体（规定字体是指方正兰亭黑体和商家已获授权的其他字体），字号不小于 32 号（以原图尺寸为参照），文字颜色不限但不得使用渐变、描边、投影等效果及背景；文案中不得出现折扣、价格、原价等重复信息。

（4）LOGO 统一放置在画面左上角，不得添加底色，显示大小最宽不超过 180 像素，最高不超过 120 像素。

* 注：规定为强制执行，不符合者将无法通过审核。

3.3.6 钻展图片设计

钻石展位简称钻展，是淘宝页面广告中的一种，按千次展现收费。这意味着在同等展现量的情况下，钻展图片的点击率越高，单次点击成本越低，钻展的投入产出比越高。钻展的投放位置非常多，我们可以在钻展后台的全类目淘内外资源位推荐中找到投放的位置和尺寸信息。关于展示效果，请参考淘宝首页部分钻石展位的展示，如图 3-140 所示。

图 3-140 淘宝首页部分钻石展位

我们说钻展图片的点击率直接影响投放效果，甚至是店铺运营效益。那么，高点击率就是钻展图片的必需前提之一，其中文案和创意的戏剧化表达手法能让原本枯燥乏味的装修变得有趣，这是一个不错的选择。我们对成功创意的定义是在完成品牌信息传播的同时，达到店铺引流的目的。那么在制作钻展图片的过程中哪些因素能有效提升点击率呢？请看下文介绍。

1. 钻展图片设计之工单解析

美工部门接到工单之后，解析工单，如图 3-141 所示。

美工设计工作单

提交部门/人员	运营部小白		提交时间	9月1日
任务类型	常规	紧迫程度	特急单经理签字	
类别	钻展图片		期望完成时间	9月3日
任务接收人			任务接收日期	
设计风格及调性需求	潮爆风格、极强的视觉冲击力			
设计中必须出现的元素	文案信息：文案-最后一天疯抢。文案-2015秋冬女装新品。文案毛呢/毛衣/连衣裙/裤子焕新价28元起。产品LOGO			
制作规范	图片尺寸	520像素*280像素		
	字体	非系列图片，由美工设定		
	色彩	非系列图片，由美工设定		
	图文排版布局	非系列图片，由美工设定		
参考范例				
任务完成日期		任务完成人签字确认		
		项目经理签字确认		

图 3-141 钻展图片设计之美工工单

我们从工单里提取的钻展图片设计任务的要求是潮爆风格，具有极强的视觉冲击力，尺寸为 520 像素 *280 像素，有指定背景图，有具体文案素材，在制作规范中关于字体、搭配色彩和排版布局没有相关指令。解析工单之后，我们开始着手制作钻展图片。

2. 钻展图片设计之选择素材

如图 3-142 所示，原始两张图片素材比较，图 A 为模特全身展示，图 B 是半身近景呈现，从图片略小画面尺寸考虑，近景呈现的素材更合适；从信噪比角度考虑，人会不自觉地关注画面中人的眼睛，而闭着的眼睛不会更多地吸引目光的关注。综合考虑，选择图 B 作为案例中的模特素材。

图A　　图B

图 3-142 钻展模特素材

3．钻展图片设计之确定尺寸

和直通车主图不同的是，钻展的位置众多而且尺寸各异。在钻展位置方面，仅投放大类就包括天猫首页、淘宝首页、淘宝旺旺、站外门户、站外社区、无线淘宝等，对应的钻展尺寸更是多达数十种。大家在制作图片之前，首先要确定钻展投放位置，然后从后台获得图片尺寸信息。本案例按照工单中给出的尺寸 520 像素 *280 像素，新建一个白底图片文件，如图 3-143 所示。

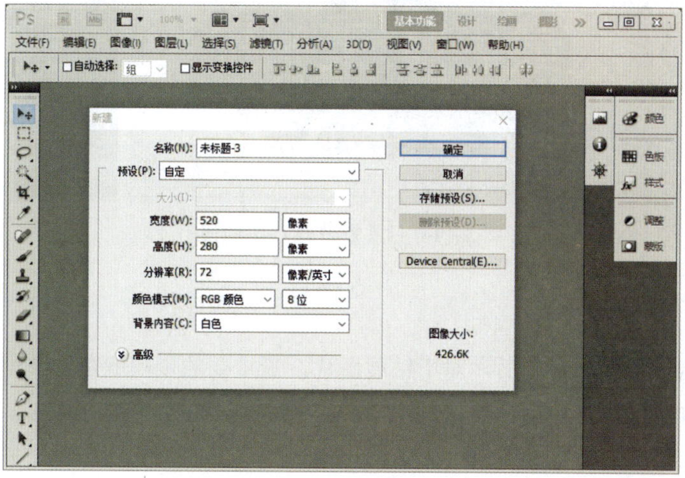

图 3-143 新建钻展图片文件

4. 钻展图片设计之信息分层

在有限的画面上，越啰唆越失败，所以从促销元素到设计元素都务必精简，并重墨在主要素材呈现上。操作时要精简并放大主要主题，根据工单内容和素材的选择，信息分层如下：

- 第一层：文案—最后 1 天疯抢
- 第二层：文案—2015 秋冬女装新品
  图片—模特主体
- 第三层：文案毛呢 / 毛衣 / 连衣裙 / 裤子“焕新价 28 元起”
  图片—LOGO
- 第四层：图片—背景 + 背景细节渲染

5. 钻展图片设计之构图

钻展的首焦图片，位于整个页面的中上部分，是非常好的广告位置，设计思路以突出主题为主。本案例第一层信息是突出文案信息，所以构图时选择使用特写式构图方法。这种构图的优点是有很强的视觉冲击力，符合钻展图片的风格定位。所以整个画面以突出第一层信息为主，其他信息按主次顺序围绕主题展开，如图 3-144 所示。

图 3-144 钻展图片设计之构图

6. 钻展图片设计之细节渲染

基本信息和构图框架具备之后，对于钻展图片，最重要的步骤就是细节渲染了，钻展图片的展示位置和人群定位决定着图片要更有视觉冲击力和足够的引爆视觉焦点。所以在背景制作中，运用了夸张的大三角形状和零星小三角的修饰，整体画面感觉更加潮爆另类，符合图片定位，对字体从设计感上同样营造潮爆的视觉冲击力。最终的细节渲染效果如图 3-145 所示。

3-145 钻展图片设计之细节渲染

7. 钻展图片设计之保存格式

钻展图片同样不能使用动态图片，保存为 JPEG 格式，如图 3-146 所示。

图 3-146 钻展图片存储格式

8. 钻展图片审核

钻展活动后台对报名商家提供的图片有着非常严格的审核，我们按照钻展图片审核的要求来审视一下设计图，如图 3-147 所示。

图 3-147 未审核的钻展图片

文案中“最后 1 天”是限制词，不能用，于是面临两条路：从头再来或者紧急整改。幸运的是，和运营部门商量过，最终整改方案只需要将“最后 1 天”换成“新款 1 折”即可，于是整改后的钻展图片如图 3-148 所示

图 3-148 整改后的钻展图片

整改后的钻展图片，符合视觉冲击力极强的风格要求，而且在文案素材方面也符合后台要求，钻展图片的最终效果如图 3-149 所示。

钻展图片的创意审核注意事项主要分两个方面：

（1）创意图片本身是否有违规信息。

（2）链接页面和店铺是否有违规信息。任何一方面有问题，都会被拒绝。

其中笔者搜索出钻展审核中常见的十大反面案例，希望大家在应用中引以为鉴。

第一大问题：图片模糊、欠美观——高居素材拒绝排行榜榜首。

在审核标准日趋严格的态势下，千万不要抱有侥幸心理，此类图片 100% 会被拒绝，大家一定要慎重！如图 3-150 所示。

图 3-149 钻展图片最终效果

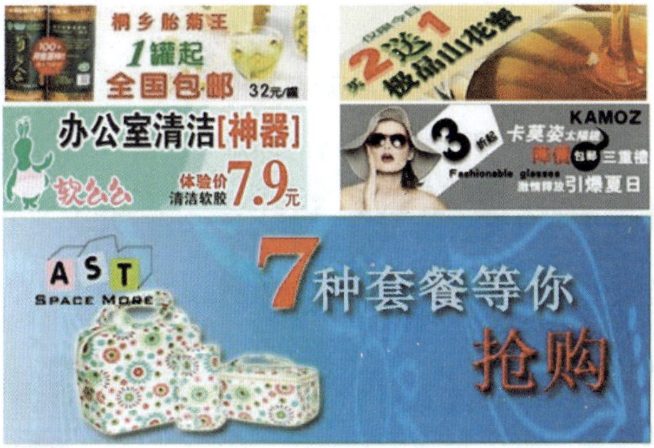

图 3-150 因图片模糊不能通过钻展审核

第二大问题：最高级别的文字表述——“最低价、独家、领衔、首发、第一”等（包括但不限于这些）全都禁止使用，图片或店铺中均不可以使用，如图 3-151 所示。

图 3-151 因文案违规不能通过钻展审核

第三大问题：资质品牌类——品牌产品需要提供品牌注册或者授权资质。如果图片中有品牌信息或商标呈现，则需要提供相关资质，如图 3-152 所示。

图 3-152 需要提供资质的钻展图片

第四大问题：资质代言类——明星代言需要提供授权书资质，如图 3-153 所示。

图 3-153 需要提供明星代言资质的钻展图片

第五大问题：严禁推广红包、优惠券等骗点击图片，iPhone 周边产品无资质不得推广，高危违禁用词、所有减肥、丰胸、壮阳类产品即使资质齐全也不能推广，不论图片还是店铺均不能出现相关表述，内衣类目要特别注意，绝对不能出现瘦腿、丰胸、瘦身类用词，如图 3-154 所示。

第六大问题：聚划算资质问题——聚划算客户可以用“聚划算”字样，但是必须提供聚划算排期资质，如图 3-155 所示。

第七大问题：图片和链接中均不得出现模拟系统操作的虚假倒计时、箭头、鼠标手等虚假内容，如图 3-156 所示。

图 3-154 高危用词不能通过钻展审核

图 3-155 聚划算活动的钻展图片

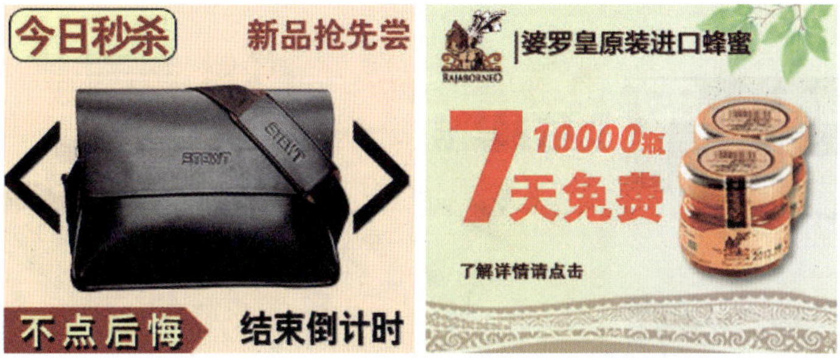

图 3-156 模拟系统虚假内容案例

第八大问题：严禁轮播号遮挡右下方文案，所有焦点图展位都要注意此问题，比如淘宝首页焦点图，右下角切记不要放文案，以免被遮挡，影响信息的传递与点击率，如图 3-157 所示。

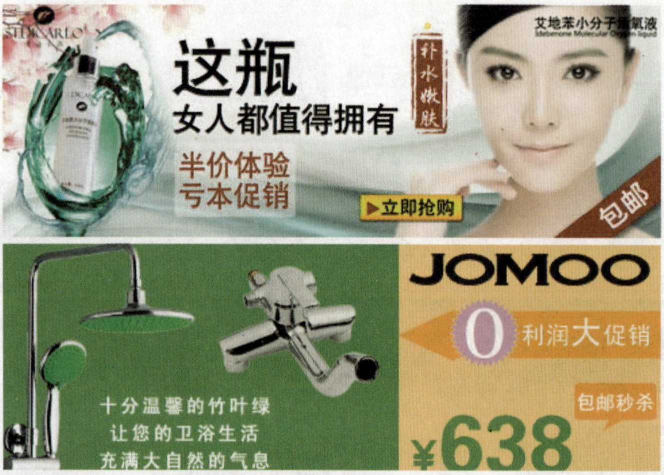

图 3-157 轮播号遮挡的钻展图片

第九大问题：特殊功效产品资质，若使用祛斑、防晒、脱毛等特殊功效用词，必须提供相关特殊功效资质，否则一律禁止使用，但祛斑改成淡斑可直接使用，如图 3-158 所示。

图 3-158 特殊功效图片案例

第十大问题：禁止出现 100% 绝对性文案，如图 3-159 所示。

图 3-159 钻展图片禁止使用 100% 绝对性文案

小结：主图、直通车图和钻展图片所在的位置，都是很重要的流量入口。主图在搜索页面中呈现，直通车图和钻展图片都在相应的广告位置呈现。但是因为位置不同、目标人群、免费流量和付费流量的运营成本差异，以及图片规范各不一样，各种图片制作的侧重点也不能一概而论。主图和直通车图是展示给关键词搜索和类目搜索的买家的，目标人群对于产品的购买目的性很明确，所以图片以展示产品主体和突出卖点为主。活动图片、聚划算和钻石展位图片所针对的人群购买目的性并不明确，大部分是被折扣和创意产品所吸引，所以大部分时候聚划算和钻展活动最终转化率都不会很高。但是在流量基数很大的情况下，仍然能完成很惊人的销售额，所以此类图片的制作思路以创意和吸引目光为首要注意点。而关于颜色图和店内海报图，大家要注意的是和店铺整体风格一致，在衬托产品的同时对店铺的美观度有很好的提升，风格彼此相得益彰，共同完成店铺风格的搭建。

本章总结

本章从图片的基本设计方法、图片的制作步骤以及网店常用的图片案例这几个部分给大家展示了图片设计的各个要点和制作技巧。在本章内容中，我们一直在强调图片制作思路的重要性，有了清晰的制作方向和思路，才能更好地通过制图技巧来呈现作品。

在图片设计基本方法部分和大家分享了关于图片制作必备的色彩、构图、字体以及图片制作标准。接下来介绍了图片制作步骤的通用技巧，以及在流量入口图片制作过程中大家要注意流量入口不同，设计思路和呈现技巧也不同。既然图片要用在淘宝站内的营销中，那么遵守淘宝站内各个细分的图片规则就显得尤为重要了。因为淘宝是一直在变化着的，所以大家也要紧跟变化，了解和遵守最新规则，以避免信息不对称造成不当操作。

本章练习题

1. 图片制作的标准是什么？
2. 常规图片的制作步骤是什么？
3. 不同流量入口图片制作中的差异性是什么？

第4章

无线店铺视觉呈现

通过前面章节的介绍，我们已经知道了如何设计制作PC端页面。2015年是无线发展最快的一年，在无线时代我们如何面对以及如何更好地制作店铺的无线视觉呈现页面呢？全淘宝有900万商家，但只有100万商家装修了手机店铺，绝大多数是从PC端直接转换过来的页面呈现，而淘宝规定手机端搜索流量是优先展示装修过的手机店铺。并且作为无线交易一定是未来的趋势，无线端流量、销量相比PC端占比会越来越大，比如2015年“双十一”手机端一天交易额就占到68%以上。然而，很多商家还没有意识到装修手机店铺的重要性，现在装修了手机店铺，就有可能增加5%~10%的销量。

下面我们就从四个方面来了解无线店铺的装修。

4.1 无线店铺视觉呈现的重要性

当互联网发展到2015年，淘宝卖家越来越感受到PC端流量的短缺和移动端流量的巨大冲击力，店铺后台数据显示出70%以上的流量来自移动端，60%的成交来自移动端，崭新的移动互联网时代已展现在面前，手机端移动店铺的视觉呈现越发显得重要，通过对移动端无线店铺的视觉呈现进行专门的设计、打造，已成为商家迫切的需要。那么，如何做好移动端视觉呈现呢？如何快速提升店铺的转化率呢？无线店铺的视觉呈现成为焦点问题。

更富有视觉冲击力的无线店铺能吸引顾客的注意力，使得顾客驻足往返；做好移动端信息的快速传播，使得信息有条不紊，更容易被客户深刻地吸收；而移动端交互体验更能搭建起无线界面和用户间沟通的桥梁，使得顾客快速上手。

本章节围绕无线店铺视觉呈现的重要性，分别从首页装修、活动页装修、详情页装修这三个方面展开讲解。

（以下内容力图阐述具有广泛代表性的常规处理方法，也不排除有特殊做法的可能性。）

4.1.1 无线店铺装修趋势

在了解无线店铺装修趋势之前先考虑三个问题：① 无线店铺的呈现情况如何，以及使用什么端口查看无线店铺的装修情况？② 为什么要装修无线店铺？③ 现在无线店铺的装修情况如何，以及全网的流量发生了什么变化？

1. 无线店铺的呈现情况及主要进入端口情况分析

无线店铺的三个访问端口是：淘宝APP、天猫APP、WAP端口触屏版。按流量比例，三个端口的流量从大到小，分别是淘宝APP、天猫APP、WAP端口。如图4-1所示是无线店铺的三个访问端口情况。

图 4-1 无线店铺的三个访问端口情况

当然，三个端口的呈现会随着淘宝 APP、天猫 APP 的升级而发生变化，呈现方式也会随之变化，不过总体的趋势是越来越方便消费者选购商品。所以，在考虑无线店铺的装修时，首先要考虑如何方便消费者。如图 4-2 所示，这是笔者提出的一个大问题，希望能引起读者的关注。

图 4-2 笔者提出的问题

2. 为什么做手机淘宝店铺装修

通过上述三个端口，随机对一些无线店铺进行了访问，发现有几个突出的问题：无线店铺直接引用 PC 端的设计，文字偏小看不清、图片太大手机屏幕很难有好的呈现、色彩太暗等。当移动互联网发展到今天，店铺的流量 60% 以上来自无线端，无线店铺装修刻不容缓。

3．无线店铺的全网发展流量关系

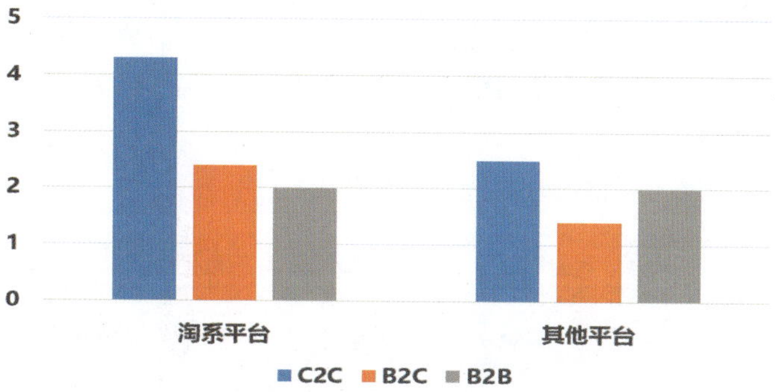

图 4-3 全网流量分配情况

如图 4-3 所示是全网流量分配情况。2015 年，电商竞争越发激烈，各平台在淘宝系平台的带领下快速发展，网购成为一种新常态，消费者的选择、商品的呈现方式、各种电商平台的出现，特别是又处在 PC 时代向移动互联网时代转移的大环境下，消费者开始更多地使用移动设备进行网购。在这个时间点，进行无线店铺装修是大势所趋。根据互联网数据中心（IDC）的显示（见图 4-4），到 2015 年人们通过移动设备访问 Web 的数量将超过 PC 端访问，五一期间，天猫无线端的数据也显示出无线端成交额超过 PC 端。无线时代已经来临，对无线店铺的装修是任何一个电商商家都必须要重视起来的事情。

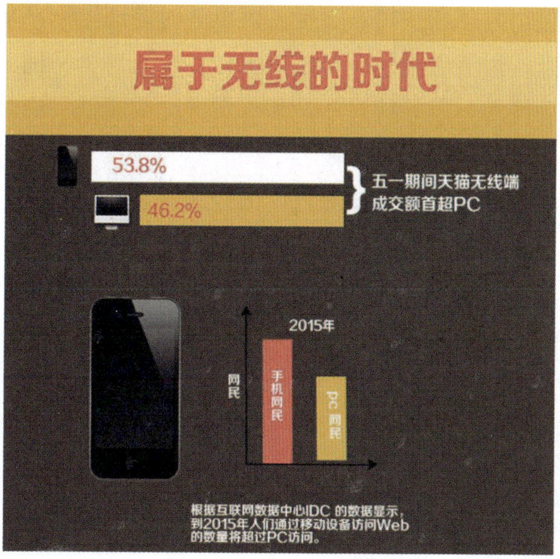

图 4-4 IDC 数据显示

4.1.2 消费者在无线端的行为习惯分析

当无线时代来临时，商家一定要做好无线店铺呈现，做好消费者体验。在做好呈现之前，要先了解消费者在无线端有哪些行为习惯，以便更好地提供消费体验。下面从五个方面进行分析。

（1）移动端人群在网上购物的时间特征，见图 4-5。

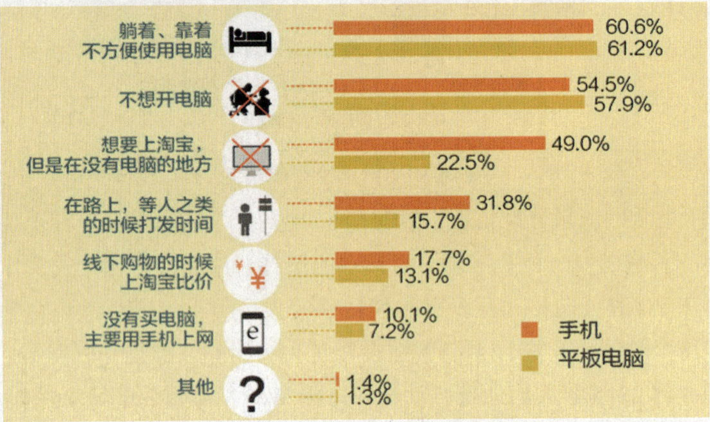

图 4-5 移动端消费者网上购物的时间特征

通过图 4-5 发现移动端消费者和 PC 端消费者上网选购商品的时间有了极大的差异性。因为使用移动设备，上网更加方便和快捷，消费者可以随时随地上网，从阿里巴巴后台数据可以得出有意思的三个时间点，消费者经常是在“床上”、“车上”、“马桶上”使用移动设备。消费者更多的是充分利用移动设备打发等待时间，那么在做无线店铺呈现时一定要注意如何更快捷地让消费者在短时间内获取到其感兴趣的内容；还有就是场景多样化。例如，以前年轻妈妈可能不方便一边带孩子，一边打开电脑上网查询，而今天因为移动设备的快速发展，她们可以通过手机或者平板设备上网查看相关产品、了解新闻等。

（2）移动端消费者的年龄特征，见图 4-6。

移动端消费者的年龄主要集中在 19~35 岁之间，而这正是有消费力的年龄区间，商家需要充分考虑人群年龄特征，通过数据分析找出自己店铺的主要核心人群，做好相应的无线店铺营销。

（3）移动端消费人群的主要购物习惯及行为特征，见图 4-7。（图片引用自图媒体，版权归图媒体所有）

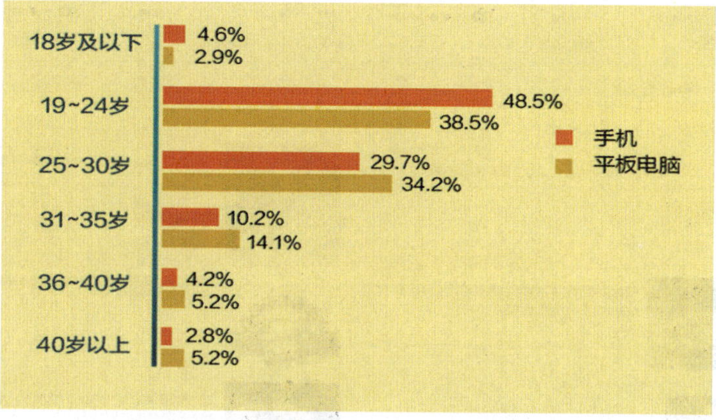

图 4-6 移动端消费者的年龄特征

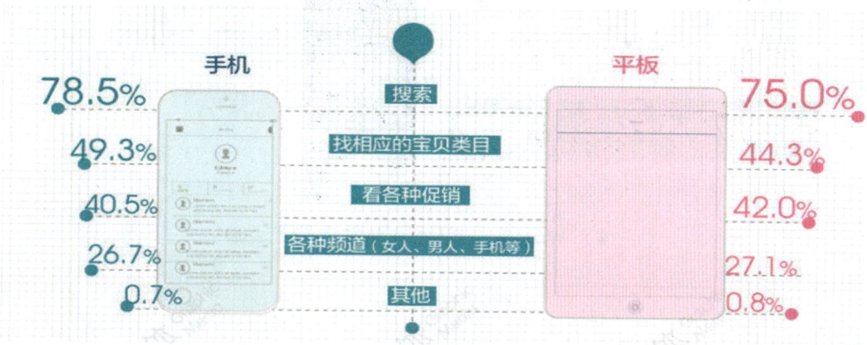

图 4-7 移动端消费人群的购物行为特征

通过图 4-7 我们发现，在移动端浏览路径中搜索占比最大，消费者花了更多的时间在搜索方面，那么商家就需要特别注意：

- 手机端搜索的重要性，手机搜索框下拉词的重要性；
- 搜索列表页面，主图优化的重要性。
- 关于搜索下拉词更多的是推广运营分析的内容，这里暂不做展开介绍，重点看一下搜索列表页面主图优化的情况。通过 4-8 我们发现，在手机搜索列表端，因为手机屏幕小，搜索列表中的主图就更小了，能看清楚的主图都是图片清楚、单一、色彩鲜艳的宝贝。

（4）移动端人群上网的主要目标，见图 4-8。（图片引用自图媒体，版权归图媒体所有）

通过图 4-9，我们注意到消费者通过无线设备上网的重要事情是购买商品、查询交易记录、比价等，由此商家可以在页面上优先注意商品展示、注意评价内容，让他们在店铺内购买商品。请通过前面章节中讲到的 FABE 法则，分析产品的核心优势，促成客户在店铺购买商品。

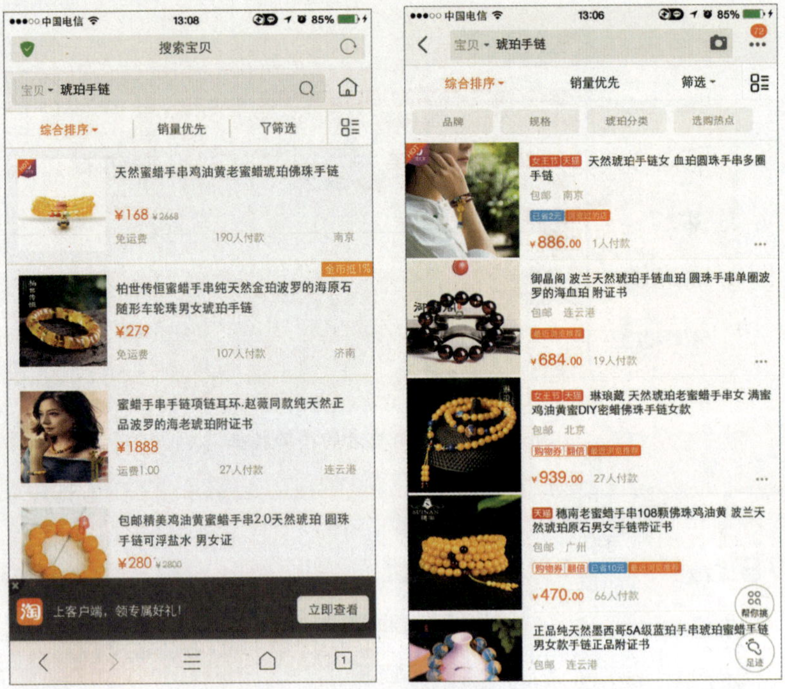

图 4-8 WAP 和 APP 手机端搜索列表页面

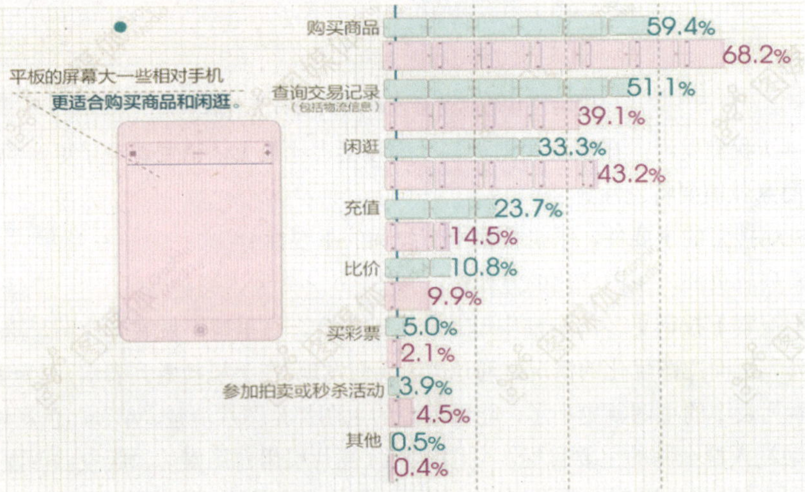

图 4-9 移动端人群上网主要目标

（5）移动端人群购物时最关心的信息，见图 4-10。（图片引用自图媒体，版权归图媒体所有）

通过图 4-10 我们发现，在更快的节奏、更高的购买要求下，消费者在无线端购物时最想知道的是用户评价，希望能通过别人的评价更好地了解店铺的宝贝情况，那么商家需要关注不同端口评价的呈现情况，尽可能做到让客户在第一时间获取到所需要的信息。一起来看下图

4-11，这是 WAP 端和 APP 端的评价呈现情况。WAP 端的评价呈现和 PC 端一样，第一页面呈现 15 条评价，那么商家要注意维护好第一页面的评价内容，尽可能不要出现特别负面的影响销售的评价；而在 APP 端只能看到一条评价，那么这个相对更容易维护些。

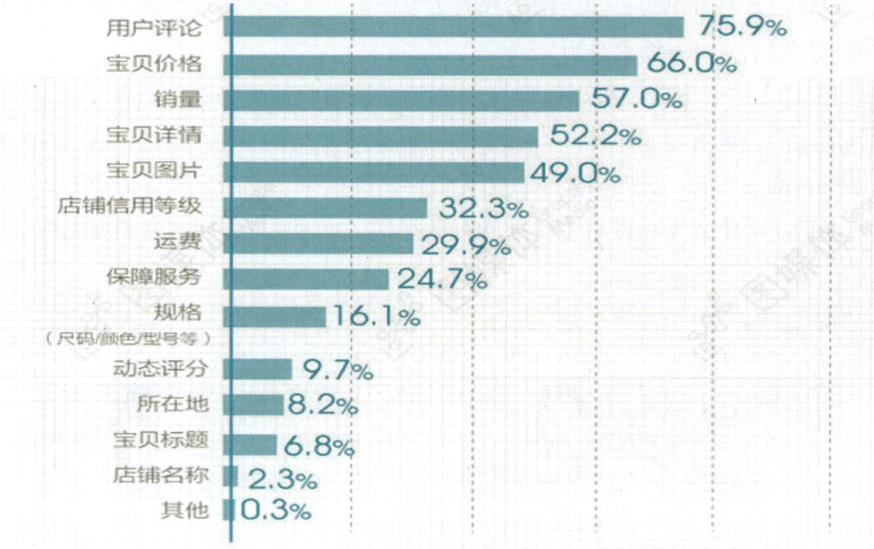

图 4-10 无线端消费者购物时最关心的信息

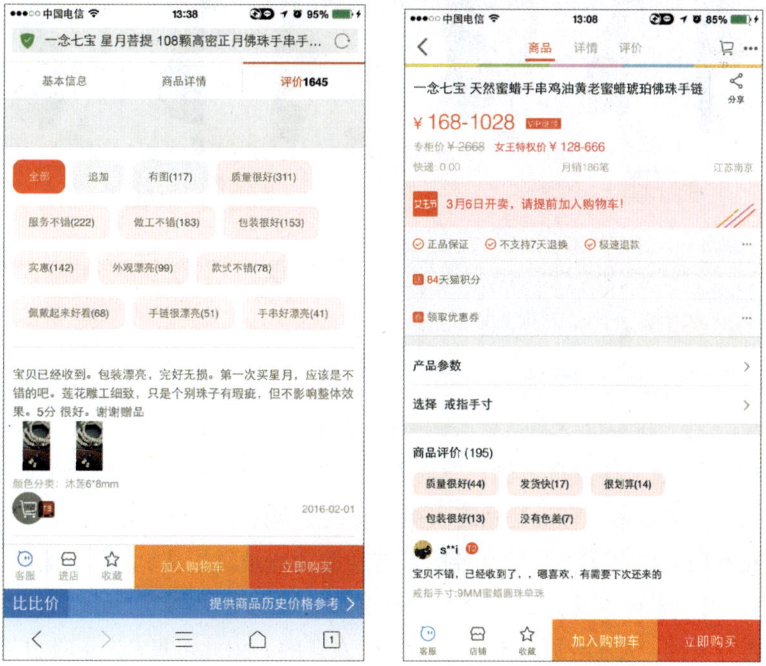

图 4-11 用户评价在 WAP 端和 APP 端的呈现情况

4.1.3 无线店铺装修的重要价值

通过对无线发展趋势的分析，以及对消费者在无线端的行为习惯分析，介绍了店铺的页面呈现情况，可以很容易看出来无线店铺装修的重要价值。下面分别从首页、详情页装修以及官方对无线装修的提示信息方面来分析。

首先看图 4-12 这个案例，可以看出左图的无线店铺相对更漂亮、大气，宝贝呈现清楚，让人感觉到清晰的条理性和逻辑性，信息分层需要下大功夫；右图的无线店铺一看就是没有装修的，是系统自动生成的，页面只是呈现出无线店铺的框架。左图更吸引消费者，这是显而易见的。在后面的章节中会重点讲述无线首页的重要性，分析流量去向就会知道无线首页装修的重要价值。

图 4-12 无线店铺（触屏版和 APP 版）首页装修对比

接下来看图 4-13 这个详情页案例，笔者在上课时给学员看左图，问学员这家店铺是做什么产品的，得到了许多答案，有说是做连衣裙，有说是做沙发，有说是做假发，更有说是做地板的，真是五花八门，而事实上是做女鞋的，这样的图片是直接从 PC 端一键转换过来的，在 PC 端屏幕很大，消费者可以通过页面上下关系很快知道是卖女鞋的，可是在无线端这是一个不好的现象。再看右图，大家一眼就能看出来是卖女鞋的。由此可见，为了吸引消费者的眼球，无线端详情页是需要独立设计的。

图 4-13 无线店铺详情页展示

再来看图 4-14 所示的这个案例，也是这家做女鞋的店铺关于鞋子尺寸的呈现，通过左图大家都很难对图片上展示的尺寸有概念，主要原因就是页面是通过一键导入 PC 版本后的图片，字太小、太多，完全看不清楚。建议大家按右图方式，重新为无线店铺做设计，将字号放大，呈现清楚。当然，对于字体选用、字号大小等，需要尽可能选用大号的字体，以防止出现看不清楚的现状。

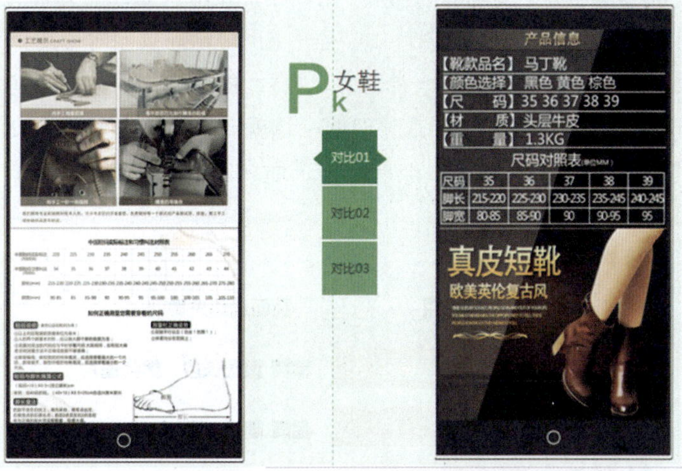

图 4-14 无线店铺女鞋尺寸展示

最后通过无线详情页装修的官方提示信息来说明无线装修的重要价值。请看图 4-15 红框中信息：立即设置手机版宝贝详情页，即可获得：流量倾斜 / 搜索加权 / 优先展示。这是官方页面上的提示信息，提醒大家做好无线装修是大有好处的，希望引起重视。

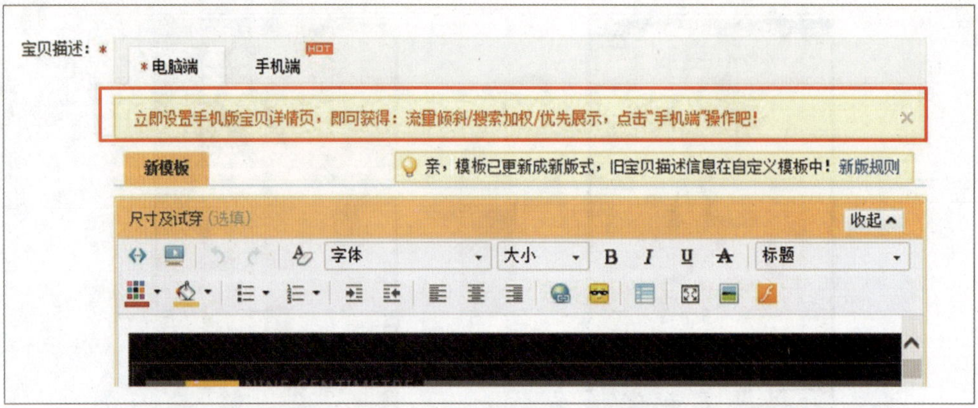

图 4-15 无线详情页装修入口

4.2 无线店铺首页装修

4.2.1 无线店铺首页特征分析

1．手机端特点

手机端有一些固有的特点，比如：① 屏幕比较小，页面流量小，这就要求我们在设计首页时需要注意精简页面长度，优化页面图片；② 手机端用户访问页面时用的都是一些休闲时间，这就要求手机端页面具有趣味性、互动性、神秘感，这样才能把用户的休闲时间转化成购物场景；③ 手机端用户访问页面时更多的是用碎片化时间，这就要求手机端页面的表达要精确、清晰，具有诱惑力；④ 手机屏幕一般比较小，能展现的页面内容也就比较少，这就要求手机端页面要简单、主次分明（见图 4-16）。

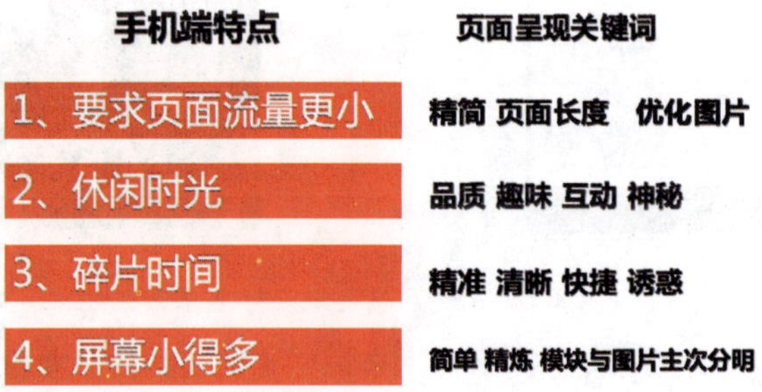

图 4-16 手机端特点

2. 手机端首页的流量流向特征

手机端首页和 PC 端首页有着截然不同的客户访问流向特征。

PC 端首页更多的是为了展示品牌形象、展示店铺活动，客户的访问流量一般只有店铺总访问量的 10%~20%。PC 端首页访问主要是从宝贝详情页跳转到首页的，直接访问店铺首页的相对比较少。

而手机端首页的访问量占店铺的访问量高达 50% 以上，这是由于手机端首页可以通过详情页、搜索店铺、扫描店铺二维码、店铺微淘等多角度流向店铺首页访问的，如图 4-17 所示。

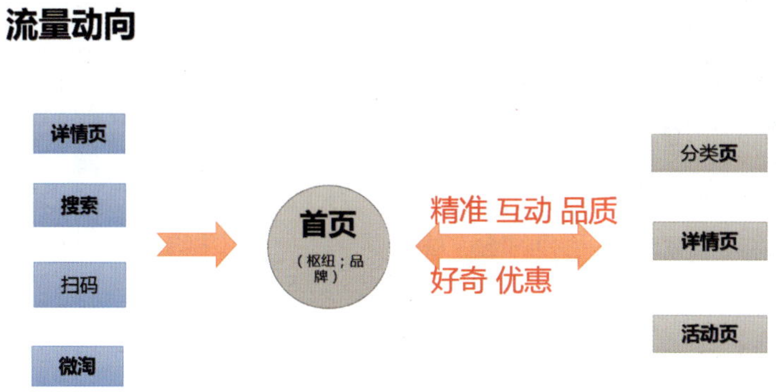

图 4-17 手机端首页的流量流向特征

3. 手机端首页内容定位

正是因为手机端首页的特殊性，才注定了手机端首页有 3 个方面的定位内容：① 手机端首页的结构风格，要求精练、主次分明、主题明确；② 手机端首页的内容模块，优先推荐由分类、活动、宝贝 3 个部分组成；③ 手机端首页应优先选择具有趣味性、品质感好的宝贝，这样更容易吸引用户的眼球。

4.2.2 无线店铺首页功能模块

1. 无线装修入口及后台操作

登录淘宝账号，进入卖家中心，选择手机店铺装修或者直接进入无线运营中心（wuxian.taobao.com），即可进入无线店铺的后台装修页面，如图 4-18 所示。点击“店铺装修”，选择“店铺首页”，进入店铺首页装修页面，主要有 3 个模块，分别是宝贝类模块、图文类模块、营销互动类模块，如图 4-19 所示。

图 4-18 无线店铺的后台装修页面

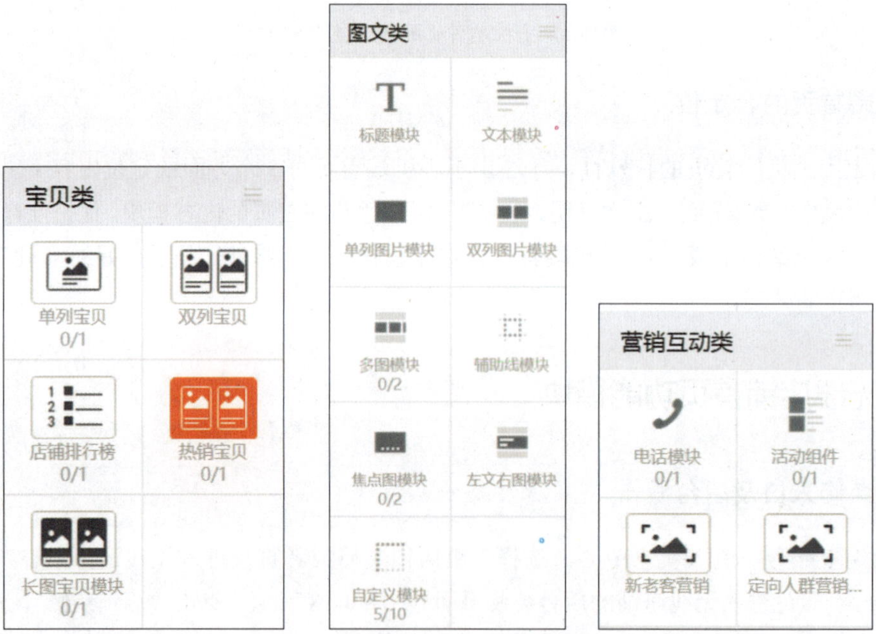

图 4-19 无线店铺首页装修的模块情况

这 3 个模块都是所见所得，相对比较简单，大家可以点击相应的模块进行操作，在此不做重复描述。

2. 无线店铺首页模块组成部分

无线店铺首页模块对应的内容归纳为8个方面，分别是店招、二维码、宝贝、分类、活动、形象、优惠券、微淘（见图4-20），把这几个方面的内容组合在一起时要注意主次分明、用色协调、整体风格、品牌定位，就可以打造出一个功能比较完善的无线店铺首页。

3. 各模块的特点及装修要点

下面我们就对8个模块分别进行分析。

（1）店招，如图4-21所示。我们可以看出店招有一张背景图片、LOGO，在前台展现同时还会出现分享和收藏店铺按钮。注意：① LOGO的设计需要注意可记忆性、简洁、明快；有店铺调性并重复使用；LOGO一般为GIF/JPG格式，文件大小在80KB以内，图片尺寸为80px*80px。② 背景图片需要注意店铺核心定位、店铺理念、用户引导，也可以放上核心产品、店铺的实时活动或者店铺二维码引导客户进行扫码；店招背景图片一般为GIF/JPG格式，文件大小在100KB以内，图片尺寸为640px*248px。

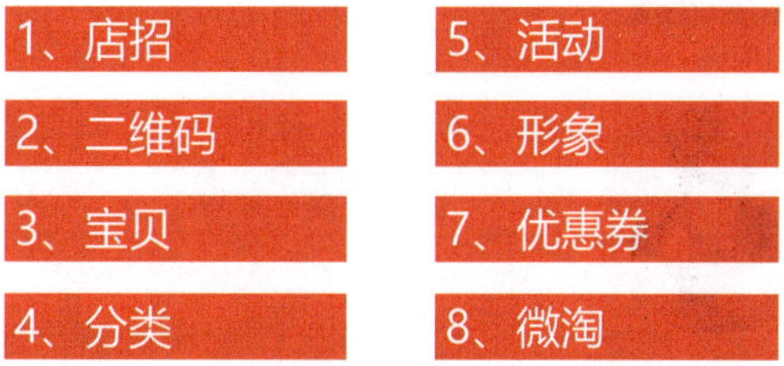

图4-20 无线店铺首页装修的8大模块

图4-21 无线店铺首页的店招模块

（2）左文右图模块，一般用于活动、店铺王牌宝贝、店铺形象呈现。一般为GIF/JPG格式，文件大小在100KB以内，图片尺寸为608px*160px，如图4-21所示。制作时尽可能清晰、精准，特别是需要加上一些引导性按钮，这是因为在PC端当鼠标滑过图片时会变成手状，我们就知道这个图片有链接，而在无线端只是通过触摸的方式拖拉页面，并不能确定图片是否有链接，所以需要特别注明引导用户点击。

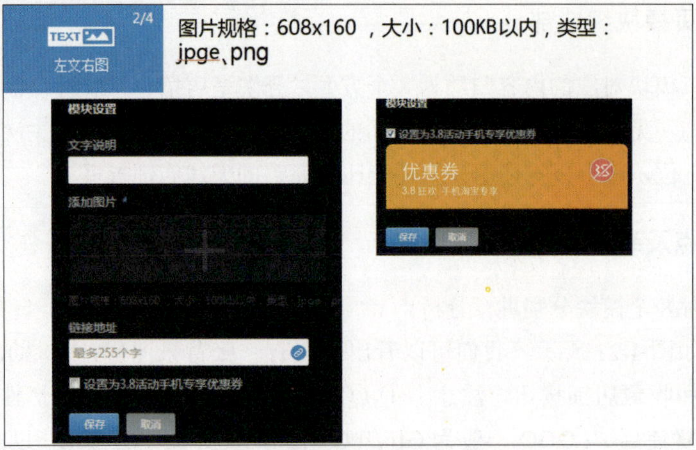

图 4-22 无线店铺装修左文右图模块

（3）焦点图模块，一般用于呈现店铺形象、推荐店铺活动及热销款产品。焦点图一般为GIF/JPG 格式，文件大小在 100KB 以内，图片尺寸为 608px*304px，最多可以添加 4 张图片，如图 4-23 所示。

如图 4-24 所示，在制作时可以考虑突出主题、淡化背景，避免使用过多的杂乱元素。在使用颜色上一般推荐两种方法：一是使用高纯度色，使得手机屏幕显示更有力量和亮丽；二是使用高明度色，使得手机屏幕看起来更加清爽和舒服。无线店铺装修焦点图案例如图 4-25 所示。

图 4-23 无线店铺装修焦点图模块

图 4-24 无线店铺装修分类展现形式

图 4-25 无线店铺装修焦点图案例

（4）Mini Banner 模块，优先使用于宝贝分类中。在优惠券投放部分，重点注意醒目、清晰、互动、文字大小、分隔空间、活跃页面，如图 4-26 所示。该图片一般为 GIF/JPG 格式，文件大小在 50KB 以内，图片尺寸为 296px*160px ，模块内容最多可以添加两张图片，一定要注意做好对应的链接。

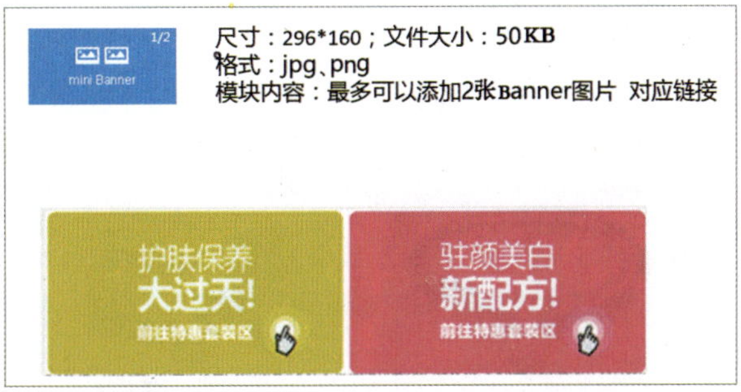

图 4-26 无线店铺装修 Mini Banner 模块

（5）标题模块，从文字上就可以看出是用来做分隔、引导的，一般其文字大小是关键，最多支持 12 个中文字符，约 17 磅，主要是做好文案引导，如图 4-27 所示。

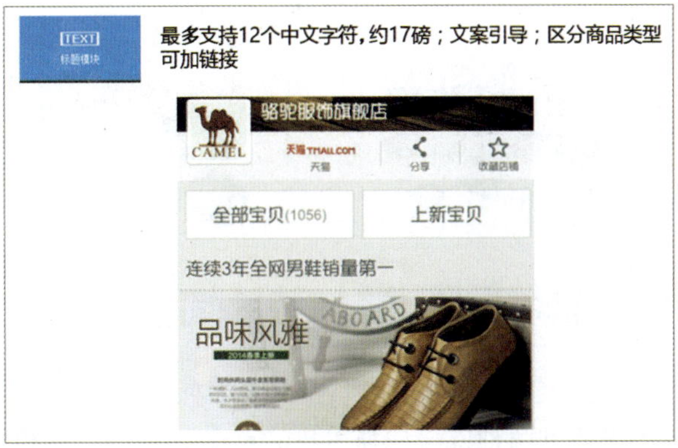

图 4-27 无线店铺装修标题模块

（6）文本模块，最多支持 50 个中文字符，约 12 磅，是对商品的特别说明，更多的是视为宝贝与宝贝之间的分隔，或者说是宝贝的引导，如图 4-28 所示。

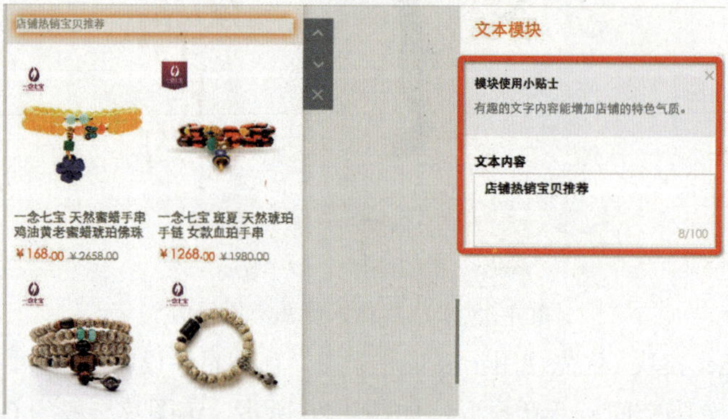

图 4-28 无线店铺装修文本模块

（7）宝贝模块，用于导入商品，这是页面呈现的最重要部分。建议大家在导入宝贝时重点选择王牌宝贝、热销宝贝，做到覆盖主营宝贝，在布局时还需要考虑宝贝的主次关系，如图 4-29 所示。

图 4-29 无线店铺装修宝贝展示方式

在宝贝主图上可以考虑通过两种方法加强用户的点击：① 通过色相对比，如图 4-30 所示，选用背景和文字，或者背景和商品，色彩分明，从而吸引用户眼球；② 在图片上添加点击元素，如图 4-30 所示，以满足用户的好奇和习惯。

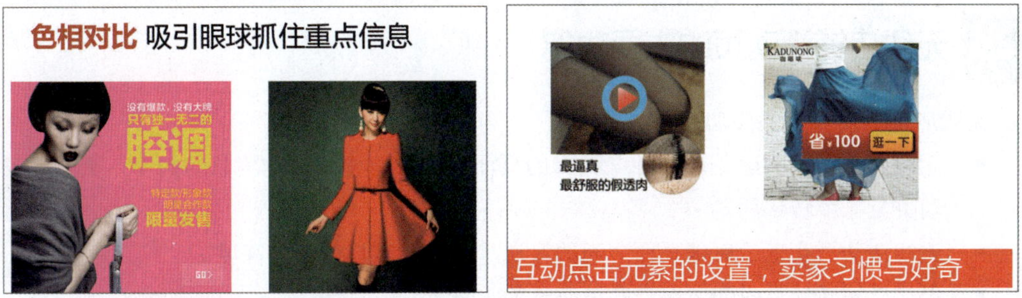

图 4-30 无线店铺装修宝贝主图案例

（8）辅助线，用来清晰地划分区域，展示舒适的空间，促进精准分类。

4.2.3 无线店铺首页装修注意事项

1. 基本原则

对无线店铺首页图片处理的总结：

- 因为手机是手持设备，一定要强调触摸感官的习惯性；
- 手机屏幕距离人眼比较近，尽可能让产品的细节清晰，达到让用户眼前一亮；
- 因为手机狭长，用户是从上往下查看信息的，要求信息不要太多，但是要考虑抢眼、吸引眼球，具有互动性。

无线店铺装修的基本原则：页面加载速度快、色彩鲜明、结构清晰、板块分明。

2. 注意事项

无线店铺装修注意事项：

- 无线店铺布局首先要做好分类模块，首页是一个店铺的枢纽，比 PC 端首页有更重要的责任；
- 无线店铺首页一定要展示出店铺的主营宝贝和店铺的定位理念；
- 无线店铺首页要考虑互动性、趣味性、专业性、基调定位；
- 控制无线店铺元素色彩的使用，考虑统一协调、主次分明、层次递进；
- 考虑和 PC 端有相同的记忆符号；
- 控制无线店铺首页长度，一般以 6 屏以内为佳，控制模块数量。

4.3 无线店铺活动页装修

4.3.1 无线店铺活动页的主要功能

无线店铺活动页的主要功能如下：

- 无线店铺活动页面是可以独立编辑的页面，大大方便了活动信息的同步，无线店铺活动页是一个转化利器；
- 无线活动页实现了店铺页面之间的互通，增加了客户的访问深度；
- 无线店铺活动页成为老客户营销必备的工具。

无线店铺活动页装修案例如图 4-31 所示。

图 4-31 无线店铺活动页装修案例（点击左图红框标注的图片跳转到右图）

4.3.2 无线店铺活动页的主要类型

无线店铺活动页面分 3 类。

（1）单品推广需要的活动页面，这个往往是在打造热销核心单品时使用，它能做到 3 点：① 信息传达一致，突出唯一性；② 满足时间紧迫感的需要；③ 适合于单品强调买点，突出设计，专区只为一个单品而设计。

（2）活动推广时使用的活动页面，一般有两种场景：一种是追求整体活动感觉而做的活动专辑页面；一种是大促时而进行的独立页面设计。

图 4-32 无线店铺活动页装修案例

（3）产品搭配推荐时做的活动页面，在一个页面内，把商品根据客户的需要进行组合搭配，从而提高转化客单价。但是在搭配时需要注意：① 的确是客户需要的搭配，不可为了搭配而搭配；② 注意产品陈列是为了方便客户使用习惯；③ 考虑满减、优惠券等优惠方式，如图 4-32 所示。

4.3.3 无线店铺活动页装修流程

一般推荐先布局，然后确定素材，最后装修，从而得到一个好的页面，如图 4-33 所示。

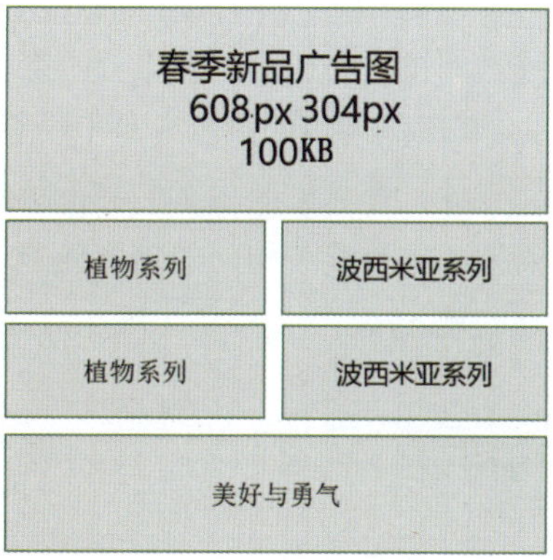

图 4-33 无线店铺活动页装修规划图

首先在布局方面，一定要确认好活动页面的目的性，根据活动目的做出布局草图，再根据布局草图填入宝贝；然后在选择素材时要考虑无线端的特性，尽可能做到宝贝突出、信息分明，参照框架填入相关素材。这样一个漂亮的无线店铺分类页面就呈现在眼前了，如图 4-34 所示。

图 4-34 无线店铺活动页装修案例——分类页面

4.4 无线店铺详情页装修

4.4.1 无线店铺详情页的重要性

在无线时代来临之际，无线店铺详情页显得越发重要了，我们需要比 PC 时代更重视无线页面的装修设计，因为现在店铺的主要流量来源已经集中到无线上来，那么无线页面的转化情况就决定了一个店铺的成败。无线店铺详情页的好坏将会决定一个店铺的生意如何。

在装修设计无线店铺详情页时需要注意三个方面的问题：排版、内容和速度。这是因为首先，排版是不是方便消费者快速地阅读，将决定消费者会不会在我们的无线页面上停留下来认真查看商品并可能形成转化成交；其次，内容的多少也是一个重要的因素，因为无线端屏幕小，消费者一次性看到的信息内容比较少，那么就要求我们将最优化的内容信息呈现给消费者，帮助其快速进行判断；最后，还需要考虑消费者访问的速度问题，因为如果访问速度很慢，将造成客户体验不好，就会形成很高的跳失率。

4.4.2 无线店铺详情页的特征

无线店铺详情页有如下四大方面特征。

（1）场景：主要考虑到消费者在访问无线页面时的场景，可能消费者在车上、床上等休闲、碎片化时间的场景下查看无线页面，所以我们要考虑在无线详情页上展现更多的场景，让客户更加快捷、更加简单地理解和认知产品。

（2）尺寸：PC 端和无线端的页面尺寸不同，最重要的是考虑好页面的长度，PC 端是 800px，而无线端是 960px，主要考虑一屏的高度，让消费者在一屏内看清想看的内容和信息。

（3）策略：因为在 PC 端消费者可以快速地切换页面，而在无线端不是很方便切换，降低了可比较性，所以我们要考虑图片展现清晰，从而快速促成客户有强烈的购买兴趣并促成成交。

（4）架构：具有与 PC 端不同的架构设计方法。

一般淘宝卖家的手机淘宝读取的详情页是 PC 端的，就是简单地把 PC 端的内容抓取到手机端，这样的用户体验很糟糕。

买家在手机上浏览一个 Web 页面平均需要 9MB 的流量，如果没有 WiFi，买家的流量成本大。

我们在进行设计时需要特别注意以上几个方面。

4.4.3 无线店铺详情页案例分析

下面直接通过几个随机抓取的淘宝店铺案例进行分析，优化前和优化后对比，效果一目了然，也更容易明白在装修详情页时应该注意的主要问题。

如图 4-35 所示案例，优化前：首屏图片文字太小，诉求不清楚；图片占用空间太大，无效信息过多。

商务人生之路
【由此开启】
MAN
最好
choose one only
只挑一个
把包比做女人
它不太可能是一见钟情的那个
却肯定是那个
不知不觉就离不开的
4
COLOUR
色可选

图 4-35 无线店铺详情页案例 1

优化后：诉求，强调唯一性和独特性；文字清晰；四色展示，快速地将宝贝基本情况罗列清楚。

如图 4-36 所示案例，优化前：细节展示不清楚，无法让消费者明确宝贝内部结构，从而产生购买欲望。

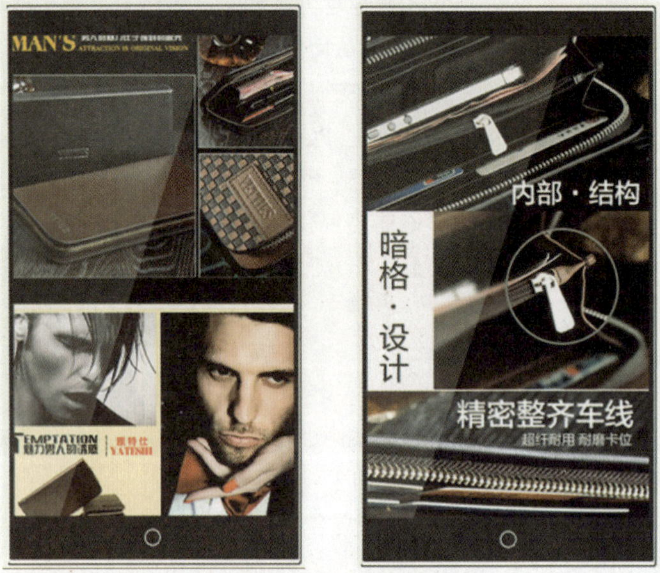

图 4-36 无线店铺详情页案例 2

优化后：内部结构、宝贝细节设计、做工设计，皆由大图清楚地展示出来。

如图 4-37 所示案例，优化前：图片与背景图融合，无法凸显宝贝；单纯放拍摄图，无法表达明确的宝贝信息。

优化后：宝贝背景设置为白色，简洁明了；多角度展示、纹路皮质展示，信息传达清楚。

如图 4-38 所示案例，优化前：宝贝信息和宝贝描述文字过小，买家无法看清宝贝信息。

优化后：对宝贝信息进行了重新编排和提取，宝贝信息一目了然。

如图 4-39 所示案例，优化前：宝贝重点展示不突出，模板展示过多浪费了买家流量，降低了购物体验。

优化后：对宝贝进行了重点特写和全方位展示，省时、省事、省流量。

图 4-37 无线店铺详情页案例 3

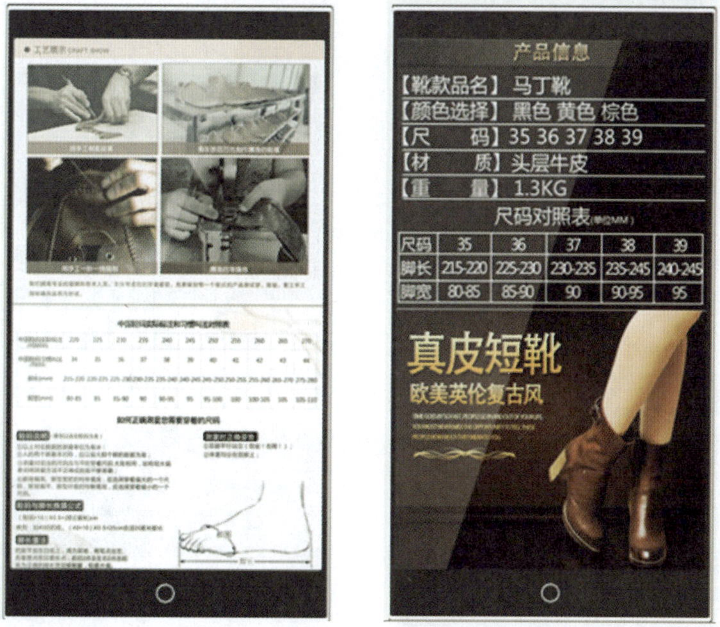

图 4-38 无线店铺详情页案例 4

如图 4-40 所示案例，优化前：文字过多过小，无法看清，如果放大文字，将占用更多的图片空间。

图 4-39 无线店铺详情页案例 5

优化后：文案信息过多时，将直接在图片下方插入文案说明，不用担心文字无法看清的问题。

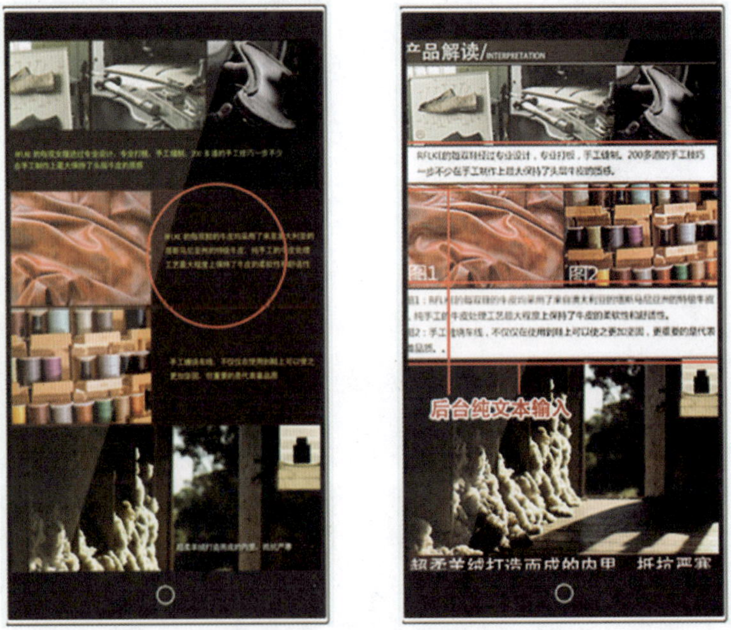

图 4-40 无线店铺详情页案例 6

通过上面的案例分析可以得出无线端详情页和 PC 端的不同之处，详细的优化细节总结为如下几点：

- 图片文字不能太小，否则诉求就会不清楚；图片占用空间不能太大，无效信息不能过多；
- 如果细节展示不清楚，则无法让消费者明确宝贝内部结构，从而产生购买欲望；
- 图片与背景图融合，无法凸显宝贝；单纯放拍摄图，无法表达明确的宝贝信息；
- 宝贝信息和宝贝描述文字过小，买家无法看清宝贝信息；
- 宝贝重点展示不突出，模板展示过多，浪费了买家流量，降低了购物体验；
- 由于文字过多过小，无法看清，如果放大文字，将占用更多的图片空间。

希望大家通过上述案例分析能快速理解无线端详情页的制作要点。当然，无线端详情页的制作在本质上和 PC 端是一样的，都是为了方便消费者认知产品，许多共性的东西上面都有介绍，这里不再重述。

最后，笔者在征得一家店铺的同意后，给大家呈现一组完整的手机端店铺页面，包括店铺首页（如图 4-41、图 4-42、图 4-43 所示）、分类专题页面（如图 4-44、图 4-45、图 4-46 所示）、宝贝详情页面（如图 4-47、图 4-48、图 4-49 图 4-50 所示）。因为页面长度的原因，无法在一个个页面中完整呈现，所以先分成几块进行讲解，完整版本的首页、分类专题页面、宝贝详情页面请见本书后面的彩插。

图 4-41 手机端店铺首页第一块

图 4-42 手机端店铺首页第二块

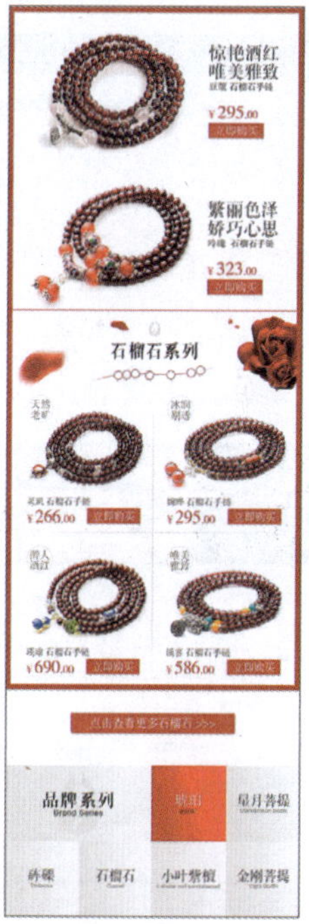

图 4-43 手机端店铺首页第三块

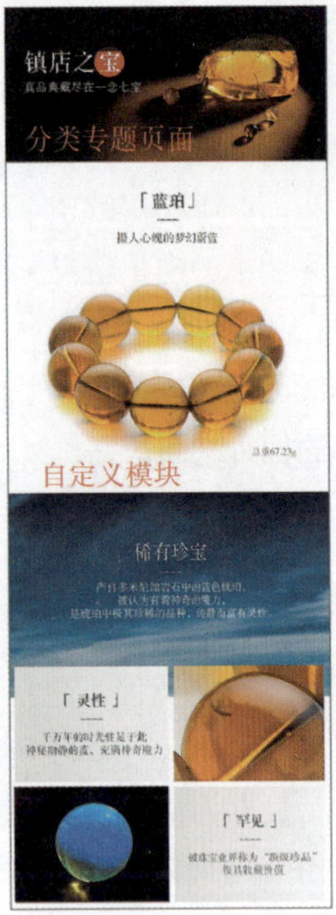

图 4-44 分类专题页面第一块

图 4-45 分类专题页面第二块

图 4-46 分类专题页面第三块

图 4-47 详情页面第一块

图 4-48 详情页面第二块

图 4-49 详情页面第三块

本章总结

本章节是在无线时代来临后电商的无线呈现角度去分析了无线的重要性，无线店铺的首页、无线分类页和无线详情页面呈现注意点和方法，想对于 PC 端不同，首页的重要性突现，重点分析了无线首页的重要性、模块、注意点。

图 4-50 详情页面第四块

本章练习题

1. 在无线端消费者访问习惯的四个主要方面是什么？
2. 无线店铺首页的主要访问路径及流量动向是什么？
3. 无线店铺首页装修设计的主要注意点是什么？
4. 从无线店铺的详情页面设计案例分析中可以得出哪些重要的注意点？

第5章

视觉优化篇

本书前面几个章节讲述了店铺装修的全部内容，店铺装修设计应该是不断优化及更新的过程。比如，怎样得知店铺的页面设计是合理的、符合要求的？这需要根据不同类目、不同店铺所处的商品应用环境，以及运营提供的相关数据来优化视觉效果，从而验证其合理性，同时提升店铺营业额的各项运营指标，如图片点击率、首页布局、详情页转化率等相关可控数据。

5.1 图片高点击率技巧

在淘宝中，无论是自然搜索的流量还是付费广告的流量（直通车、钻展、淘宝客），都和商品的图片创意密切相关。而图片的点击率又是用于判断商品对顾客群体的吸引力度、商品在市场上受欢迎程度的重要指标之一。

点击率的公式如下：

$$点击率 = 点击量 / 展示量$$

从公式上分析，想提升点击率，最佳的方式就是提高点击量。图片的视觉创意效果直接影响到点击量，想提高图片的点击量，只能通过更换最吸引买家的图片来实现，进而提升点击率。由此可知，提升点击率是不断持续优化的过程。

在图片的持续优化过程中，最重要、最核心的功能只有一个，那就是向顾客传递有效信息。本节将重点介绍 8 种技巧来帮助加强图片传递有效信息的能力，从而增加点击量，提升点击率。

5.1.1 场景营造

简单来说，场景营造就是对图片主体场景进行针对性设计，令顾客置身其中，从而给顾客较强烈的代入感。优秀的场景营造能提升商品的认知度，放大顾客的购买欲望，提升点击率。图 5-1 中的吊带长裙，属于模特架挂拍的形式，给顾客的第一视觉印象是，这是可以用在晚宴上的晚礼服，高腰显瘦拖地大摆，很唯美的画面。但是，这条长裙的定位是度假沙滩裙，所以从图片中传递出来的信息是不正确的。

如图 5-2 所示是直接在海边拍摄的实景图，海风舞动着长裙大摆，细吊带尽显性感的锁骨，加上热带海滩的特有配饰及花朵，以及背后的沙滩、大海、海岛、蓝天，整个画面给人很强烈的代入感，不由地想象着如果安排自己的假期，也要这样装扮自己。

再看图 5-3，这是无法到海边拍摄模特实景图，只能人为地营造出的场景。通过图片处理和设计的技巧，同样可以达到与图 5-2 一样的效果，同样可以将顾客的思绪带到碧海蓝天、白浪银沙的海边。当然主角成了自己，所以顾客会很自然地点击图片来查看商品的详情，看看是否还具备自己对这类商品的其他要求。

图 5-1 场景营造 1

图 5-2 场景营造 2

图 5-3 场景营造 3

5.1.2 行为引导

如图 5-4 所示，在图片中放置“立即领取”按钮，增强顾客和商家的互动体验，提升点击率，起到了提醒顾客停留或者点击的作用。

图 5-4 行为引导

5.1.3 创意技巧

如图 5-5 所示，在商品主图上设计出来的卖点并不一定是促销内容，而是吸引顾客眼球的亮点，是商品的核心竞争力。当顾客看到直通车或钻展的广告图是直观震撼的图片时，马上会刺激眼球，进而刺激冲动购物的神经，让顾客马上联想到这个宝贝最突出的优势点。

图 5-5 创意技巧

5.1.4 促销主题

很大一部分顾客比较喜欢有促销活动的商品，所以可以将促销折扣信息设置到商品图片中以提高点击率。比如限时抢购、最后 1 天等促销文案让人有一种再不买就错过的紧迫感。但是促销信息应尽量简单、字体统一，尽量保持在 10 个字以内，要做到简短、清晰、有力，避免促销信息混乱、喧宾夺主、字体比例失调等问题。促销是提升图片点击率的通用法宝，任何一种技巧和促销搭配，都会让点击率成倍增加。图 5-6 中的“仅限今日”促销文案会使顾客有一种紧迫感。

5.1.5 细节放大

将商品的细节放大可以让顾客更深入地理解产品信息并且增加认可度，达到提升点击率的目的。图 5-7 中的云片糕点，用放大的特写图片来诱惑顾客的食欲，商品上的核桃仁清晰，透亮、柔软，摆出花瓣形状，吸引力强，增加食欲感。

图 5-6 促销主题

图 5-7 细节放大

5.1.6 环境差异化

图片是有必要的展示场景的，那么在场景中凸显出来使用环境，才能真正地助长点击率的提升。所以此处判断图片好坏的标准就是没有标准，一切以场景为先决条件。在众多同类商品中都有各自不同的背景展示。如图 5-8 所示，登山杖就是在有登山的环境中才能体现出产品的作用与特殊性、必备性。然而，有很多商家只是为了卖产品而展示一张白底图的登山杖，这是没有差异化的。

5.1.7 点睛文案

因为文字的辨识度非常高，在广告图中用精练的文字来阐述产品卖点，非常独特的文案吸引眼球，引起顾客的好奇，从而达到提升点击率的目的。本案例中的广告图是用图少字多而且醒目的形式展现的，如图 5-9 所示。

图 5-8 环境差异化

图 5-9 点睛文案

5.1.8 视觉冲击力

视觉冲击就是运用视觉艺术，使视觉感官受到深刻影响，留下深刻印象。表现手法可以通过造型、颜色等展现出来，直达视觉感官。构图方法中的特写式构图，就是一种能提升视觉冲击力的很好的构图形式，如图 5-10 所示。

图 5-10 视觉冲击力

5.2 首页布局优化

店铺首页是品牌形象与商品展示的关键位置，然而店铺首页布局是否合理，会直接影响到顾客在店铺的体验及视觉感受，并且影响顾客的访问深度，从而影响销售额。店铺首页优化工作必须根据数据不断地进行调整测试，让店铺达到更好的状态，最大化地提升其利用价值。

5.2.1 店招优化

1. 设计店招的目的

店招就是店铺招牌，不同于一般商业宣传用的广告牌，它的主要目的不是对产品的直接促销和宣传产品，而是以告知和说明店铺名称、标识、主营产品、收藏本店等基本信息为主。店招也可以作为免费广告的载体，所有进入店铺的顾客都能看到相关的店铺信息，快速了解店铺的经营特色，凸显店铺特色就是店招的目的。

2. 店招的结构

店招基本分为 3 类结构：居中型、左右型、左中右型。根据数据优化找到最适合自己店招的类型。不同的店铺采用任何一种类型的店招，都要考虑顾客能接收到多少有效的店铺信息，通过热力图点击状况，判断出有效的点击量，表示重点突出内容被顾客接收到了。本案例中的店招为左右结构，右侧的点击信息过多，干扰性太大，导航为双项导航方式，根据店铺生意参谋中的热力图点击状况来看，导航的点击并不理想，多数按钮几乎处于浪费状态。如图 5-11 所示是店招前台观看效果；如图 5-12 所示是店招在店铺后台装修热力图中的效果。

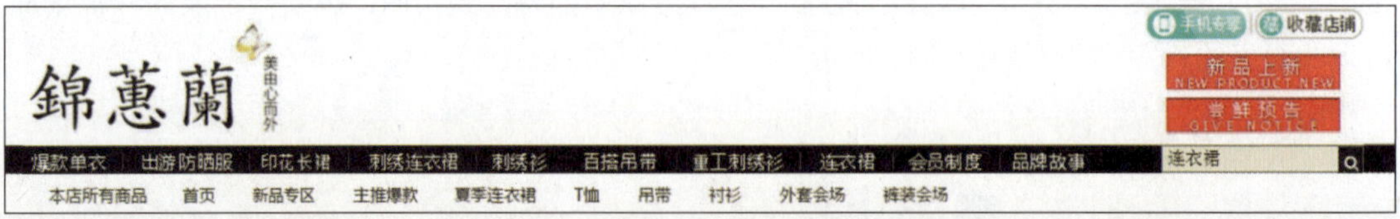

图 5-11 店招

图 5-12 店招热力图

3. 店招的内容

正常的店招中有店铺名称及广告语，也可以含有多个链接，而这些链接可以是收粉互动、主推商品、搜索框等。通过装修分析 / 热力图点击状况，判断出哪些是顾客最容易关注的内容，哪些又是顾客都不关注的内容，对于点击量高的内容请保持不变，对于无人问津的内容可先删除，然后再添加合适的内容，7 天为一个测试周期。

优化工作就是对现有的状态不满意而进行调整，店招改为左中右型结构，左侧有红色文字可以点击，右侧有搜索框也增加了点击。如图 5-13 所示，店招按链接显示点击情况并不乐观，一共只有 7 个点击量；如图 5-14 所示，店招热力图按显示分布效果也不好看。

图 5-13 店招按链接点击情况

图 5-14 店招热力图

5.2.2 导航优化

导航是用文字来引导顾客在店铺中去哪里的路径，往往店铺引导方向不明确会让顾客不知道去向，反而会离开店铺。导航文字不明确也无法直观地判断出店铺中哪些是热门产品分类，或者文字不精准就无法给顾客带来方便的引导，以及更好的购物体验。从热力图点击状况可以得知，没有被点击的文字可能是当季不被顾客关注的产品，考虑调整文字名称或者展示位置，充分利用有效空间，达到有效利用分配。常规导航高度为 30 像素，容纳的分类文字组为 8~10 个，导航文字太多、复杂，有些无用的链接不具备实用性就应该做优化调整。关键词的调整是顾客在此时期最关注的信息，如“早秋新品”的点击量最明显，通过链接的点击次数来判断点击热度。其次是店铺所有商品的点击数量比原有的也要高出许多，这样才能起到店招优化的作用。如图 5-15 所示是优化前与优化后的对比效果。

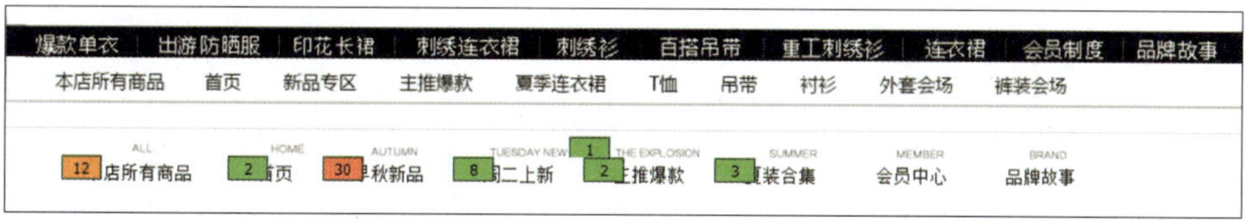

图 5-15 店招对比效果

由于当时是夏末秋初时期，所以右上角的“连衣裙”搜索的点击数量不理想，那么修改为“秋款新品”突出显示后吸引顾客，以达到更好的点击率。这样通过热力图观看导航中的“周二上新”链接也增加了许多点击，另外添加了两件商品在导航中，也同时增加了点击，又一次为顾客推荐目标商品，而聚焦了流量入口。如图 5-16 所示是店招按链接点击情况；如图 5-17 所示是店招热力图。

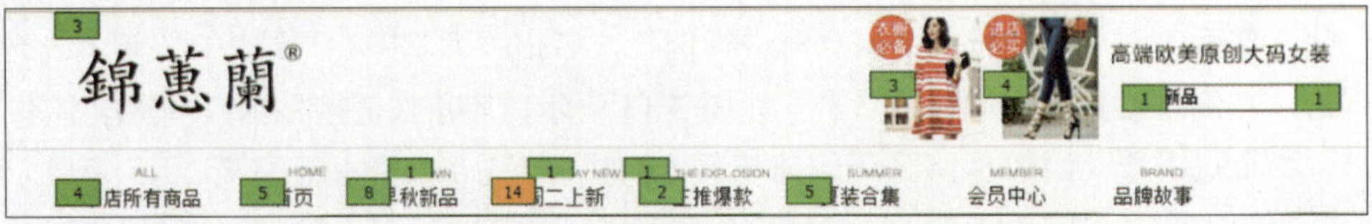

图 5-16 店招按链接点击情况

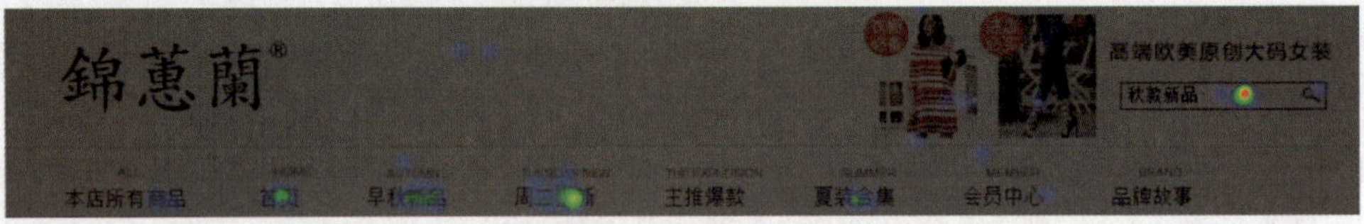

图 5-17 店招热力图

5.2.3 海报优化

店铺首页海报等于橱窗展示，给人第一印象，可以是品牌宣传、单品广告、活动广告，如果是轮播广告则不建议超过 5 屏，且每屏的播放时间不宜过短，至少 5~7 秒时间；内容直观不宜复杂，便于顾客瞬间能阅读并看懂广告含义；尽量用简体字，繁体字只能用在中式风格店铺中。下面讲解两种海报，根据热力图点击状况，判断出哪种海报更加吸引人。

1. 热力图点击优化单品海报

从画面中看到点击圆点分布情况，点击较多地处于某个聚焦的地方，表示是最吸引顾客的范围所在，有按钮的位置非常明显地聚集了很多的点击量，这也是广告图中激发顾客行动的视觉引导因素，如图 5-18 所示。另一种可能是画面中点击分散性较严重，在没有明显的点击聚焦的情况下，建议调整图文内容设计，或者添加按钮来提醒顾客立即点击，从而增加点击量，如图 5-19 所示。

2. 链接点击优化多品海报

在首屏海报图中有两个以上产品展示的情况下，通常顾客点击哪里就进入哪个产品页面，到达率会有所不同，在此用两个产品举例：A 玫红色产品的点击次数小于 B 黑色产品的点击次数，说明 B 产品比较有吸引力，可以判断出是消费者比较喜欢的产品，然后再考虑运营方向。

从热力图中显示的点击聚焦情况可以看出顾客的访问点击量，如图 5-20 所示。如果是一款产品的不同颜色展示，也能看出哪种颜色比较吸引眼球，可能将来会适应市场需求。

图 5-18 海报热力图聚焦型点击情况

图 5-19 海报热力图分散型点击情况

图 5-20 多品海报热力图

5.2.4 分类导航优化

1. 页中分类图

当首页产品较多时，在页面中部一定要添加分类图，便于顾客选择商品路径。一种是品类较多时，可以用纯文字形式表达，排放整齐，主次分明，按链接法看到热力图点击情况合理化，如图 5-21 所示；另一种是品类可以用图文并茂形式表达，画面色调统一，文字造型统一，图形元素风格统一，比如男鞋分类链接点击 30 次排放在第一位，女鞋分类链接点击 16 次排放在第二位，男装分类链接点击 8 次排放在第三位，女装分类链接点击 3 次排放在第四位，如图 5-22 所示。

图 5-21 页中文字形式分类热力图按链接法情况

图 5-22 页中图文并茂形式热力图按链接法情况

2. 左侧栏分类

首页在分两栏的状态下使用的左侧栏，放置分类图如同导航，但是比导航更加细致，分类清晰，子分类可以展开显示，每个主分类可用图片形形表达，以便于识别分类的类型。在热力图中发现点击圆点比较聚焦的地方是纸巾盒，而机芯钟类产品几乎没有点击量，建议调整分类位置及图片效果，如图 5-23 所示。

图 5-23 左侧栏分类热力图

5.2.5 主推（热销）单品优化

每个店铺中总有几款是热销单品，当然也是大力推广的商品，通常都在首页的上半部分展示。然而，有些商品展示的先后及位置关系对商品销售也是有影响的，根据热力图得出产品的点击率高或低，用来判断产品展示的合理性。总之，找到最差的那款产品修改图片，不断地进行更新和测试。按模块点击算出该模块总点击人数为 1498，点击次数为 3445，引导下单转化率为 0.58%，如图 5-24 所示。同时再通过按链接分别算出每个单品的点击次数，比较产品图片的弱点，加以改善，或者根据点击次数来调整图片上下位置关系，把点击最多的放在上面，把顾客不感兴趣的商品图片往下放一放，如图 5-25 所示。A 商品点击 868 次，B 商品点击 325 次，C 商品点击 276 次，由于模块比较长，没有截图完整，依此类推即可。

图 5-24 主推单品按模块点击情况

图 5-25 主推单品按链接点击情况

5.2.6 商品陈列优化

当店铺商品比较多时，陈列一定要整齐统一，并且把同一个系列产品放在某个独立的区域，按模块点击量的多少来判断哪些品类关注的人数较多，就可以考虑往页面上方调整，根据该模块中的产品点击情况，统计出单品的点击热度分别是多少次，把点击次数最少的图片替换掉，一般 3~7 日为一个周期。如图 5-26 所示是商品陈列按模块优化情况。

图 5-26 商品陈列按模块优化情况

每一个系列中都有很多不同的产品，这就需要经常调整，常换常新，让顾客进入后感觉有新鲜感，又带动了其他款产品的展示，当然也可以测试出哪些款的图片是有吸引力的。

如图 5-27 所示是商品陈列按链接优化情况，就应该把点击次数多的产品放在醒目的位置，或许它就是顾客最喜欢的款式，当然也要根据周期性的观察即时调整。

图 5-27 商品陈列按链接优化情况

5.2.7 页面尾部优化

首页的尾部是用来跟顾客告别或者加强品牌记忆的，同时希望顾客下次再来，自然应该放一些收藏店铺的内容，比如扫一扫关注手机店铺，为了吸引顾客也可以放上诱惑性大的礼品及抽奖活动。普通店铺模板下方设计不精彩，自然没有太多的点击量，优化后吸引力增加了，趣味性加强了，自然点击或收藏的顾客多了，这叫互动传播，可以增加品牌的知名度，从而带来商品价值。如图 5-28 所示，左边的放大镜可以删除，换成二维码比较合适。

图 5-28 页面尾部优化

5.3 详情页优化

商品详情页是影响转化率最重要的因素，必须要做好详情页设计，且一定要对商品详情页做好优化工作，从而不断地提升转化率。在对商品详情页进行优化之前，要问自己 3 个问题：

（1）在目前的商品详情页中哪些地方是需要改善优化的？

（2）顾客对商品详情页有哪些新的需求？

（3）大多数顾客最关注的是产品的什么信息，这些信息如何在商品详情页中描述出来？

要解决这 3 个问题，需要先做好数据统计，然后进行判断和分析，最后根据分析的结果商品详情页实施优化。

下面就来详细介绍宝贝详情页的具体优化内容。

5.3.1 判断页面好坏的依据

首先谈谈如何判断页面的好坏，帮助大家找到明确的判断思路。在这里我们需要使用卖家中心的生意参谋，它可以帮助卖家从多个角度进行全面的专业数据分析，针对卖家店铺装修开发出装修分析功能，如图 5-29 所示。

图 5-29 生意参谋 / 装修分析

在常规的工作中，通常会利用页面的点击率、跳失率、转化率、停留时间、访问深度、关联商品这几个参数的数值来判断该类目店铺的健康状况。常规数据都可以通过下列操作方式获取：

【卖家中心】→【生意参谋】→【自助取数】→【指定取数范围】

例如，在图 5-30 的红色框中手动输入“跳失率”后，下方即出现 3 个可选择项：PC 端跳失率、跳失率、无线端跳失率。点击预览数据按钮，即可对相应时间内的数据进行比对工作。

（1）点击率：是衡量点击次数的占比，在视觉中体现为在某一指定的范围内点击次数越多越好。

分析：点击率的百分比数值越大越好。数值越大，说明顾客关注度越高，顾客接收到的信息越丰富；反之，数值越小，则表明图片对顾客的吸引力不大，需要分析原因并优化。

图 5-30 生意参谋 / 自助取数

（2）跳失率：指顾客通过相应入口进入，只访问了一个页面就离开的访问次数占该入口总访问次数的比例。

分析：跳失率这个百分比数值越小越好。数值越小，说明大多数进店访客被页面中传递的信息所吸引，进而进入了店铺里的其他页面中；反之，数值越大，则说明大多数进店访客在浏览本页面后就离开了，商品页面和店铺其他内容不足以吸引顾客继续浏览，需要重点优化。

（3）转化率：指在一个周期内，下单购买的顾客人数与进店人数的比率。

分析：此数值越大，表示顾客对商品的信赖度越高，产生放心购买的几率越大；反之，数值越小，则说明在商品的描述中并没有展现出顾客想要的信息，虽然被吸引进店了，但是没有达到要购买的程度。

（4）停留时长：人均停留在店铺的时长。

分析：通过观察顾客在店铺的浏览时间长短，来判断是否是有效果的浏览时间，不同的页面内容的多少对应到有效的浏览时间的长短，时间越长越好，但不能太长，凡事都有个合理的尺度，它是以“秒”为单位进行计算的。

（5）访问深度：在统计时间内浏览量 / 访客数，人均浏览量为各天人均浏览的日均值。

分析：此数值越大越好，表示人均到达页面数量越多，体现出店铺页面之间的黏度高，相互吸引力强，顾客连续访问多个页面的几率大，给店铺产品提高曝光率。

（6）关联宝贝：一种店铺内的免费推广方式，帮助提升访问深度，降低跳失率。

分析：优质关联宝贝给顾客带来更多的选择，提高顾客黏着度；反之，在页面内盲目地关联宝贝，不但无法提供很好的顾客体验，而且浪费了优质流量。

5.3.2 优化页面的方法

如今很多卖家只知道商品很难卖出去，因为转化率低，却不知道是什么原因导致如此。排除运营方面的障碍，首先要考虑页面设计效果是否有问题，然后根据现状问题进行正确的优化。而优化的内容可能会有很多方面，需要逐一分析并找到优化方法，在这里推荐 6 种常用的优化方法。

1. 设计出适合本商品的市场人群偏好

生意参谋中的经营分析 / 访客分析，显示出本店铺访客特征分布，如图 5-31 所示。从会员等级分析出天猫等级比较低的占多数，也就是新手较多，这些人群对商品的选择与辨别能力相对较低；从消费层级分析出消费层级不低；从性别分析出男性占比较大，店铺老访客占比数、下单转化率都低于行业数值，当然此店铺新访客下单转化率也不高，建议优化后与上一个周期的数据进行对比，不断提升转化率，提高销售额。

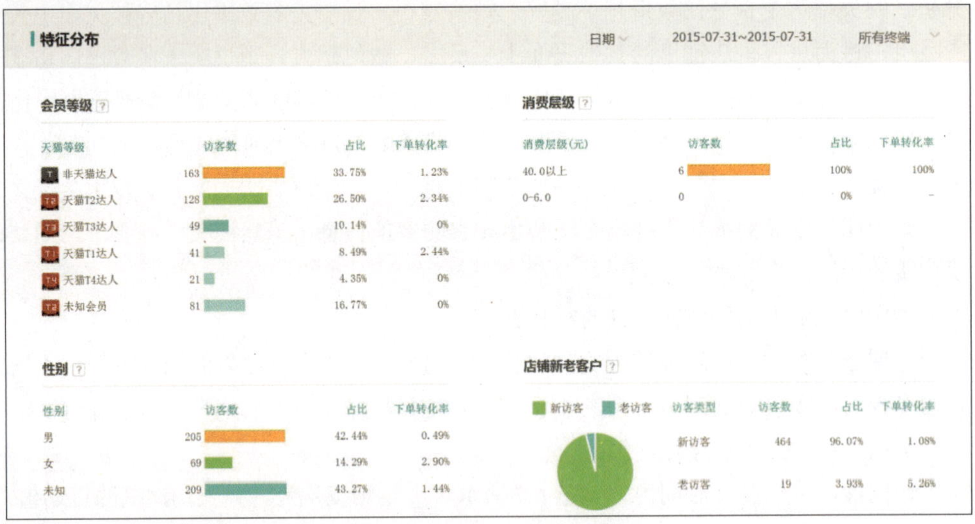

图 5-31 经营分析 / 访客分析

通过以上数据判断出人群特征后，分析出页面设计过于女性化，并且不够档次，看起来价值不够划算。

2. 卖点挖掘展示不合理优化方法

很多卖家在首次制作商品详情页时，会因为多种原因，导致在挖掘商品卖点时，随意指定卖点，想当然地指定卖点，导致在商品详情页中卖点描述无法体现商品的价值点，无法吸引顾客购买。

在这里，我们需要明白商品卖点应该是具有竞争优势的，需要通过视觉营销的方式呈现出来，让顾客看完后马上明白商品的卖点是很好的、有用的、有价值的，然后产生购买。

卖点挖掘方法：问卷调查法、评价收集法、客服咨询法、线下顾客体验交流，得出很多顾客关注的理由，把这些理由整理成关键词，再联系产品延伸出特性词。

例如，运动裤这个产品，顾客都关注质量好、不起球、版型好、舒适、美观大方等，但关注最多的是版型，那么有优势的关键词就是“版型好”，如图 5-32 所示。延伸到产品本身，就是不松不紧不垮塌，“版型好”的延伸词是“合身版型”，如图 5-33 所示。最后决定这个卖点取名为“合身版型”不挑人，最后设计出来的效果如图 5-34 所示。

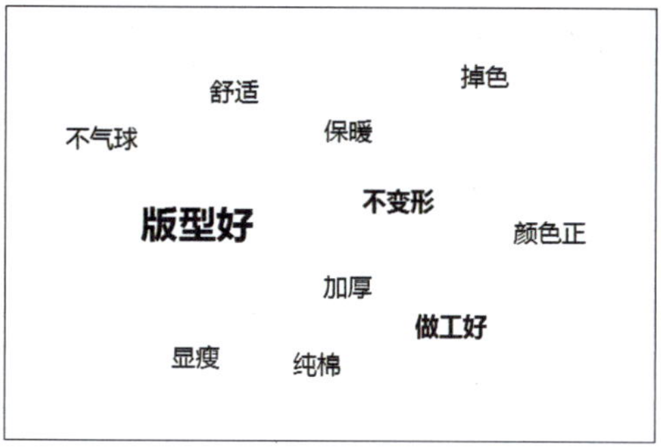

图 5-32 属性词

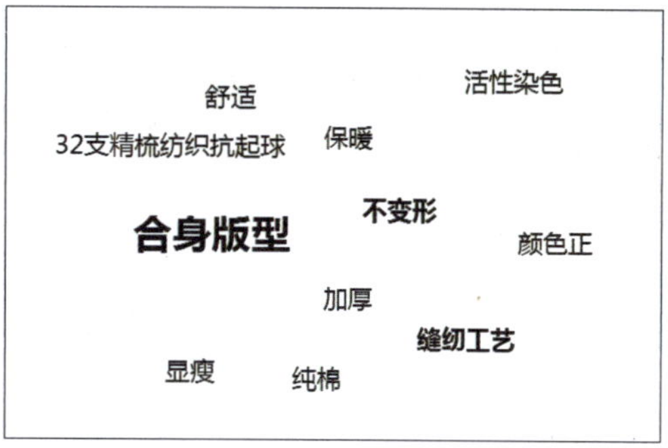

图 5-33 延伸词

图 5-34 详情页首屏图片

3. 页面逻辑顺序不合理优化方法

详情页中的模块顺序，是随着顾客针对某种产品而进行特定的选择性浏览方式。在详情页中从上到下排序，就应该是顾客最在乎的、其他还在乎的、有点儿在乎的，甚至不在乎的，千万不要把自己认为很重要，而并不是顾客在乎的内容，甚至是顾客根本不太在乎的内容都放在详情页的上方。本末倒置，只会增加跳失率，导致单品转化率很低。

页面逻辑性可以根据顾客的需求分 5 个环节来排序：

（1）让顾客瞬间对产品感兴趣，愿意往下看页面。

（2）产生欲望，有购买的冲动。

（3）关注卖点，被产品的特性或者功能吸引住，愿意花时间去了解更多的相关产品知识。

（4）从信赖到依赖，从喜欢上此产品到相信产品能带来好处或帮助。

（5）放心地购买产品，并加以期待感。

上面在运动裤案例中说到顾客关注的内容很多，列出了很多关键词，那么哪些是顾客认为最重要的呢？做一个调查分析，根据人数占比统计数量逐渐递减来进行排序，如图 5-35 所示。

1	合身版型	1562
2	32支精梳纺织抗起球	836
3	活性染色	662
4	摇粒绒里料	321
5	缝纫工艺	310
6	保暖不臃肿	276

图 5-35 逻辑顺序卖点排序

4. 添加营销模块促进转化

当详情页优化工作不断进行，但转化率仍然没有变化时，可以考虑添加营销模块来促进转化，让顾客有冲动感，感觉到超值、划算、机会难得等。

（1）优惠券

自店铺优惠券上线以来，优惠券的功能越来越强大。店铺优惠券是一种虚拟的电子券，卖家可以在不用充值现金的前提下针对新顾客或者不同等级会员发放不同面额的店铺优惠券。店铺优惠券的功能点主要体现在通过满就送、会员关系管理维护老顾客，以及通过创建店铺优惠券顾客领取功能主动营销新顾客这两大方面。优惠券是非常好的营销工具，应该做到让进店铺的每位顾客都能在详情页里很容易发现优惠券，建议在页面上方、左侧栏、详情页尾部都做出优惠券展示。曝光率越高，机会就会越大，但要注意不能占有太大的篇幅位置，以免干扰顾客购物。如图 5-36 所示，尽量使用鲜艳而明亮的色彩来吸引顾客的注意力；不要用单调的颜色或者线条图案，容易被顾客忽略，如图 5-37 所示。

图 5-36 优惠券

图 5-37 反面案例

（2）赠品提醒

顾客在购物时心里有了指定的商品，往往货比三家在犹豫不决时，就是缺少一个支持购买的理由。在同行竞争之中产品相同、价格相同，但是比别的商家多了赠品，并且展示在顾客眼前的赠品是超值的，要让顾客知道赠品的存在感觉，甚至有人会为了得到赠品而下单购物。有这样冲动消费的人群，大多是感性人群，那就要在详情页中展示出赠品的诱惑力，引起顾客兴趣，达到提醒效果，促进提升转化率，如图 5-38 所示。

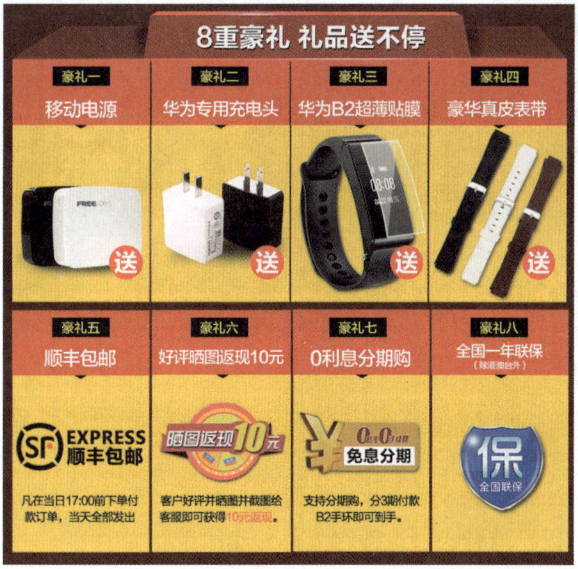

图 5-38 赠品

（3）限时促销

促销有很多种方法，限时只是其中一种方法，利用时间短促来激发顾客对商品的渴望度，让顾客没有太长时间进行思考与犹豫，促使其尽快下单，提升转化率，如图 5-39 所示为限时提醒。同时为了使店铺每天都有热闹的气氛，更有紧张感，让顾客有占便宜的感觉，如图 5-40 所示为限时秒杀，让店铺全天不同时段都有顾客来访问、来抢秒杀商品，制造出幸运儿的诞生，从而吸引更多的顾客；也有时候故意把少量的商品限定份量，让顾客感觉到紧迫感而冲动下单，最怕有钱买到不好货的人一定会下手的，如图 5-41 所示为限量提醒。

图 5-39 限时提醒

图 5-40 限时秒杀

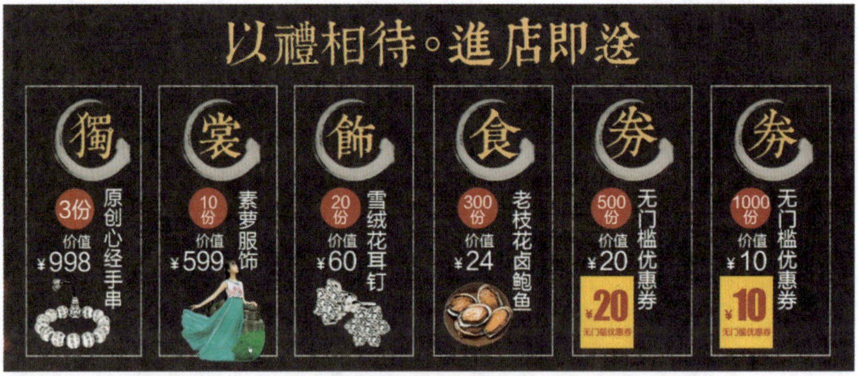

图 5-41 限量提醒

（4）发货提醒

每个顾客在购买商品时，都会关心何时能拿到商品。除了有特殊需求的人群，大多数顾客都是希望尽快得到商品，商家要告诉顾客发货优势在哪里，既要快又要安全，物流安全、方便、快捷，包装严谨、放心，打消疑虑，让顾客放心购买，用图文的方式告知并提醒顾客，关于物流发货的一切问题，都可以用 Q&A 问答法，如图 5-42 所示。

上面的设计比较平淡，有的商家美工设计能力较强，可以在发货提醒模块中做到让品牌再次出现在顾客面前，让顾客对店铺产生信任，相信我们的服务保障，能带来便捷的服务质量，从而放心、安心地购买商品，提升下单率，如图 5-43 所示。如果是特别容易破碎的商品，或者是让顾客感觉到在物流途中易破损的商品，则应尽量展示包装流程图，或者是包装说明类的图片与文字解说，如图 5-44 所示。

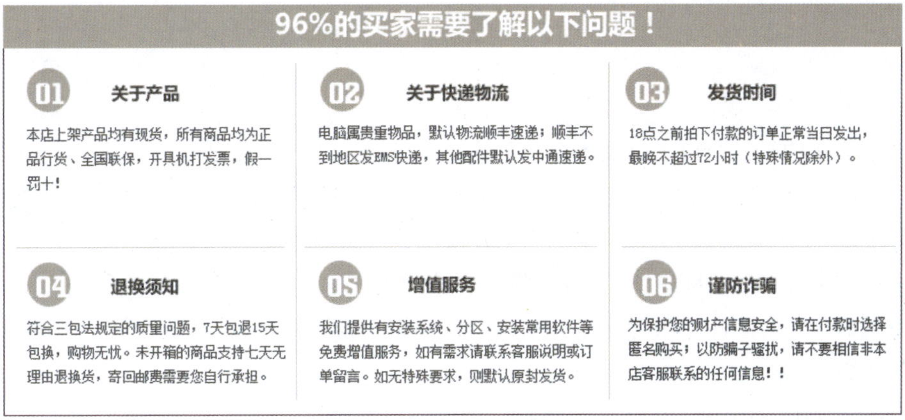
96%的买家需要了解以下问题！
01 关于产品
本店上架产品均有现货，所有商品均为正品行货、全国联保，开具机打发票，假一罚十！
02 关于快递物流
电脑属贵重物品，默认物流顺丰速递；顺丰不到地区发EMS快递，其他配件默认发中通速递。
03 发货时间
18点之前拍下付款的订单正常当日发出，最晚不超过72小时（特殊情况除外）。
04 退换须知
符合三包法规定的质量问题，7天包退15天包换，购物无忧。未开箱的商品支持七天无理由退换货，寄回邮费需要您自行承担。
05 增值服务
我们提供有安装系统、分区、安装常用软件等免费增值服务，如有需求请联系客服说明或订单留言。如无特殊要求，则默认原封发货。
06 谨防诈骗
为保护您的财产信息安全，请在付款时选择匿名购买；以防骗子骚扰，请不要相信非本店客服联系的任何信息！！

图 5-42 Q&A 问答法

武汉鲲鹏数码专营店
服务保障
天猫电器城
官方授权
品牌授权，正品行货
全国联保
鲲鹏数码在线保修
直达品牌售后
摔碰管修
店铺额外提供增值服务
顺丰包邮
购买数码相机即用
顺丰速运免费配送
无忧退换
七天内可退换货
15天内可换货
货票同行
100%机打发票
货票同行
金牌服务
售前售后享受一对一
的金牌服务体验
极速发货
72小时极速发货，
当天下单16点前发出
发货安全
货物在运输途中出现遗
失或损坏均由鲲鹏承担
买卡西欧相机到官方授权武汉鲲鹏数码专营店

图 5-43 服务保障

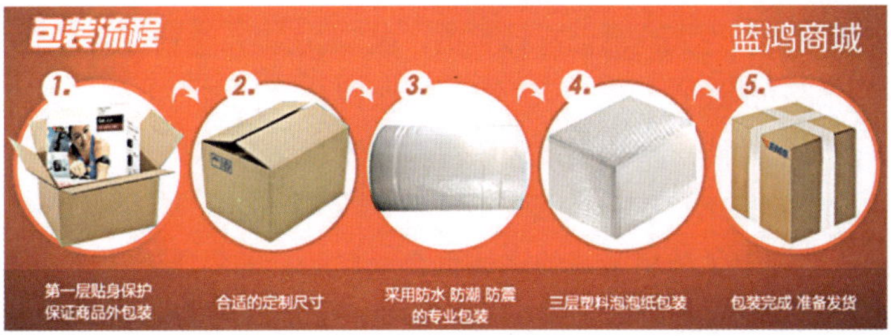
包装流程
蓝鸿商城
1.
2.
3.
4.
5.
第一层贴身保护
保证商品外包装
合适的定制尺寸
采用防水 防潮 防震
的专业包装
三层塑料泡泡纸包装
包装完成 准备发货

图 5-44 包装流程

5. 视觉呈现美观度不够优化方法

详情页的美观度会影响信息的传递与接收、浏览速度，以及对店铺的信任感，也会影响购物体验，给顾客带来的体验感很好就一定能增加产品的黏度与价值。以下是优化时注意的 4 个知识点：

（1）长度与数量

详情页篇幅的长短取决于商品本身，不建议在一个详情页里放很多个选择项，如颜色、尺码是比较标准的两个选择项。女装为例，一件 T 恤有 12 种颜色，没有必要把每种颜色的模特图都重复展现一遍，这样篇幅太长了；而是建议在一屏画面内展示出多色的选择介绍，其他颜色可根据实际情况来展示商品，以确定页面适中的长度。

推荐通过生意参谋中的装修分析 / 专题工具 / 商品温度计，检测该商品详情页的长度是否合理，如图 5-45 所示。

生意参谋
首页
实时直播
经营分析
自助取数
专题工具
帮助中心
个人中心
官方工具
竞争情报
选词助手
行业排行
单品分析
商品温度计
第三方工具
即将入驻
数据实验室
销量预测
商品温度计
请输入您店铺内商品的关键词或粘贴商品URL，并在提示列表中选中目标商品
系统推荐：
最近浏览：
商品温度计，一键把脉！
商品引流能力强但转化低是什么引起的？是页面加载慢？是价格高？还是评价差呢？
商品温度计来帮你，帮你诊断优化商品！！！
量化转化率
量化商品转化率，让您清楚转化环节存在什么问题
效果解读
对转化效果数据进行解读，优先关注是哪些位置存在问题
商品诊断
从「页面性能」、「标题」、「属性」、「促销导购」、「描述」等多角度诊断商品，提供诊治方法，让您商品能起死回生
无线分析
无线端则由「描述区页面高度」、「图片直看」、「页面打开时长」三大角度诊断，助您能在无线端占领先机

图 5-45 商品温度计工具

输入商品的关键词后，进入商品温度计页面，PC 端选项，当前图片是 29 张，偏多，参考同行平均 25 张左右都是可以的，一定不要超过 60 张图片，否则会影响页面打开时长，顾客会失去耐心，建议关注页面性能，精简描述区图片，如图 5-46 所示。

（2）宽度尺寸

店铺装修后台明确规定了分栏版式的详情页宽度尺寸，天猫店铺是 790 像素，集市店铺是 750 像素，大于这个标准宽度的页面将不会显示完整，影响视觉美观度，降低了传达效果。建议检测宽度，如图 5-46 所示，此页面中显示有 0 张超宽、超大、超高的图片。

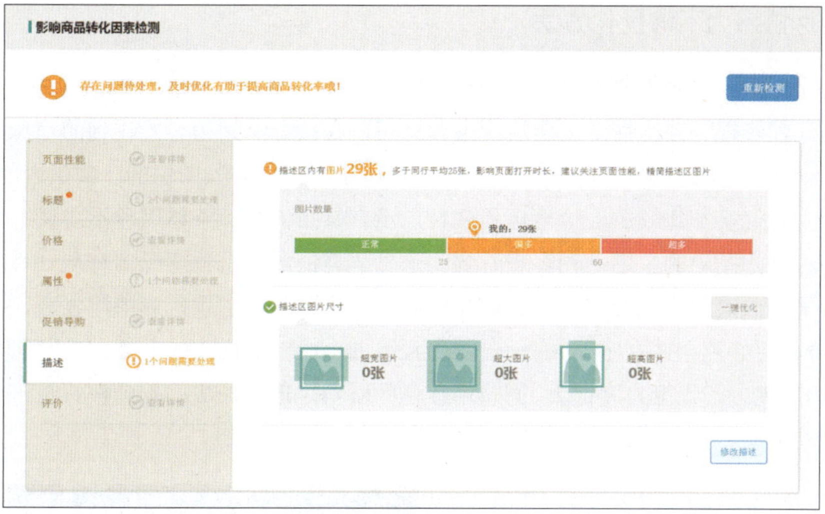

图 5-46 影响商品转化因素检测

（3）屏高尺寸

单张图片的高度建议在 1200 像素以下，不宜太高在一屏内无法完整显示，并且不宜将一个整体画面切割开来，否则会影响视觉体验。特别是人物模特不要身首异处，当顾客网络不给力时，会出现局部无法刷新，造成断裂图片展示，甚至无法加载带来无法展示图片，导致顾客离开页面的几率升高。另外，导致图片无法加载可能是图片本身文件过大，或者加载速度过慢。建议单张图片文件大小压缩在 200~300KB 之间，确保顾客在加载过程中有着良好的购物体验，减少跳失率。如图 5-47 所示。

图 5-47 屏高尺寸

6．文案表达诱惑力不够优化方法

优秀的文案撰写本身不容易，有了好的文案没有很好地表达也是不行的。文案表达方式会给人带来记忆性和视觉冲击性。主题层次是否鲜明，直接影响到顾客接收到的信息层次。下面用正反案例来演示文案表达不同的效果，如图5-48所示。左图较差，图中的一级主题字体不突出，二级和三级主题文字都比较小，价格也不醒目，没有参照价格，整体用色不协调、导致画面不清晰；右图较好，图中的主题是顾客想看到的信息，高销量也是诱惑顾客有从众心理，产生购买的理由，文字放大化，色彩突出显示抓住眼球，一级和二级主题色彩搭配合适，位置大小都恰到好处，价格用红色粗体文字非常吸引注意力，用细小的“价格：699”文字，让顾客有所对比，现价“￥249”突出了优惠力度很大，同时用红色的圆角矩形制作成的行动按钮是“立即购买”，促使顾客行动起来。

图 5-48 文案表达对比效果

从以上案例能看出文案表达形式不同，视觉体验感非常明显，带来的直观性很强，商品与文案的构图虽然都是左右结构，但是右图中产品占据黄金分割的大小，文字占据小面积范围，行数也匹配合适，无多余性，有助于再次提升转化率。

5.4 关联宝贝的图片优化

商家都希望光顾店铺的顾客能下单，更加希望下了单的顾客尽量多买来提高销售额。为了实现多件商品的选择性购买，就要推荐有效的搭配商品或者合理的套餐商品，同时会有着诱惑性消费冲动，最大限度地展示潜在的购买商品，曝光率高、点击率高、转化率高才是最有效的营销。把这种营销展示称为关联营销，而被关联营销的商品称作关联宝贝，那么如何提升关联贝的点击率呢？通过不断测试图片的方法来提升点击率，这对测试宝贝本身也有所帮助。将一组宝贝排放在某详情页的上方，能提高商品的曝光率，但不宜过多，以免宝贝图片过小，看不清楚图片内容，失去了诱惑性。

5.4.1 热力图呈现技法

店铺详情页的宽度有限，集市店铺详情页的宽度为750像素，天猫店铺页面的宽度是790像素，建议一行排放2~4个宝贝链接是比较合理的。以每行4件商品为例，模特构图统一的情况下，如果价格相同而颜色不同，在热力图中看到点击的位置显示也是不同的，如图5-49所示。在4张并列的图片中，第2张图片的点击数量明显比其他3张图片都要多些，可能是商品图片本身有差异性，那么分析图片有什么问题影响，从而调整图片的位置或者内容，再进行测试，一般3~7天为一个测试周期。

图5-49 热力图搭配测试

5.4.2 热力图搭配测试

商家对商品的搭配款式不太明确时，可以用热力图测试出顾客对商品的喜好度。如图5-50所示，测试顾客对“A 花生酥糖”的喜好度。图中是自由搭配的关联宝贝，这三件商品有互补性或者搭配性（分别命名为B．黑芝麻糖片、C．黑芝麻花生酥糖、D．香酥麻花）。通过热力图测试点击后，发现在本商品详情页中很多人都会点击第3张图片（命名为C．黑芝麻花生酥糖的商品），由此可以证明此主图比其他两张主图更容易吸引购买此类商品的顾客，如图5-51所示。

A. 花生酥糖　B. 黑芝麻糖片　C. 黑芝麻花生酥糖　D. 香酥麻花

图5-50 自由搭配的关联宝贝

图 5-51 自由搭配热力图 1

这样我们就在图片 C 的宝贝详情页中也做了关联宝贝 A 商品，同时要观察在 A 商品的页面热力图中，C 商品图片的点击是不是也很多呢？如图 5-52 所示，说明 A 商品与 C 商品真的有很好的黏度。再去看看成交订单，在购买两件以上的订单中，是不是这两件商品较多，以此来验证推断是否合理，但前提是在 A 商品与 C 商品的转化率保持平衡的情况下，同步满赠促销，提高转化率。

自定义模块的关联宝贝的测试方法是，在本款宝贝跳失率相对比较高的情况下，在页面首部展示一些同类商品，以作为顾客离开页面前的替补备胎；当本款宝贝的转化率相对比较高时，不建议在首部展示同类商品，避免给顾客造成选择障碍，但可以放一些搭配款商品，建议在页面尾部展示。在热力图测试时，由于页面尾部的曝光率相对较低，流量过少，不适合测试新款，尽量在页面首部测试数据基数较大、较为准确做参考依据。

同理，热力图测试在详情页中可以起到很好的测试作用，也可以在全店使用，比如首页推荐热卖宝贝的模块中，通过热力图的点击情况来调整图片的展示位置，甚至调整设计版面，也是能达到选款的作用。以上任何一种测试方法都需要一定的时间，一般 3~7 天为一个测试周期，在特殊情况下会需要更长的时间。

图 5-52 自由搭配热力图 2

页面优化是一个循序渐进的过程，也是一个需要不断提升的过程，需要有耐心，更要细心，根据数据来验证页面设计是否合理，再通过实践来证明数据的引导方向是明确的。店铺在经营过程中可能会发生各种各样的情况，这时就需要随时调整图片设计来拥抱变化。

本章总结

本章重点讲解了图片高点击率的技巧，提升点击率才能增加流量。在需要不同图片的情况下，根据画面中文案与图片的结合，设计出吸引眼球且视觉冲击力较强的图片。店铺装修后对首页布局再次优化，根据相关数据来调试局部内容。特别是对详情页优化给出了数据分析技巧，从而判断出页面的好坏，并且通过 6 种优化方法，对不合理的页面进行优化调整。

本章练习题

1．提高图片点击率有哪些技巧？

2．根据店铺现状进行首页布局优化，熟练应用生意参谋的相关技巧，请列举出至少 3 个模块。

3．如何判断详情页的好坏，且优化时可以使用哪些方法？

反侵权盗版声明

举报电话：（010）88254396；（010）88258888

传　　真：（010）88254397

E-mail：　dbqq@phei.com.cn

通信地址：北京市万寿路173信箱　电子工业出版社总编办公室

邮　　编：100036